U0365806

普通高等院校文化产业管理系列教材

文化产业集聚区策划与运营：理论与实践

傅才武　翁春萌　蒋昕◎编著

清华大学出版社
北京

内 容 简 介

本书就当代文化产业发展的前沿问题——"文化产业集聚区的策划与运营"展开讨论，旨在通过文化产业集聚区的策划和运营，连通文化产业管理专业学生的理论训练和实践操演。本书内容共包括 9 章，分别对文化产业集聚区的兴起与发展、文化产业集聚区的类型与特征进行了实例分析，提炼了文化产业集聚区策划与运营的基本原则、内容与管理程序，总结了中外文化产业聚集区的大量典型案例与宝贵经验、分享了策划与规划的实践案例，提出了文化产业集聚区规划的规范体系。

本书适用于普通高等院校文化产业管理专业的本科生和硕士研究生，对从事文化产业的从业人员也有着较强的指导意义。

图书在版编目（CIP）数据

文化产业集聚区策划与运营：理论与实践 / 傅才武，翁春萌，蒋昕编著. —北京：清华大学出版社，2021.9（2025.1重印）

普通高等院校文化产业管理系列教材

ISBN 978-7-302-59176-4

Ⅰ. ①文…　Ⅱ. ①傅…　②翁…　③蒋…　Ⅲ. ①文化产业—产业发展—高等学校—教材　Ⅳ. ①G114

中国版本图书馆 CIP 数据核字（2021）第 181777 号

责任编辑：杜春杰
封面设计：刘　超
版式设计：文森时代
责任校对：马军令
责任印制：杨　艳

出版发行：清华大学出版社
　　　　网　　　址：https://www.tup.com.cn，https://www.wqxuetang.com
　　　　地　　　址：北京清华大学学研大厦 A 座　　　　　　邮　　编：100084
　　　　社 总 机：010-83470000　　　　　　　　　　　　邮　　购：010-62786544
　　　　投稿与读者服务：010-62776969，c-service@tup.tsinghua.edu.cn
　　　　质量反馈：010-62772015，zhiliang@tup.tsinghua.edu.cn
印 装 者：涿州市般润文化传播有限公司
经　　销：全国新华书店
开　　本：185mm×260mm　　　　印　　张：16.75　　　　字　　数：386 千字
版　　次：2021 年 9 月第 1 版　　　　　　　　　　　印　　次：2025 年 1 月第 2 次印刷
定　　价：59.80 元

产品编号：083830-01

普通高等院校文化产业管理系列教材
丛书编委会

总　序

党的十九大报告首次提出："中国特色社会主义进入新时代，我国社会主要矛盾已经转化为人民日益增长的美好生活需要和不平衡不充分的发展之间的矛盾。"社会需要的变化反映了财富概念的变迁，人民对"美"和"好"的向往变得前所未有的重要。

美好生活建立在生活美学的观念之上，这是社会生产力高度发达后呈现出来的一种全新的生存状态。文化将回归本质，将普照社会生活的每个角落。产业的文化化将是大势所趋。这是全新的精神经济时代，文化在经济生活中将拥有前所未有的重要地位。

在此前的几十年中，中国社会的进步更多体现在文化的产业化方面。从广州白天鹅宾馆的音乐茶座开始，"文化产业"这颗种子从 20 世纪 70 年代末破土而出，历经各种障碍，最终长成伟岸的大树和茂密的森林。我们都是亲历者和见证者。

也正因为此，很多人以为，文化产业是最近几十年的事，并且将文化产业的学术源头追溯到法兰克福学派。的确，法兰克福学派最早从学理上分析了 cultural industries（文化工业、文化产业）这一概念。但这些研究是从哲学层面、从文化批判的角度进行的，并没有研究文化产业自身的产业特性。这与我们今天所要从事的研究并没有太大的关系。

其实，从更广阔的历史维度看，中国的文化产业化，或者是产业化的文化，拥有非常悠久的历史。从新石器时代的大规模玉器雕琢、交易，青铜器生产的全流程管理，到周代对艺术品市场的管理，再到汉唐的碑铭市场，宋代的瓦肆勾栏，元代的杂剧和青花瓷，明代的小说出版，清代的绘画市场和京剧戏园，直到民国的电影，等等，无一不是文化产业的生动例证。这一切，也为我们今天理解和分析文化产业提供了重要的历史依据和文化自信。

在很长一段时期内，我们对文化产业、文化经济的研究都是严重滞后的。1987 年，钱学森在谈到精神经济理论时说过："这个大问题，我国经济学家也出不了多少力，他们也没有研究过。还望有志于此的同志继续努力！"这是老一辈学者对我们的殷殷嘱托！

进入 21 世纪以来，中国的文化产业研究者们从文学、艺术、经济、历史、伦理、社会学，以及哲学的角度，对文化产业问题进行了分析和解读，为推动国家的文化产业发展，推动相关学科建设发挥了重大作用。

但总体看，文化产业的理论研究落后于如火如荼的产业实践，相关研究也大多局限在政策研究和规划的层面。加上研究者不同的专业背景，文化产业研究难以形成最大公约数。也正因为此，文化产业作为学科的面目并不清晰。目前将文化产业管理作为二级学科归入工商管理的一级学科之下，只能说是权宜之计、无奈之举。

学科认知上的错位，反映了理论的贫瘠。缺乏理论的学科是肤浅的，更不用说在其上构建学术殿堂。正是学科定位上的不确定性和诸多专家五花八门的专业话语，给人一种文化产业管理是一个没有门槛的学科的错觉。但是，文化产业管理并不是一个不需要工具的学科。我们需要整合大家的理论贡献，并且凝聚共识，打造文化产业理论的中国学派。

从 21 世纪初国内开始有高校开设文化产业相关本科专业以来，发展到现在全国已经有上百所高校开设了文化产业管理专业，涵盖专科、本科、研究生等全部教育层次。此前，北京大学、上海交通大学等高校也先后组织出版了相应的文化产业系列教材，为推动专业建设和学科建设发挥了积极作用。同时，由于各高校开设的文化产业管理专业的学科归属千差万别，一定程度上存在着老师会什么就教什么，而不是根据专业需要，设置基础课、专业基础课和专业课。这既不利于文化产业管理专业的标准化和规范化，也不利于培养符合社会需要的合格的文化产业人才。当然，这也并不是一所学校、一位教师所能解决的。

应当看到，经过 30 余年的探索，尤其是近 20 年政策和实践的推动，以及 20 余年持续不断的人才培养，文化产业学科已经聚集了大量的从业者。教学科研队伍也因为专业多样性而显示出新文科和交叉学科的特点。我们对中国文化产业研究中所涉及的问题、提出的观点也是有价值的，对中国产业发展做出了重要的理论贡献。对此我们充满信心。

2017 年，中国艺术学理论学会中国文化产业管理专业委员会成立，这是我国文化产业学科第一个全国性的学术组织，发起单位包括北京大学、清华大学、中国人民大学、复旦大学、上海交通大学、南京大学、武汉大学、厦门大学、四川大学、云南大学、中国传媒大学、中央财经大学、中国海洋大学、深圳大学、南京艺术学院等高校和中共中央党校（国家行政学院），聚集了国内研究文化产业最活跃、最有影响力的专家学者，代表了从事文化产业教学和科研的主流力量。中国文化产业管理专业委员会成立后，大家一方面致力于推动文化产业的学科建设和智库建设，一方面致力于推动文化产业管理的专业建设，希望能够联合起来，形成一些较为规范和成熟的本科专业教材。

在这样的动议下，中国文化产业管理专业委员会成立了由会长、副会长及常务理事组成的教材编纂委员会，负责教材的遴选和把关。教材建设拟分步实施，成熟一本出版一本。计划通过几年的努力，完成 30 本左右的规范教材，推荐给全国的文化产业管理专业的教师和同学们。

在教材的编写中，我们坚持马克思主义的立场、观点和方法，博采众家之长，反映课程思政的最新成果。随着全面建成小康社会第一个百年目标的实现，我国开启了全面建设社会主义现代化强国的新征程，高质量发展成为社会的最强音。文化经济和文化产业发展任重道远。我们将以习近平新时代中国特色社会主义思想为指南，以生动宏伟的文化产业实践为归依，努力编撰出反映文化产业学科特点和水平的系列教材。

党的二十大报告指出："全面建设社会主义现代化国家，必须坚持中国特色社会主义文化发展道路，增强文化自信，围绕举旗帜、聚民心、育新人、兴文化、展形象建设社会主义文化强国"。文化产业任重道远，还望同行们共同努力！

李向民

2021 年 6 月于南京

2023 年 7 月修订

前　言

文化产业管理专业作为近年来的新兴专业，最早源起于 1993 年上海交通大学开设的"文化艺术事业管理专业"，于 2004 年进入专业外目录，2012 年被正式列入教育部批准设置的高等学校本科专业目录。文化产业管理专业本科院校从首批开设的 4 所到如今的 200余所，一大批青年学子进入高校从事文化产业专业的学习，呈现欣欣向荣的发展态势。在文化产业的研究领域，文化部与高校共建了八大"国家文化产业研究中心"，以北京大学、清华大学、上海交通大学、武汉大学、四川大学、山东大学、中国海洋大学、中国传媒大学、华中师范大学、南京艺术学院和深圳大学等为代表的文化产业研究机构体现了各院校不同的办学特色与培养方向，既注重文化产业基本理论和方法的研究，又注重实操性，体现出文化产业学科专业理论与实践相结合、相互促进的特征。

立足于文化产业管理专业的特色和学生能力培养的实际需求，本书就当代文化产业发展的前沿问题——"文化产业集聚区的策划与运营"展开讨论，旨在通过文化产业集聚区的策划和运营连通文化产业管理专业学生的理论学习和实践操演。文化产业集聚区是产业集群化发展的表现形式，作为一个地理空间之上的产业、人才和政策的集合体，也可以表述为"文化产业园区"。据公布的相关数据显示：截至 2019 年，中国文化产业园区数量达到 2604 家，汇集了全国各地的文化产业人才、创意、产业要素和政策资源，发挥了文化产业作为发展引擎的独特作用。因此，文化产业集聚区（园区）策划与运营的知识与管理流程，就构成了文化产业管理专业知识结构的一个重要部分。

本书在作者 2012 年出版的专著《文化产业集聚区策划与运营》的基础上，增补了近年来的实践经验与案例，从全球文化产业发展的大背景与大趋势的角度，来审视我国文化产业集聚区的发展现状、布局、模式、路径与成长机制；从策划、规划和运营等层面明确文化产业集聚区建设与运营的内在逻辑，并结合具体实例总结了其背后的理论内涵，提出了具体明确的实务操作策略。这种知识结构的布局，一方面旨在建立科研成果转化为教学资源的有效途径，另一方面旨在通过文化产业集聚区知识学习和实践的训练，培养学生有关策划、创意、规划、决策、组织实施以及沟通表达等方面的能力，探索学习和研究文化产业管理专业的方法论。

文化产业管理是一门综合性的学科，具有明显的交叉性。"文化产业集聚区策划与运营"作为文化产业管理专业的核心课程，要求学生具备一定的历史文化、产业经济、公共管理和广告营销等方面的通识基础。由于文化产业所具有的新兴产业特征，其实践创新日新月异，理论创发也因之而繁荣兴茂，因此，该课程相应教学内容的整合、优化和更新也必然是一种常态。尽管作者近年来一直跟踪在文化产业规划与管理的实践一线，但由于国内外文化产业的迅速发展，要紧跟文化产业实践的步伐仍然不是一件容易的事，加之作者水平有限，难免有不足和疏漏之处，敬请读者和同行批评指正。

作　者
2021 年 1 月

目　　录

绪论

第一节　文化产业溯源

文化产业是世界范围内经济结构和消费结构高级化的产物。20 世纪 80 年代以来，文化的经济化、经济的文化化和文化经济的一体化进程从发达国家向发展中国家延伸，催生了全球文化产业的兴起与发展，并形成了全球性的文化市场。文化产业目前成为世界发达国家和全球大国高度重视的新兴产业和战略性产业：文化产业既成为一个国家国民经济的有机组成部分，创造着经济、社会、文化、环境等综合效益，同时文化产业又构成一个国家文化存在的形态，关乎文化主权、文化软实力、文化风险等国家发展战略布局。

一、世界范围内文化产业的兴起与发展

（一）工业文明与文化产业萌生的社会基础与批判

联合国教科文组织将"文化产业"定义为："按照工业标准生产、再生产、储存以及分配文化产品和服务的一系列活动。"但值得注意的是，世界上发达国家和一些发展中国家对文化产业的定义并不相同，这主要受制于各国文化传统、政治经济结构和国家战略要求，对文化产业的不同定义体现出不同国家对于文化产业性质的不同理解。

自工业革命出现以来，西方国家先后走上资本主义工业化道路，工业化的物质生产方式大规模地拓展人类的生存空间。社会的剧烈转变带来了人类文明发展的第二次浪潮，使得工业文明得以建立，在全世界范围内与第一次文明浪潮中出现的农业文明展开竞争，并逐渐获得了普遍上的优势。工业文明下，工厂化的生产劳动代替了受自然条件影响明显的农业劳动，工厂成为最具代表性的生产方式和组织方式，它极大地改变了人们的生存方式、思想理念和时间利用规则。阿尔温·托夫勒在《第三次浪潮》中指出：工业化浪潮像一个"无形的楔子"，把生产和消费劈成两半，市场第一次成为人类生活的巨大中心，而市场

的存在与扩张带来了生产率的猛增①。由于生产力发展和物质财富分配的不平衡，部分处于工业化发达水平的国家和地区出现物质产品较为丰富的状况，尤其是由于财富分配制度的不平等，产能过剩的局面在工业化发达国家和地区出现②。在经历了 20 世纪上半期资本主义世界经济大萧条以后，西方工业化国家先后进入了消费社会和"福利社会"，社会摒弃了近代资本主义和工业化初期崇尚节俭、勤劳、克制和奉献的精神，鼓励"消费至上、享乐至上"和个人权利至上的消费主义，形成了"娱乐至死"的社会文化消费趋势。"消费文化"（consumer culture）这个术语专门成为人们理解商品世界及其结构化原则的核心概念。英国社会学家迈克·费瑟斯通在《消费文化与后现代主义》中指出："消费文化有双层含义：首先，就经济的文化维度而言，符号化过程与物质产品的使用，体现的不仅是实用价值，而且还扮演着'沟通者'的角色；其次，在文化产品的经济方面，文化产品与商品的供给、需求、资本积累、竞争及垄断等市场原则一起，运作于生活方式领域之中。"③法国哲学家和社会学家让·鲍德里亚将资本主义的物化世界转换为一种"功能性效用"，用来连接客观世界中的物品与主观世界中的消费者认知和观念，以建构一种现代社会的消费主义的本体论。鲍德里亚揭示出，现代社会已经变成一个"消费社会"，消费取代了生产，对整个社会生活起决定性的作用。在发达的商品经济结构中，消费不再是一种满足与享受，而是一种对社会地位的标志符号的"操纵"。④

让·鲍德里亚揭示出文化产业的"社会本质"：在发达资本主义社会，商品经济高度发达、社会生产丰裕、消费主导社会生产的全新的社会结构中，消费者对商品（物）的属性认知发生了根本性变化，人们对商品（物）的占有主要不是商品（物）的实际功能，而是把商品（物）作为突出自身个性和社会地位的意义符号。商品（物）的价值内涵，不是其使用价值（使用功能）和交换价值，而是符号价值。人们其实不是在消费商品（物）的使用价值本身，而是借助商品（物）的标识、象征、体验、企业形象、审美、广告等符号标识功能，表征消费者的不同地位、声望和时尚的内涵。

商品（物）的符号价值本质上是一种人的价值判断（主观感受）加载于商品之后的人为"赋值"。但它作为附着于商品（物）之上的一种信息，构成了消费者在消费物质商品过程中的一种"体验效用"，这就成为现代文化产业发生的社会经济和消费心理基础。

文化产业得以发生和发展的社会经济基础，还是 20 世纪 30 年代德国法兰克福学派最早观察到的现象，并进行了系统性的理论批判。

在消费社会里，物质消费得到基本满足之后，人们普遍产生了精神文化领域的消费需求，文化成为大众消费的对象，具有了工业化、商品化、程式化、格式化的供给特征，并对意识形态统治提供了新的合法外衣，以一种"社会胶"的形态为资本主义社会的稳定发

---

① 阿尔温·托夫勒. 第三次浪潮[M]. 北京：中信出版社，2018：31.
② 韩民青. 论工业文明的本质[J]. 山东社会科学，2011，25（2）：65.
③ 迈克·费瑟斯通. 消费文化与后现代主义[M]. 刘精明，译. 南京：译林出版社，2000.
④ 让·鲍德里亚. 消费社会[M]. 刘成富，全志钢，译. 南京：南京大学出版社，2000.

挥着作用。法兰克福学派①将文化供给的这一社会化变迁定义为文化工业（cultural industry）的出现，用批判的视角对文化工业进行了系统研究，成为文化产业理论研究的源起。其代表性人物霍克海默和阿多诺认为，工业的兴起使文化这个曾经自治或者相对自治的领域开始遵从工业发展的逻辑。原本自由的和私人性的文化领域一旦受到经济理性的支配，就变成了好莱坞、新兴出版业、唱片业、广告业等垄断资本手中的工具。这就意味着一度作为启迪的来源和人类潜能的培育者的文化变成了一种"统治机器"，维持这个机器运转的主要动力就是能够满足寡头公司经济利益的资源消耗活动。文化开始遵循资本和市场经济中普遍存在的积累规律。工厂逻辑培育了文化产业中的"梦工厂"②。法兰克福学派的文化工业理论对大众文化的局限性的分析和批判独具一格。他们认为文化产品一旦被福特式的流水线和劳动密集型的生产方式制造出来，就会丧失文化原有的本质属性——异质性，而被简化为相同的效用单位，内在的价值被转化为使用价值和交换价值，量取代了质。文化产品具有的商品特性使其沾染了商品拜物教的特征。

　　文化工业理论的出现，具有深刻的社会转型背景。20 世纪 40 年代正是人类社会在物质生产丰裕之后进入大规模精神文化生产的时期，艺术和文化产业的异质性和批判性功能逐步被商品的标准化和格式化所替代，资本主义的生产方式完全颠覆了传统社会中长期积累形成的艺术和文化生产的方式，法兰克福学派深刻地认识到这一点，其代表性学者都具有坚决捍卫传统文化艺术生产的个性原则和超越、批判现实的乌托邦精神。但从后来文化产业的发展历程看，文化产业满足了社会富裕后人们对于大规模精神文化产品消费的需要，推动了人类社会文化的传播、普及与提高。法兰克福学派在分析过程中也忽视了人类理性所具有的认知能力和反思能力，将人们的文化消费过程被动地视为"输入"和"输出"过程。随着经济全球化时代的到来和文化产品"全球超市"的形成，今天的文化产品并不只是固定的、单个的、同一的，也不再只为生产者的意愿所控制。相反，文化实体逐渐从生产者的控制中解脱出来，在作为商品流通的同时也在发生自我变化，并经历着换位（transposition）、转化（translation）、变形（transformation and transmogrification）等过程，文化对象自身具有了动力，价值在文化对象的流动过程中不断附加其上。经历变化的文化对象在各种地域与环境里进行自我修正，变成自反（reflexive）的文化对象③。此时文化生产表现出"后福特式"④的设计密集型差异化生产特征。

---

① 法兰克福学派是当代西方的一种社会哲学流派，以批判的社会理论著称，是以德国法兰克福大学的"社会研究中心"为中心的一群社会科学学者、哲学家、文化批评家所组成的学术社群。该学派由法兰克福社会研究所的领导成员在 20 世纪 30—40 年代初发展起来，其社会政治观点集中反映在 M. 霍克海默、T. W. 阿多诺、H. 马尔库塞、J. 哈贝马斯等人的著作中。关于文化工业的论著代表有《启蒙的辩证法》《论流行音乐》《文化工业再考察》《艺术和大众文化》《作为文化批判的哲学》《机械复制时代中的艺术作品》等。

② 斯科特拉什，西莉亚卢瑞. 全球文化工业：物的媒介化[M]. 北京：社会科学文献出版社，2010：5.

③ 斯科特拉什，西莉亚卢瑞. 全球文化工业：物的媒介化[M]. 北京：社会科学文献出版社，2010：7-8.

④ 福特式生产方式以流水线、低成本、大规模为特点，是劳动密集型的生产组织方式，是工业化时代中工业社会的典范。后福特式是指自 20 世纪 70 年代以来，随着市场需求的个性化、多样化发展，福特式生产方式难以适应、逐步衰落，继而兴起的新的生产方式，以低成本满足客户个性化、快速变化的消费需求为基本内涵，创意、设计含量增加。

（二）文化产业的普及与发展

20世纪中叶以来，文化工业作为社会现象、经济现象在西方国家蓬勃兴起。借助于世界资本主义市场体系，一些主要发达国家的文化产业迅速成长形成巨大的生产规模，并深刻地影响到世界政治与经济格局。

1．文化产业在发达国家的全面兴起

（1）美国文化产业

美国是世界公认的文化产业大国，2017年娱乐休闲产业的增加值是7839亿美元，增加值占其GDP的4%。[①]但美国并没有专门的文化产业的行业分类标准，其"文化产业"包含在它的"版权产业"（copyright industries）之中。1997年，美国把产业报告标准从标准行业分类体系（SIG）转换为北美行业分类体系（NAICS）。根据NAICS的定义，美国的版权产业是指所有以版权为基础的产业。根据版权在产业中的位置，NAICS将版权产业分为核心版权产业和外围产业，其中核心版权产业、部分版权产业和发行类版权产业三部分构成了通常所谓的"文化产业"（见表0-1）。从行业分类及其转换来看，美国一方面强调了文化产业内容生产者的权利及其在文化产业中的核心地位，强化了版权的法律约束；另一方面又看重本国文化产业行业标准与北美行业标准的衔接，以便于拓展其国际市场，并在全球配置文化产业的生产要素，增加其全球竞争力[②]。

表0-1 美国版权产业范围

核心版权产业	外围版权产业	
	分　类	内　涵
创造有版权的作品或者受版权保护的物质产品，并对享有版权的作品进行再创作、复制、生产和传播，如报刊、图书出版业、电视电台、电影制作、广告业、信息产业等	部分版权产业	生产过程中部分产品具有版权的产业
	发行类版权产业	对有版权的作品进行批发和零售的产业，如书店、音像制品出租店等
	与版权有关的产业	指在生产销售的过程中，要使用或部分使用与版权有关的产品，如计算机、收音机、电视机、录像机等

从时间轴考察，美国文化产业发展大体经历了四个阶段，如表0-2所示。

表0-2 美国文化产业发展阶段

时　间	阶　段	文化产业发展内容	相　关　政　策
1920—1950年	萌芽阶段	第一、二次技术革命使电报、无线电、电视等电子媒体广泛进入美国社会生活	美国政府出台了一系列以文化产业为中心的政策法令。例如，1927年《广播法》（Radio Act）、1934年《通信法》（Communications Act）

[①] 美国商务部数据分析局．按行业分类的国内生产总值[EB/OL]．（2018-04-19）[2020-07-25]．https://www.bea.gov/system/files/2018-04/gdpind417.pdf.

[②] 刘志华，孙丽君．中美文化产业行业分类标准及发展优势比较[J]．经济社会体制比较，2010，26（1）：191-192.

时　间	阶　段	文化产业发展内容	相 关 政 策
1950—1990 年	初步发展阶段	这一时期美国文化产业发展主要得益于电视的普及和发展。后期计算机技术迅速发展，互联网成为以印刷、无线电、电视之后的第四大通信媒介，进一步改变了社会面貌和人们的生活方式	设立美国国家艺术基金会，颁发《人文艺术法令》
1990—2000 年	纵深发展阶段	近半个世纪积累起来的文化产业竞争优势在全球发力，形成一股文化企业间的并购热潮，促进产业发展合力的生成，同时开始大规模拓展海外市场，文化霸权日益凸显	出台政策法令大力支持美国文化企业的海外扩张，以 1996 年的《电子通讯法令》为典型
2000 年—至今	集群化发展阶段	该阶段中文化产业集群化成为主导趋势，大规模文化产业集团主导着世界文化产业体系的重组，并跨产业、跨国界地运作，深化了美国文化企业的海外扩展运动	文化产业的全球扩张被纳入国家发展战略中，美国充分利用其国际政治和经济霸主地位来支持其国产文化产品占领海外市场

（2）英国文化产业

英国作为老牌资本主义国家，在传统的文化产业领域率先发展，虽然有起有落，但在世界文化产业发展历程中始终占有一席之地。

英国文化产业在世界文化产业体系中最为耀眼的是创意产业（creative industries）。19世纪英国率先完成工业革命，在西方国家工业化道路进程上一度遥遥领先，建立了以制造业为主的"世界工厂"。进入 20 世纪，特别是在第二次世界大战后，受国内市场规模、战争消耗等因素的制约以及美国、德国、日本等国家崛起后带来的冲击，英国传统工业开始萎缩，原来曾经繁荣的工业化城市和整个国家经济体系都面临着转型发展的巨大压力。英国政府从 1991 年开始确立创意产业发展战略，大力发展文化创意产业。布莱尔政府提出要把发展创意产业作为振兴英国经济的有效途径，从政策、公共服务、智库支撑等方面提出系统化的政策支持。1997 年布莱尔政府设立文化媒体体育部，次年该部组成了"创意产业工作组"，由布莱尔亲任主席，并于 1998 年和 2001 年两次发布研究报告。《1998 年英国创意产业专题报告》将创意产业定义为"源于个人创造力、技能与才华，通过知识产权的生成和应用，可以创造财富并提供就业机会的产业"。这一定义强调了个人创意、创造力、灵感等智力因素这些文化创意产业的关键特质，因而成为创意产业的经典定义。

在创意产业的范围界定上，英国政府确立了就业人数或参与人数众多、产值或增长潜力巨大、原创性或高创新性三个遴选标准，将 13 项产业门类纳入创意产业范畴，分别是广告、建筑、艺术品和古玩、手工工艺、设计、时尚设计、电影和录像、互动休闲软件、音乐、表演艺术、出版、软件与计算机游戏、广播和电视。根据《2001 年创意产业专题报告》显示，当年英国创意产业产值约为 1125 亿英镑，占国内生产总值的 5%，吸纳了 130 万名劳动力。英国成功地证明了即使在经济不景气时，创意产业的市场扩张也是有可能大幅上升的，这为其他国家提供了示范。随后，英国创意产业一直快速发展。2018 年 12 月，据英国数字、文化、媒体和体育部（DCMS）公布的最新统计数据显示，英国电影、电视和广告业近年来增长势头良好，数字、文化、媒体和体育领域相关产业产值已达到 2680 亿英镑，其中，创意产业为英国经济做出了创纪录的贡献，产值超过 1000 亿英镑。[①]目前创意产业已经成为英国仅次于金融服务的第二大产业，是该国经济增长的动力和财富的源泉，已经在全国形成了伦敦、格拉斯哥和曼彻斯特三个创意产业聚集地区。

第二次世界大战以后，以美国和英国为代表的发达国家先后积极地发展文化产业，在工业社会向信息社会的变革中再次占据了产业和文化高地，这不仅仅是满足其国内市场文化消费需求，更是在全球贸易中以文化产品的输出来巩固、强化原有经济和政治优势，同时通过价值观、思想体系的输出争取世界话语体系中的"文化霸权"，为能将本国产品在这些国家的海外市场的进一步扩张保驾护航。进入 21 世纪，随着东亚区域和金砖国家的崛起，世界经济和文化格局发生变化，经济和文化竞争在世界范围内渐趋激烈，文化产业不仅成为产业经济领域的一支尖兵，成为引导传统产业转型升级的途径，同时还是在价值观、文化精神层面关乎国家和民族文化持续性的战略性议题。后发国家在经济发展的过程中也逐步意识到民族文化的产业化、国家文化之间的竞争在信息技术浪潮中的重要性，也纷纷将本国文化产业发展纳入国家战略管理范围，以国家力量推进民族文化产业的发展。

联合国教科文组织发布的《文化时代：全球文化创意产业总览》报告显示，2013 年，全球文化创意产业创收总额达 2.25 万亿美元，占世界各国国内生产总值（GDP）总量的 3%，超过了通信业（1.57 万亿美元）；为各国创造了 2790 万个就业岗位，占世界就业总人口的 1%，高于欧洲、日本和美国汽车制造业就业人口的总和（2500 万人）。无论在发达国家还是在新兴发展中国家，文化产业正在成为国家和地区经济的战略性资产。联合国教科文组织总干事伊琳娜·博科娃认为："无论对发达国家还是发展中国家，文化创意产业是国家经济的重要发动机，是发展最快的行业，影响价值创造、社会就业和出口贸易，为世界许多国家创建了美好的未来。"[②]

2．文化产业理论研究的展开

文化产业不仅在世界各国如火如荼地发展，在中外学界中也兴起了一股文化产业的研究热潮，相关基础理论和应用理论研究不断深入，文化产业理论框架逐渐形成。

继法兰克福学派之后，英国伯明翰大学当代文化研究中心对文化产业基础理论的研究逐步形成世界性影响，被称为伯明翰学派。伯明翰学派的研究始于对文化工业批判理论的

① 中国经济网. 英国创意产业产值突破千亿英镑[EB/OL]. （2018-12-17）[2020-07-15]. http://www.ce.cn/culture/gd/201812/17/t20181217_31047875.shtml.
② 梁建生. 联合国教科文组织报告：文化创意产业正在成为各国战略性资产[N]. 中国文化报，2016-03-07（3）.

反驳，主张文化（和媒体）既是统治存在的阵地，也是反抗统治存在的阵地①。它们的研究对象是文化产品中所包含的具体内容，研究途径是对文化产品的内容进行意识形态方面的探讨，它同时对文化产业的符号生产机制和符号生产原则进行研究。伯明翰大学当代文化研究中心宣称其成立的宗旨是研究文化形式、文化实践和文化机构及其与社会和社会变迁的关系。其研究内容主要涉及大众文化及与大众文化密切相关的大众日常生活和大众媒介。其代表性学者有理查德·霍加特（Richard Hogart）、斯图亚特·霍尔（Stuart Hall）、理查德·约翰逊（Richard Johnson）、乔治·洛伦（Jorge Lorrain）等。霍尔的研究认为，编码和解码之间并没有给定的一致性，某一信息可以在不同的读者那里以不同的方式解码。由于编码者和解码者采用的符码不一样，文本的意义也会随之发生变化。也就是说，大众对文化产品的消费过程并不是一个既定意义的简单接受过程，而是一个意义选择和重构的复杂过程。②该结论表明传统的文化工业批判理论已经不能完全适应现代文化产业发展的实践。深受这一学派影响的美国学者约翰·费斯克（John Fiske）对文化产业的基础理论研究也做出了重要的贡献。他对文化产业进行了经济学上的系统阐述，其研究成果使文化产业具有了更为完善的理论体系，为后来者开辟了学术研究的新的道路。③

文化产业的理论研究主要涉及文化产品的研发、生产、营销以及文化企业的管理和运营，相关研究围绕文化产业的结构和文化市场结构，文化产品、服务的跨国界流动和文化产业的价值链等问题展开。例如英国媒体理论家尼古拉斯·加纳姆（Nichoas Garnham）提出文化产业的特殊性表征，文化产业采用了特有的生产方式和行业法人组织来进行符号的生产和传播。这些符号的表现形式虽不是被一律作为商品呈现，但在表现形式上却是文化商品和服务。他定义文化产业是"那些使用同类生产和组织模式（如工业化的大企业）的社会机构及其生产和传播的文化产品与文化服务，如报纸、期刊和书籍的出版部门、影像公司、音乐出版部门、商业性体育机构等"。查尔斯·兰德利（Charles Landry）提出文化产业的五个阶段性理论，即创意的形成、文化产品的生产、文化产品的流通、文化产品的发送机构和最终消费者的接受等。④目前文化产业理论较多地引入了经济学、管理学、传播学等领域的解释框架，文化产业与经济管理和传播学交叉，理论内涵日渐丰富，理论体系不断拓展、完善。

二、新中国文化产业的发展

新中国的文化产业整体起步较晚。作为改革转型期的国家，文化产业发展与文化事业体制改革协同并进，在政府主导下经历了前文化产业期（文化事业期）、探索期、初步发展期、助跑发展期、加速发展期和融合发展期。

---

① 斯科特·拉什，西莉亚·卢瑞. 全球文化工业：物的媒介化[M]. 北京：社会科学文献出版社，2010：6.
② 斯图亚特·霍尔，肖爽. 电视话语中的编码与解码[J]. 上海文化，2018，32（2）：33-45.
③ 约翰·费斯克. 理解大众文化[M]. 王晓珏，宋伟杰，译. 北京：中央编译出版社，2001.
④ 查尔斯·兰德利. 创意城市：如何打造都市创意生活圈[M]. 杨幼兰，译. 北京：清华大学出版社，2009：26.

1949—1978 年为前文化产业期（文化事业期）。此时，我国文化发展在苏联文化体制示范和根据地文化体制惯性的作用下，实行文化发展与意识形态管理相统一的文化事业管理体系，尽管社会上也存在一定的购票观看行为（电影、戏剧），但仍然要受到计划调配的约束，这只是少量的补充措施，不属于真正的市场交易行为，文化产业无论是在政策层面还是在社会层面都是一个不存在的概念。

1979—1991 年为文化产业探索期。这一阶段是我国改革开放启动的阶段，国内文化消费需求逐渐显现，文化市场逐步复苏，"文化产业"在民间日益成长，并在体制外形成了新制度示范。图书出版业进入规模化的发展阶段，文化产业门类和格局逐步出现并定型，但文化生产还属于文化事业范畴，并未获得独立的产业地位。20 世纪 80 年代中后期开始，国家分期分批减少对媒介的事业经费的投入，实行"独立核算、自负盈亏、照章纳税、财政不予补贴"的政策，使报社、期刊社、出版社等事业单位开始走向市场化经营道路，启动了文化生产部门的市场化、产业化进程。在理论层面，这一时期开始提出"文化经济"概念。钱学森从精神文明建设角度提出艺术市场的分类和文艺经济的主要原则，李向民提出"精神经济"概念，花建从文化消费角度研究文化经济问题[①]。

1992—1997 年为文化产业初步发展期。1992 年我国开始确立社会主义市场经济体制的发展目标，标志着中国经济与社会生活方式总体上由计划经济时代转入市场经济时代，在文化领域"文化经济"概念得以确立。1992 年 6 月 16 日发布的《中共中央国务院关于加快发展第三产业的决定》把"文化卫生事业"作为加快发展的第三产业重点。1992 年10 月党的十四大报告明确提出"发展文化经济、完善文化经济政策"。此后基于加快第三产业发展的需要，文化经济被纳入国家重要经济行业的发展轨道。这一时期文化产业虽未获得独立的产业地位，但在市场上出现了一些具有标志性意义的文化经营行为：中国对外演出集团在北京紫禁城演出大型歌剧《图兰朵》和世界三大男高音演唱会，其高票价和高演出收益将商业性演出的产业特性提升到了一个新高度；中央电视台依托其独有的资源优势推出了"同一首歌"演出品牌和运营模式；在图书发行领域，民营渠道逐步壮大，席殊书屋形成连锁经营品牌；本土艺术品拍卖公司开始建立，并很快主导了内地艺术品市场，1992 年 10 月成功举办了内地首次国际拍卖会[②]。这些标志性的经营行为表明民营资本开始较大规模介入文化经济领域，文化市场进入全新发展阶段，社会上对于文化产业的共识初步成形。

1998—2002 年为文化产业助跑发展期。1998 年文化部在机构改革、编制紧缩的情况下新设"文化产业司"，标志着政府对于发展文化产业取得了政策层面上的共识，也是我国政府对于发展文化产业所做出的第一个重大决策[③]。2000 年 10 月，《中共中央关于制定国民经济和社会发展第十个五年计划的建议》首次提出"文化产业"概念，将其纳入国家

① 李向民. 中国文化产业史[M]. 长沙：湖南文艺出版社，2006：374.

② 李向民. 中国文化产业史[M]. 长沙：湖南文艺出版社，2006：375.

③ 陈少峰，朱嘉. 中国文化产业十年 1999—2009[M]. 北京：金城出版社，2010：4.

战略部署。2001 年 10 月，文化部颁布了《文化产业发展第十个五年计划纲要》，2002 年 11 月党的十六大第一次正式提出"一手抓公益性文化事业，一手抓经营性文化产业，'两手抓，两手强'"的文化发展战略。在政府主导和政策激励下，产、学、研等领域通力合作，迎来了文化产业的助跑期。

2003—2011 年为文化产业加速发展期。2003 年 10 月，《中共中央关于完善社会主义市场经济体制若干问题的决定》将文化产业纳入国民经济总体发展规划。2004 年国家统计局公布了《文化及相关产业分类》，将文化产业定义为社会公众提供文化、娱乐产业和服务的活动，以及与这些活动有关联的活动的集合，将文化产业划分为核心层、外围层、相关层，共 9 大类，24 种类，80 小类。

2005 年 4 月，国务院公布了《关于非公有制资本进入文化产业的若干决定》，体制外资本进入文化产业领域获得了准入许可证。2006 年 9 月，《国家"十一五"时期文化发展规划纲要》进一步完善了"十一五"时期国家文化产业发展的战略部署。2011 年党的十七届六中全会通过了《中共中央关于深化文化体制改革，推动社会主义文化大发展大繁荣若干重大问题的决定》，提出要加快发展文化产业，推动文化产业成为国民经济支柱性产业，并做出四个方面的战略部署：构建现代文化产业体系；形成以公有制为主体、多种所有制共同发展的文化产业格局；推进文化科技创新；扩大文化消费。至此，文化产业整体融入国民经济体系和国家文化体系，成为推动我国社会主义文化建设、提升文化软实力、增强国际竞争力的重要渠道。

2012 年至今，为文化产业的融合化发展期。2012 年国家统计局公布《文化及相关产业分类》修订版，在 2004 年的基础上延续原有的分类原则和方法，调整了类别结构，增加了与文化生产活动相关的创意、新业态、软件设计服务等内容和部分行业小类，剔除了少量不符合文化及相关产业定义的活动类别，并将文化及相关产业划分为文化产品的生产、文化相关产品的生产两部分，共 10 个大类，50 个中类，120 个小类。2014 年 3 月，国务院公布了《关于推进文化创意和设计服务与相关产业融合发展的若干意见》，指导文化创意和设计服务在经济社会各领域中的发展任务和实施策略，助推出台文化产业跨界的具体实施方案。2016 年 12 月，文化部出台的《"一带一路"文化发展行动计划（2016—2020 年）》加快了我国文化的国际交流；2017 年我国与 157 个国家签署了文化合作协议，主办了"东亚文化之都""中美文化论坛"等合作论坛，开展了亚洲艺术节、金砖国家文化节等文化交流活动，不仅推动了我国对外文化贸易，还扩大了我国的文化地位和国际影响力。2017 年 4 月，文化部公布了《关于推动数字文化产业创新发展的指导意见》，数字技术的进步推动横向文化产业的模式创新，"互联网+"带动文化产业不断向"文化+"的方向拓展。2018 年 4 月，国家统计局在《文化及相关产业分类（2012）》的基础上，依据新的《国民经济行业分类》（GB/T 4754—2017）修订颁布《文化及相关产业分类（2018）》，其中原有的定义、分类原则保持不变，重点是调整了分类方法和类别结构，共 9 个人类，43 个中类，146 个小类。2018 年，随着文化和旅游部组建，各地文化和旅游机构改革也陆续完成，文旅融合体制机制进一步理顺，中央及各地推动文旅融合的力度加大，文旅融合迎来新发展机遇。

当前我国文化产业进入了快速发展通道。国家统计局的数据显示，2018 年我国文化产业实现增加值 38 737 亿元，比 2004 年增长 10.3 倍，2005—2018 年文化产业增加值年均增长 18.9%，高于同期 GDP 现价年均增速 6.9 个百分点；文化产业增加值占 GDP 比重由 2004 年的 2.15%、2012 年的 3.36%提高到 2018 年的 4.30%，在国民经济中的占比逐年提高，2017 年增加值过千亿元的省（区、市）已有 13 个。文化产业增加值占 GDP 的比重超过 5%的省（市）有北京、上海、浙江和广东。从对经济增长的贡献看，2004—2012 年，文化产业对 GDP 增量的年平均贡献率为 3.9%，2013—2018 年进一步提高到 5.5%。文化市场繁荣发展，2018 年全国电影票房收入 609.8 亿元，比 2012 年增长 1.9 倍，2013—2018 年年均增长 19.6%；电影院线拥有银幕 60 079 块，比 2012 年增长 3.6 倍，2013—2018 年年均增长 28.9%，银幕总数跃居世界第一。

文化新业态发展势头强劲，2016 年和 2017 年，全国规模以上文化信息传输服务业营业收入分别增长 30.3%和 34.6%，文化创意和设计服务业营业收入均增长 8.6%。文化新业态已成为引领文化产业发展的重要力量。

文化产业集群趋势明显，截至 2018 年年底，全国共有 10 个国家级文化产业示范园区，10 个国家级文化产业实验园区和 335 个国家级文化产业示范基地，标志着我国文化产业进一步向规模化、集约化、专业化的方向发展[①]。

经历了近 20 年的快速发展，我国文化产业呈现出四个特点：文化产业投资和文化资源开发热情持续升温；新型文化产业业态迅速发展；文化产业集群化、集约化发展趋势进一步凸显；以政府为主导的多元文化投资格局初步形成。以优化结构、扩大消费、增加就业、促进跨越式发展、可持续发展为核心，以创新、创意、低耗、低碳为特点，文化产业正在成为我国经济社会发展的新引擎。

第二节 文化产业集聚区的概念

一、概念界定

文化产业作为经济和社会性概念具有地域空间属性，是"文化"和"产业"在一定空间上实现交叉融合的产物。文化产业的出现，一定程度上是文化和经济制度和结构适应社会高级化的发展需要，同时又带动了文化和经济发展方向和路径的变化，体现为一种新的社会管理和经济、文化运行方式。因此传统的文化管理方式和经济管理方式并不完全符合文化产业发展的要求。如传统的文化行业系统管理方式、传统的经济分门类管理方式，与文化产业的要素集聚管理要求不相符合。行业管理的计划性特征，与产业集中式选址布局

[①] 国家统计局. 文化事业繁荣兴盛 文化产业快速发展——新中国成立 70 周年经济社会发展成就系列报告之八[EB/OL].（2019-07-25）[2020-06-15]. http://www.stats.gov.cn/tjsj/zxfb/201907/t20190724_1681393.html.

以获取集聚外部性的自发性效率选择不相符合。文化产业等行业领域需要实现产业集聚，产业集聚表现为包括物质资本、人力资本和信息资源等多种生产要素在空间地理上的外生性集中过程，在这种过程中，同时实现各生产要素在其区域内不断实现内生积累，形成要素积累效应[①]。文化产业通过产业要素聚集，形成地域空间上的产业集群，这即是文化产业集聚区。

文化产业集聚区是指由政府政策和规划引导下或者市场自发作用下文化产业要素集聚于某一相对固定的几何空间内、各种生产要素实现内在连接融合，形成文化生产、文化传播和文化消费高地的特定地理空间。

文化产业集聚区是集群发展的空间载体、生产组织形式和经营组织形式。"集聚"一词既是空间过程概念，是在某种经济逻辑和经济动因驱使下关联产业和企业聚拢的过程，又是一个空间结果概念，是关联产业的企业在空间上集中的状态。从制度和规划的视角看待文化产业集聚区，它具有迈克尔·波特《国家竞争优势》所指的产业集群的特征，是在某一特定区域下一个特别领域存在的一群相互关联的公司、供应商、关联产业和专门化的制度和协会。

文化产业集聚区的初始状态是关联产业和企业聚拢形成的集合体，再由集合体向产业集群转变，集群形成后逐步向高级形态演化。集合体以企业为主，兼有其他经济行为主体，能够形成文化产业间或垂直、或水平、或兼而有之的功能关联，能在价值链上互相提携，能够发展互助合作的共生机制和社会关系网络。

文化产业集聚区存在着"园区"和"集聚区"两种形态。文化产业园区本质上是一种地理空间上产业要素聚集更加紧凑、几何空间上边界更清晰、产业要素集中度更高的产业集聚区。从"产业集聚——产业集群初级阶段——产业集群高级阶段"的演进路径看，文化产业园区大都处在产业集聚的初级阶段，产业集聚的规模还不足够大、还处于成长过程中。从目前我国文化产业的发展状况来看，文化产业园区或文化产业集聚区同时存在，两个概念也时常交互使用，两者可以双向演进，即文化产业园区可以组织更大规模的文化产业集聚区（如城市量级、城市群量级），文化产业集聚区也可能转化为分工更加细致、产业分类更加明确的专业型产业园区（如广告产业园区、出版产业园区、艺术产业园区等）。

产业园区属于产业地产（industrial estate）范畴，美国学者 Peddle MT 的定义为"一大片土地细分后进行开发，供一些企业同时使用，以利于企业的地理邻近和共享基础设施[②]"。产业园区的发展可追溯到 20 世纪 20 年代的英美国家，1945 年后城市地产的开发与城市郊区发展、城郊与内城问题解决、信息技术出现和高速公路的发展相伴生，成为众多国家的经济发展战略[③]。到 20 世纪末期，发展中国家出于适应新的国际分工体系、产业转移和产业分工专业化发展的需要，普遍设立出口加工区、高新技术产业开发区、经济技术开发区

[①] 王春晖，赵伟. 集聚外部性与地区产业升级：一个区域开放视角的理论模型[J]. 国际贸易问题，2014，40（4）：67-77.

[②] PEDDLE M T. Planned Industrial and Commercial Development in the United States: A Review of History, Literature and Empirical Evidence Regarding Industrial Parks[J]. Economic Development Quarterly, 1993, 7(1): 107-124.

[③] 王缉慈. 中国产业园区现象的观察与思考[J]. 规划师，2011，27（9）：5.

等产业园区。这为文化产业园区或文化产业集聚区的发展提供了示范。

文化部《国家级文化产业示范园区管理办法》定义文化产业示范园区是："进行文化产业资源开发、文化企业和行业集聚及相关产业链汇聚，对区域文化及相关产业发展起示范、带动作用，发挥园区的经济、社会效益的特定区域。"中国文化产业园区与其他产业园区一样，大多是各地政府利用行政主导实施的文化产业集聚区，如通过力量划定园区范围，通过政策手段在短期内集聚、整合各类生产要素，创造地域范围经济，具有生产要素集约性、资源配置倾向性、政策供给独立性等特征，大多是文化部门和经济部门中的"政策特区"。

文化产业园区与文化产业集聚区两个概念的交叉渗透关系如图 0-1 所示。

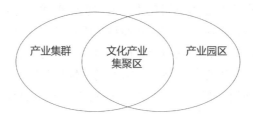

图 0-1　文化产业园区与文化产业集聚区的基本范畴

文化产业集聚区是指一个区域基于文化资源或创意策划上的某种优越性而获得文化生产上的特定优势，进而吸引文化企业及相关组织向该地聚拢，在地缘上形成强烈的空间呼应和业务提携关系，共同连接、延展、完善文化产业链，共享资源、共创机制、共享创新文化的文化产业集群形态。

文化产业集聚区是中国加快构建现代文化产业体系的重要政策措施。与西方发达国家文化产业集聚的自然成长过程不一样，美国好莱坞和百老汇、英国伦敦西区等都是由市场"看不见的手"指挥的地理空间的汇集。但中国作为后发国家，市场经济发展不充分，在文化事业体系的环境下，各级政府在文化行业中承担着资源配置的任务。从"十一五"开始，中国文化产业集聚区建设得到了日益成长的市场经济的激励，完成了从市场自发到政府自觉的转变。其间，地方政府在促进文化产业园区和产业集聚区建设的进程中，完成了从单一文化事业型路径向事业和产业复合型路径演进、将经营性文化事业从宣传文化行业独立出来的任务。从文化产业发展的历程上看，在计划体制下的文化事业缺乏产业的纵深分工，而市场化的文化产业还没有成为真正意义上的独立领域，社会和学界有关文化产业的明确界定尚未形成共识。正是在这一环境下，基于文化自觉和经济理性的政府政策之手就成为文化产业集聚区建设的启动力量。

二、主要特征

（一）共性特征

1. 文化资源或创意资源密集

文化生产是精神产品的生产，主要体现为创意劳动和创造性活动，创意是文化产品的核心，文化消费则是体验、分享和传播创意的过程。因此文化产业园区或集聚区的选址一般会倾向于文化资源或创意资源密集的区域，以获得文化资源供给上的便利或文化传播上的"场效应"。文化产业园区或文化产业集聚区客观上都具有文化资源或创意资源密集的特征，既依附于这些密集分布的资源，又反过来对既有资源具有聚合以产生整体效益的独特优势，能够在保护、传承文化资源，提升文化创新能力上发挥积极作用。

2. 生产要素的集约

文化产业园区或文化产业集聚区对文化企业和关联企业的聚合会形成"洼地"效应，吸引各种生产要素向园区或集聚区聚拢。这种生产要素的空间集约性既是园区或集聚区的基本经济属性，也是文化产业结构高级化发展的必然结果，生产要素聚集的目标，旨在产生范围经济的更高效率。从统计上看，文化产业园区和集聚区的要素汇聚，主要体现为文化生产企业、渠道企业和平台企业，相关联企业如投融资企业、保险和评估机构、展览企事业、物流企业等，以及创意类机构如艺术家工作室、文化经纪公司、艺术家协会等生产要素的集聚，其规模和容量与城市经济规模与人口增长呈正相关关系。

3. 产业结构聚焦

文化产业园区或文化产业集聚区以文化创意产业结构为主体，园区或集聚区空间内的文化企业数量和产值一般要达到园区或集聚区企业数和产值总量的60%以上。园区或集聚区在产业结构上具有以文化生产和消费为基础的结构特征。在园区或集聚区规划设计上，文化产业的主导性地位明确，其发展规划具有鲜明的预设性特征，发展路径指向明确。区域内其他产业的存在价值和发展路径较大程度上依赖于对主体文化产业的辅助配套和关联带动作用。

（二）差异特征

虽然不同的文化产业集聚区既有共性特征，但由于存在初始条件和发展环境的差异，又存在差异性特征。共同性特征构成了文化产业园区或集聚区与工业园区或者科技园区的不同，差异性特征构成了不同文化产业园区或集聚区之间的差异。

1. 驱动模式：内生驱动与外部驱动

不同文化产业集聚区（以下包含文化产业园区）往往存在不同的驱动模式。文化产业集聚区作为产业集群的组织形式是文化产业链及相关产业链在空间上的集中，与文化产业的纵深发展、产业间横向联合和专业化分工高度相关，其生成与发展主要依靠内生动力。即文化产业集聚区主要依靠文化企业等经济主体以市场为资源配置的基础性手段，通过合作性竞争、第三方治理、创新激励等内在机制而获得成长动力。这些机制的运行会为文化产业集聚区内的企业繁衍和互动创新创造动力，使其呈现出产业集群所具有的类似于生物有机体的产业群落，从而实现经济学意义上的自增强。

但中国的文化产业集聚区的发展历程与西方发达国家的自然成长道路不同的是，其文化产业的发展脱胎于文化事业体系，主要依靠外部行政力量的启动以及维持。文化产业园区的发起一般是地方政府，要依靠地方政府对基础设施的投资，配套土地划拨、财政资金支持、金融低息贷款等优惠政策，形成相对独立的"政策高地"，吸引文化企业及相关企业进驻。因此，一些文化产业集聚区从发展渊源来看主要依靠外力，尤其是行政力量的驱动；从成长过程看，有的脱离了行政力量的保护，走向了市场化发展道路，但仍然有相当数量的集聚区一直具有高度的政策倾向性和依赖性，其外部驱动模式也可称之为政策驱动模式。

2. 竞争优势：市场优势与政策优势

文化产业集聚区的内生成长过程会引发区域内文化产业结构的优化、文化产业链的延展、产业间的横向联系或多条产业链的融合。由于文化产业集聚区这种功能的形成，得益于市场机制的作用，即在市场激励下区内企业不断建立完善共生机制和商业关系网络，培育来自于产业链上节点间的相互提携和价值升值。集聚区的这种优势源自于市场竞争，在形态上体现为集聚区的市场优势。

但一些市场化不充分或者制度安排不合理的文化产业集聚区，市场优势不明确，主要依靠政策优势生存，即集聚区建立了相对独立的政策体系，享有比其他集聚区（园区）更加优惠的倾斜式扶持政策，具有"政策高地"效应。即这种集聚效应是在行政力量的引导下获得，是政府以行政手段在短期内聚集、整合各类生产要素的特殊模式，是政府人为创造的地域范围经济，具有生产要素的集约型、资源配置的倾向性、相对独立的政策系统等特征。例如，政府负责低价位土地供应和大规模的基础设施投资，建立入驻企业的专项补贴政策。在全球资本跨国流动、跨界流动的情况下，政策优势有利于较短时间内形成区域文化产业的快速发展，塑造区域经济发展的增长极。对于进驻集聚区的企业而言，享有政策优惠和基础设施、物质设备上的便利，也可以更有效地培育企业的竞争优势。但这种基于政策优惠而获得的竞争优势不恒定，波动性明显：第一，地方经济政策的变化或优惠幅度的减少会降低集聚区的吸引力；第二，具有竞争关系的其他地方政府会出台类似的或更为优惠的政策，从而造成区域之间的同质竞争、恶性竞争，降低优惠政策的效应；第三，如果没有与基于市场体制的内生增长机制相配套，集聚区内的文化企业很容易因为成本提高、竞争加剧或自身战略布局等原因而进行转移，形成"候鸟企业"。

3. 地缘结构：开放空间与闭合空间

文化产业集聚区以文化产业链为轴实现对关联企业的聚集作用，在地缘结构上虽然具有产业集群的相邻的特点。但从空间布局来看，文化产业集聚区既可以像一般的产业园区那样具有固定空间范围，是一种边界明确的闭合空间；也可以是文化产业链上各节点企业如卫星般分布于核心企业四围，甚至是在核心区域外围，以"飞地"的形式与核心区域和核心企业相连接的边界模糊的特定空间。

一般来说，文化产业集聚区具有一个边界相对清晰的核心区域空间，但又是一个边界可延展的地理空间概念，会伴随文化产业链的发展和完善、产业规模的扩张而拓展。在形成初期，文化产业集聚区具有相对独立的产业功能和行政功能，因此小至几平方公里，大到几十平方公里，在地理上总有明确清晰的边界，通常设有总体规划空间规模和开发规模两个指标；但随着产业链的拓展和核心企业的成长，文化产业集聚区也可能会溢出原有的园区规划范围，形成一个边界模糊的区域性概念（如洛杉矶电影产业集聚区、长三角文化产业集聚区等）。

第一章

中国文化产业集聚区概况

本章学习要求和目标

要求：

▶ 了解文化产业在我国的普及与发展。

▶ 了解我国文化产业集聚区的发展现状。

▶ 熟悉我国文化产业集聚区的多种发展模式及其发展道路。

目标：

▶ 了解我国文化产业集聚区的发展现状、发展特点、发展模式等。

▶ 理解内生发展模式的理论内涵。

第一节　中国文化产业集聚区的基本分布

文化产业集聚区（园区）伴随着中国文化体制改革的进程而出现，进入 21 世纪后得到快速的发展。截至 2019 年，全国文化产业园区数量达到 2604 家（国家目前没有关于文化集聚区的明确定义和政策文件，大体可以以园区替代集聚区），整体布局以东南沿海区域为主，全国已初步形成六大文化创意产业集聚区：以北京为主的首都创意产业集聚区；以上海为主的长江三角创意产业集聚区；以广州、深圳为主的珠三角创意产业集聚区；以昆明、丽江和贵州为中心的民族文化创意产业集聚区；以重庆、成都、西安为代表的川陕文化创意产业集聚区；以武汉、长沙和合肥为中心的"中三角"文化创意产业集聚区。

文化产业集聚区（园区）与区域经济社会发展的整体水平呈正相关关系，一定程度上代表了东中西部和东北地区不同的发展水平和发展趋势，也是区域文化事业和文化产业发展状况的标尺。从文化产业集聚区的地域分布看，整体呈现东高西低、从东向西逐步递减的发展态势（见表 1-1）。

表 1-1　我国各省、市、自治区和港澳台文化产业园区数量及所占比重[①]

地　　区	文化园区数量	占全国比重/%	地　　区	文化园区数量	占全国比重/%
广东	366	14.2	江西	40	1.5
上海	259	10	内蒙古	32	1.2
江苏	237	9.1	黑龙江	32	1.2
北京	234	9	山西	29	1.1
浙江	233	9	贵州	29	1.1
山东	199	7.6	陕西	28	1
福建	99	3.8	云南	27	1
重庆	90	3.5	海南	19	0.7
四川	80	3.1	吉林	19	0.7
天津	75	2.9	广西	17	0.6
河北	74	2.9	澳门	16	0.6
台湾	68	2.6	甘肃	15	0.5
辽宁	54	2.1	香港	15	0.5
安徽	50	1.9	宁夏	12	0.4
河南	50	1.9	新疆	8	0.3
湖南	44	1.7	西藏	5	0.2
湖北	42	1.6	青海	3	0.1

近 20 年来中国文化产业集聚区的发展,代表了这一时期国家文化产业的整体发展状况。2019 年 6 月 26 日,文化和旅游部副部长雒树刚在《国务院关于文化产业发展工作情况的报告》中指出,我国文化产业近年来:文化产品供给质量和数量大幅提升,文化产业向国民经济支柱性产业目标迈进,文化产业服务民生的作用凸显,文化走出去取得积极进展。[②]

2018 年我国文化产业实现增加值 38 737 亿元,比 2004 年增长 10.3 倍,2005—2018 年文化产业增加值年均增长 18.9%,高于同期 GDP 现价年均增速 6.9 个百分点;文化产业增加值占 GDP 比重由 2004 年的 2.15%、2012 年的 3.36%提高到 2018 年的 4.30%[③]。

统计数据显示了我国文化产业发展的强劲势头。为了更好地促进区域文化产业的快速、稳健发展,同时规范基地和园区的管理体系,文化部从 2004 年开始实施国家文化产业示范基地和示范园区的评选和推介工作。各级地方政府也提出各地发展文化产业园区、基地的战略目标和政策举措。

2016 年 4 月,《光明日报》刊文《"十三五":各地文化产业如何布局》梳理了 10

[①] 马达. 中国文化创意产业集聚区分布图(2019 年版)[N]. 中国文化创意产业网,2019 年 5 月,P1-2.

[②] 中国人大网. 国务院关于文化产业发展工作情况的报告[EB/OL].(2019-06-26)[2020-06-20]. http://www.npc.gov.cn/npc/c30834/201906/d6205ca4de0b49c6994b7427880b143b.shtml.

[③] 国家统计局. 文化事业繁荣兴盛 文化产业快速发展——新中国成立 70 周年经济社会发展成就系列报告之八[EB/OL].(2019-07-25)[2020-06-15]. http://www.stats.gov.cn/tjsj/zxfb/201907/t20190724_1681393.html.

多年来中国文化产业集聚区（园区）的发展轨迹：从 2004 年开始，文化部先后命名了五批 10 家国家级文化产业示范园区、三批 12 家国家级文化产业试验园区、五批 266 家国家文化产业示范基地和两批 34 家国家级文化和科技融合示范基地。从园区数量的地区分布可以看出，文化产业园区的数量与水平与当地的经济文化发展程度有着较高的正相关关系。经济发达地区，如北京、上海、浙江、江苏等省（市），均有着大量不同产业门类的文化产业园区，在数字文化、创意设计、艺术服务、会展服务、演艺娱乐等产业的结构优化中均发挥了较为明显的作用。而在经济欠发达的西部地区，如内蒙古、西藏、新疆等，文化产业园区的产业业态则更多集中于传统文化、休闲旅游等领域①。

《国家"十一五"时期文化发展规划纲要》中提出，积极发展区域性特色的文化产业群。《国家"十三五"时期文化发展改革规划纲要》提出，完善现代文化市场体系和现代文化产业体系，促进产业结构优化升级，提高规模化集约化专业化水平，促进文化资源与文化产业有机融合，扩大和引导文化消费，提高文化产业发展质量和效益。《中华人民共和国国民经济和社会发展第十四个五年规划和 2035 年远景目标纲要》提出，健全现代文化产业体系，完善文化产业规划和政策，规范发展文化产业园区，推动区域文化产业带建设。

特色文化产业群的培育借鉴了产业集群理论和文化发展的实践经验，以地域性、民族性的文化资源为依托，探索建构了"小商品、大产业"的文化产业集群发展道路。在中国文化产业集聚区的建设初期，在规划上还缺少文化产业园区、集聚区明晰的边界条件的情况，正是各地政府的积极探索，推动了文化产业集聚区的理论创新需求，一批以社会化小生产为主的、凸显文化生产原真性的文化产业园区、集聚区的出现，有效补充了我国文化产业园区经济的战略布局，同时文化产业集聚区以更加鲜明的产业集群特征、内生发展机制的实践，将文化产业理论的研究推到了一个新的阶段。

第二节　中国文化产业集聚区的主要类型

文化产业集聚区中的"集聚"既是一个过程概念，是在某种经济逻辑和经济动因驱使下关联产业聚拢的过程，又是一个空间结果概念，是文化产业及其关联产业在空间上集中的状态，大多要经历"初始集聚——产业集群——产业集群高级化"的发展历程。由于集聚区在资源和产业要素集聚过程中所依托的资源类型、所形成的产业模式和驱动模式等关键要素不同，文化产业集聚区又可分为不同的类型。经济学研究者将工业产业园区分为轮轴式集聚区、卫星平台式集聚区、国家力量依赖型集聚区和混合型集聚区。②中国的文化

① 祁吟墨. 文化产业园区年度报告：环境提升且亮点频出，2017 园区发展回顾[EB/OL]. （2018-02-13）[2020-06-17]. http://www.sohu.com/a/222598410_182272.
② 王缉慈. 创新的空间——产业集群与区域发展[M]. 北京：科学出版社，2019.

产业集聚区可分为九大类型模式（见表 1-2）。

表 1-2　我国文化产业集聚区的主要类型模式

类　　型	发展依托	驱动模式	经典案例
艺术区型	艺术创作、文化创意	原创艺术	北京 798 艺术区、上海田子坊创意园、南京 1912 音乐街区
主题公园型	文化创意、旅游目的地	旅游目的地+地产开发	华侨城、华强方特、广州长隆
遗址保护型	文化遗产、旅游目的地	遗产保护+旅游目的地	山东曲阜、甘肃敦煌
民俗体验型	民俗文化	民俗文化+历史街区	福州三坊七巷、袁家村
影视服务型	影视制作	影视产业+周边产业	横店影视城
工业设计型	产业设计	工业制造+创意设计	顺德工业设计园、武昌长江文创设计产业园
科技研发型	科技创新	科技研发+创业投资+文化社区	上海张江文化产业园区
区域综合型	文化遗产、城市转型	文化遗产+城市开发	西安曲江新区、开封宋都
文旅综合体	文化和旅游资源	产业融合	江苏无锡田园东方、昆曲小镇

一、艺术区模式

艺术区模式是中国文化产业集聚区中出现较早的一种形式，其基本形态属于自发性的艺术家集中区，以原创艺术及艺术家群落为主。艺术创作、文化创意是其发展依托和价值原点，依靠原创艺术驱动整个文化产业集聚区的发展。以文化消费活动，如艺术欣赏、休闲娱乐、文化旅游等消费活动来支撑文化产业集聚区的内在运行机制和商业模式。

艺术区模式的代表包括北京 798 艺术区、北京宋庄原创艺术集聚区、上海田子坊创意园、深圳大芬村等，此外，以景德镇为代表的发展模式，显示了改革开放之后从生产地到艺术区、从二维文化迈向三维文化层级的变迁样本，以及构成新文化场景的可能性，并成为超越现代性的模式。[①]

艺术区模式就其形成模式而言，多为自主发端、逐步形成的现代化艺术创作产业集聚地，一般都经历了从自发松散的"艺术群落"到具有一定品牌活力的"艺术区"，再到"创意产业/文化产业园区"的发展历程。[②]但这种艺术集聚区（园区）内部也存在着艺术溢出价值和商业价值（租金）的内在悖论，即在商业逻辑下艺术家群体难以从艺术产业链的下游（地租溢价）中获取收益，租金不断上涨对艺术家群体的"挤出"，往往使艺术园区难以实现可持续发展。因此，艺术园区中，强调商业性开发的资本逻辑与追求自由表达的艺术创作逻辑，在产业化运作的过程中一直不断博弈，一旦资本逻辑在艺术园区的管理中无节制地扩散并凌驾于艺术逻辑之上，就会窒息艺术创作的生命力，造成艺术集聚区（园区）

---

① 方李莉. 超越现代性的景德镇发展模式：从生产地到艺术区的变迁[J]. 民族艺术，2020，36（05）：133.

② 唐子韬，曹原. 艺术区的改造：从北京 798 到西安纺织城[N]. 上海证券报，2012-10-19（T04）.

的发展危机。以北京"798"艺术区为例，被商业侵蚀的艺术创作无法坚持自身的追求，过分追逐商业利润使得它不再仅是纯粹的艺术创作基地，而是演变成为了一个"艺术品交易市场"[①]，艺术集聚区原有的集群文化和集群生态平衡受到破坏，低收益的创作群体面对这些问题将难以生存。如果艺术体系是一个金字塔，中国目前完成了这个金字塔的中下端建设，但仍缺乏顶尖的学术和商业平台。[②]因此，从管理层面探索艺术和商业之间的平衡，形成艺术与产业化对接的良性机制，完善艺术区管理体制：明确政府职责与边界、形成"政产学"合作机制、发挥政策的杠杆作用，促进艺术集聚区经济利益和文化生态的共同发展；[③]积极借鉴国外有益经验，确保其可持续性发展，成为文化创新发展的平台。

二、主题公园模式

主题公园模式的基本形态是文化创意和地产嫁接，文化产业和房地产开发相结合。从文化生产的角度来看，该模式以游乐项目规划与文化创意为价值原点，聚合特定主题文化企业和文化项目，发展特定文化主题的文化产业板块，形成集聚区在文化产业内的行业领导力，奠定专业性竞争优势。主题公园的建设不仅是打造旅游目的地，与地产开发相结合，也是将旅游、娱乐、人文、自然、居住和商业等融为一体，带动所在区域的土地和商业的升值。主题公园与地产项目（住宅+商业地产）形成客流与资金互动，有效实现互惠互利的资源整合，从而达到利益的最大化。

主题公园模式的代表包括华侨城（深圳、北京、上海、成都、武汉）、华强方特、广州长隆、常州中华恐龙园、大唐芙蓉园等。由于盈利来源多样，按照价值链的不同，可以将主题公园盈利模式分为两类：主题公园专业化价值链，包含主题公园价值链的纵向一体化和横向一体化两个方面，从深度和宽度改进企业价值链；主题公园多元化价值链盈利，即从不同角度多元化地改进企业的价值链[④]。

以深圳华侨城主题公园为例。华侨城集团在进行主题公园开发时，没有将景区与周边环境孤立起来，而是把城市开发建设理念融入主题公园的开发建设中，将景区与周边社区共同规划与开发，把旅游要素巧妙地配置到景区与社区中，实现了"景区+社区"的对接与和谐共生，实现了区域内主题公园、主题酒店、主题地产、主题商业、主题创业园区，以及居民和文化教育设施等的共生共享共荣。

主题公园模式的出现和发展，符合了中国改革开放后城市化进程和城市旅游目的地建设的大趋势，迎合了旅游业和房地产升级的内在需求和市场需求，对区域经济结构转型和文化旅游行业提升也起到了积极的作用。但经过了 20 多年的演进，主题公园模式现在也面临着地产逻辑与文化旅游逻辑的内在冲突，文化（旅游）产业成为房地产的附庸，即得

① 李世忠. 北京"798"艺术创意产业园区可持续发展之关键[J]. 商业文化（学术版），2010，4（1）：21.
② 朱其. 艺术区和创意产业园如何模式升级[N]. 中国文化报，2014-10-19（005）.
③ 王敏，吕寒. 文化生态视角下艺术区可持续发展研究——以798为例[J]. 开发研究，2014（04）：72.
④ 周春娥. 主题公园盈利模式的研究[J]. 知识经济，2012，16（10）：18-19.

益于文化消费和文化旅游溢出的地产，在商业逻辑的主导下无法实现对文化（旅游）产业链的反哺。在主题公园园区大体建成、房地产销售大体完成后，企业对于运营主题园区的动力不足，园区内文化产业企业数量偏少，文化创意资源整合度不足，产业集群效应不明显，难以体现出文化产业链对于城市空间价值的倍增效应。主题公园模式的未来发展需要进行合理的功能定位，打造高识别度的主题公园，增强产业链的交叉式设计以强化聚集效应，注重品牌的综合优势，达成高端品牌化供给等。

三、遗址保护模式

遗址保护模式是在中国文化产业集聚区中十分普遍的一种形式，其基本形态是秉承优秀的文化资源禀赋，特别是独有的文化遗产资源，开发系列文化旅游产品，打造旅游目的地，形成文化旅游产业链。它以有形和无形的文化遗产为价值原点，以文化遗产的价值链为基础，以文化旅游为路径，以遗址地为空间载体，通过对传统文化的保护性开发促进传统文化形态在当代的创造性转换，使文化遗产的历史价值、艺术价值、教育价值和科学价值借助于商业形态得以实现，集文化效益与经济效益于一体，资源与市场融合、产业与效益联动。

遗址保护模式的典型代表是山东曲阜。2004 年，曲阜市政府启动规划建设"曲阜新区"，作为发挥曲阜孔子故里、儒家文化资源优势，大力实施孔子文化品牌带动战略的重大规划，旨在将保护利用范围从文化藏品、单体建筑拓展到整个曲阜区域，达到遗产保护和文化产业发展的共赢效果。规划建设曲阜新区，具有文化与经济的双重效益，不仅可以传承和弘扬儒家文化，还可以通过不断发掘儒家思想的精神价值，积极探索其现代意义的转换路径，使之成为孔孟之道信奉者的朝圣之地。[①]

我国拥有悠久的历史文化传统，文化遗产的资源禀赋优势突出，历史文化名城众多，相当多数量的优质文化资源通过文化旅游区模式，能够实现文化资源、旅游资源、城市开发建设目标的深度融合，甚或开拓全球市场。通过文化旅游区模式发展文化产业集聚区，其强大的集聚效应可以融汇国内外产业、资本、科技、人才和创意等资源，通过重组与再造独特的文化经济生态环境，集文化、旅游、会展、商务、社区等功能于一体，可以获得良好的经济效益、社会效益、环境效益及全球影响力。由此成为联系中国传统文化和世界现代文明的纽带、文化生产力与国家软实力的载体和区域经济、政治、文化、社会等关系的节点。

遗址保护模式也潜藏着危机，主要表现为规划论证不充分、产业特色不鲜明、文化生态遭破坏、品牌效应未彰显、产业链条不完整、集聚效应不明显等。文化遗产是不可复生的精神资本、文化资本、经济资本和社会资本，在一片开发热潮中，如不重视遗产的严

---

① 王敏. 警惕泡沫，促文化产业园区健康发展——第三次国家级文化产业示范园区联席会议侧记[J]. 文化月刊，2010，29
（8）：61.

格保护，极有可能陷入打着开发文化遗产资源之名，行"合理性"破坏之实。[1]同时，在全球化背景下，文化遗产事业的内涵逐渐深化，文化遗产事业的领域不断扩大，并由此引发了其要素、类型、空间、时间、性质、形态等各方面的深刻变革，[2]在保持文化多样性和民族独立性方面具有重要作用，因此，必须注重其世代传承性和公众参与性，即要在开发的过程中保护"代际公平"。在这一模式中，政府的职能不能缺位，必须坚持以文化为魂、遗产保护第一，根据各自的文化资源禀赋科学规划，紧抓文脉与地格；把握好文化资源的保护利用、文化内容建设与经济利益的关系；立足于文化遗产保护、价值挖掘与品牌塑造进行准确定位与合理规划，从而驱动整个文化产业集聚区内的功能布局，杜绝浓厚的房地产开发色彩等。

四、民俗体验模式

民俗体验模式是以特色民俗资源为载体、以文化旅游产业驱动的文化产业集聚区。它通过开发系列文化体验类产品，特别是依靠独有的特色文化资源进行项目规划建设，提供可供体验的文化内容产品，实现文化资源向文化产品的转化。例如，借助于公共博物教育、遗产旅游、公众考古、文化遗产节庆、民俗参与等文化体验过程，将旅客的文化体验由观光、文化鉴赏活动拓展到历史地段、民俗街区乃至整个城市的深度体验，以此建设一座"没有围墙"的体验园区。[3]从而获得审美怀旧、文化教育、休闲娱乐、遁世逃避、社交生活和情感升华在内的综合体验[4]。依托文化旅游区的民俗体验，建设集聚民族和国家文化遗产、人文地理景观和民族独特生产生活方式的地理空间，有利于建立起游客个体与国家之间的身份连接，发挥培育公民对于国家和民族认同感的独特作用。

以福州三坊七巷为例，作为中国十大历史文化街区之一，基本保留了唐宋的坊巷格局，以明清最为鼎盛，坊巷内保存有 200 余座古建筑，其中全国重点文物保护单位有 15 处，省、市级文保单位和历史保护建筑数量众多[5]，是一座不可多得的"明清建筑博物馆"、中国都市仅存的一块"里坊制度活化石"。福州三坊七巷作为中国传统城市生活方式的活态体裁，通过旅客的浸入式体验，能够让人感受到中国传统城市的生活场景，唤起人们更多的文化认同，进而培养守护家园的理念。

在此类文化产业集聚区建设过程中遭遇到的挑战，主要体现为强势商业逻辑与原居民共同体之间的利益冲突。其核心在于大规模的商业投资所产生的价值溢出如何与原居民共同体分享的问题，达成投资者与居民共同体的利益平衡并不容易。值得注意的是，中国不

① 刘玉珠. 文化产业的资源禀赋与引领功能[N]. 中国文化报，2010-06-30（6）.
② 单霁翔. 文化景观遗产保护的相关理论探索[J]. 南方文物，2010，49（1）：6.
③ 王敏. 警惕泡沫，促文化产业园区健康发展——第三次国家级文化产业示范园区联席会议侧记[J]. 文化月刊，2010，29（8）：61.
④ 刘家明，刘莹. 基于体验视角的历史街区旅游复兴——以福州市三坊七巷为例[J]. 地理研究，2010，29（3）：556.
⑤ 见官网介绍. https://www.fzsfqx.com.cn.

同地方已出现开发模式雷同、产品同质、文化品位不高和民俗体验相似等现象，不仅泯灭历史街区所具有的独特价值及其所代表的文化个性，而且无法满足旅游者的体验期望。[①]

促进游客消费体验和民俗等非遗保护的良性互动，推进文化遗产保护与文化产业发展融合互动，是未来发展的重要趋势之一。民俗体验模式必须以顶层设计为核心，以项目化、体裁化为支撑，高水平规划设计打造文化产业集聚区。要重视人才、文化内容和其他软件，避免成为各种硬件项目堆积的基地[②]；特别注意文脉资源敏感的特殊性，尊重文化产业集聚区的发展规律，采取政、产、学、研合作规划的方式，避免成为政府的形象工程；增加体验的附加价值，发挥创意、商业模式和品牌的综合优势，注意发挥无形资产的价值，树立面向全球的国际视野，形成国际化的竞争力，提高此类文化产业集聚区的经济效益和文化效益。

五、影视园区模式

影视园区模式，是指影视产业链带动相关产业发展的专业性产业集聚区，它是以电影拍摄为龙头，以数字后期制作为支撑，集电影拍摄、制作、发行、交易等功能于一体的专业性产业基地。但由于影视产业链的延伸性，其产业辐射性强，往往又具有带动文化旅游产业园区发展的潜力。"以剧带建、以建兴旅"的模式成为多元化文化业纵深融合的现实选择。

影视园区模式主要体现为两种开发模式，一种是围绕品牌及影视人物开发多功能体验式大型游乐园区，如迪士尼和环球影城，即前文提及的主题公园模式；另一种就是影视产业功能聚合中心模式，即将电影筹拍、后期制作、出品等影视专业功能聚合在一起的产业集聚区。以影视产业为基础，带动旅游、酒店、衍生品制造、时装、文化创意等多个相关产业和配套行业的发展，甚至可以发展成为世界级电影娱乐王国。

例如，浙江横店影视城、无锡三国水浒城等。目前中国运作最成功的当属 1996 年由横店集团总投资 30 亿元人民币建设的浙江横店影视城，是目前国内拍摄场景最多、配套设施最全、行业影响力最大的影视拍摄基地，也是亚洲最大的影视拍摄基地，被誉为"中国好莱坞"。截至 2019 年年底，横店影视文化产业集聚区累计接待中外剧组 2835 个，接待游客达 1.7 亿人次。横店影视集聚区模式，以"影视为表，旅游为里，文化为魂"，实现影视产业与旅游产业"双轮驱动"。

这一模式面临的挑战，主要是同质化竞争导致的资源浪费。2012 年，北京大学文化产业研究院影视中心的调查数据显示，国内的影视城已达千座，估计总投资约 500 亿元，且规模仍在持续扩大。但在国内已建成的影视基地中却有 80% 亏损，15% 收支平衡，仅有 5% 能够赢利。其存在的问题主要表现为：第一，缺乏对市场容量的正确判断，具备先发和规模优势的老牌影视基地更易分走市场大块"蛋糕"，高投入、资金回收周期长的行业性质

① 刘家明，刘莹. 基于体验视角的历史街区旅游复兴——以福州市三坊七巷为例[J]. 地理研究，2010，29（3）：558.
② 陈少峰. 座谈会专家发言摘编[N]. 中国文化报，2010-06-30（6）.

令市场后入者十分被动；第二，缺乏切实可行的商业模式，同质化现象严重，缺少产业化运作概念，影视后期制作资源开发不足，收入渠道局限性大。2019年，国内影视产业园区的发展态势与竞争格局出现了新变化：新型影视园区"百花齐放"，老牌影视基地积极升级改造，影视园区出现"供大于求"。[①]因此影视园区模式建设，必须要避免"圈地—房地产"冲动，立足于影响产业链及其区域性文化产业生态圈的建构，借助于数字信息技术的快速发展对影视生产模式的革命性影响，开发虚拟电影制作技术，推动传统影视基地的变革升级。

六、工业设计园区模式

进入新世纪，我国面临环境污染严重、资源短缺、产能过剩、品牌低端、浪费现象严重，外贸摩擦频繁等困境，要求我们必须发展知识经济、循环经济。而工业设计集科技、文化、经济于一体，是我国走新型工业化道路、进行产业机构升级、完成从制造业到文化创意产业升级的重要路径。工业设计型文化产业集聚区应运而生，是以设计产业链为基础、融合和带动相关产业链的综合性产业园区。这种集聚区以设计创意为中心，依托设计创新，服务于制造业，汇聚设计公司和设计开发人才，推动工业设计和艺术设计要素集聚，催生各种类型的设计产业经济形态，打造和提升文化产业集聚区的整体实力，促进设计成果转化，进一步实现产业链的有效对接。

工业设计园区模式的典型代表有顺德工业设计园区、北京工业设计促进中心、苏州（太仓）LOFT创意产业园等。近年来，顺德工业设计园区充分发挥地方政府"金融+科技+产业"的政策引领作用，吸引了众多的设计企业和高端专业人才集聚，现有工业设计、软件信息、创意设计、电子商务、知识产权、影视等行业，入驻企业达280多家。顺德创意产业园经过多年来的不断探索，已形成完善的业态链、优良的孵化平台、专业的运营团队，成功孵化出10多家上市公司。

中国工业设计园区模式的核心问题在于完善的知识产权保护体系，以及尽可能高的产业聚集度，同时要大力促进机制创新，提高工业设计的市场服务能力、产业赋值能力，变中国制造为中国创造。此类集聚区一方面需要研究设计产业发展规律，通过项目设计和课题发布、设计咨询、行业观测、交流合作、教育培训等方式构筑以设计为核心的协作体系，建立政府部门、设计机构、大专院校、制造企业、产业园区等多元主体间的合作机制，完善设计产业公共服务平台、实现资源共享和成果推广。

七、科技研发型园区模式

"文化+科技"是文化产业发展的内生动力。科技含量高、智慧含量高、社会效益高

[①] 张颖. 2019年影视产业园发展调研报告：差异探索. 竞争加剧[J]. 电视指南，2019（24）：28-33.

的科技研发型文化产业集聚区，代表了文化产业集聚区的发展方向之一。其基本形态是，以设计创意为中心，以科技和文化双驱动为主线，以与信息产业相关的动漫、网络游戏的创意、设计、制作，高科技影视后期设计、制作，多媒体软硬件研发和制作，包括衍生品工业设计等作为主导产业的产业集聚高地，具有"科技+创意+内容"的产业融合模式和新的商业模式。

科技研发型园区模式的典型代表有北京中关村软件园、上海张江高科技产业园区、武汉东湖高新技术开发区、江苏数字文化产业基地等。

张江高科技产业园区位于上海市浦东新区，是上海市文化产业园区、国家级文化产业示范园区。该园区顺应全球文化产业向科技含量高、创意含量高、集聚程度高的发展大势，建立和健全文化产业公共服务平台，加强金融、贸易对文化产业的支持，推动文化产业模式从"原创、研发驱动"向"研发+商业+资本联合驱动"转变。

张江高科技产业园区官网公布的数据显示，截至 2020 年 12 月，汇聚 24 000 多家企业，国家、市级研发机构 150 余家，跨国公司地区总部 58 家，近 20 家高校和科研院所，现有从业人员逾 40 万，高端人才集聚，国家"千人计划"96 人。2019 年，张江科学城预计完成全口径工业总产值 2834 亿元，完成一般公共预算收入为 81.35 亿元；完成固定资产投资 320 亿元；完成税收为 315.8 亿元；前 11 个月，完成内资注册资本 270.32 亿元；实到外资 20.12 亿美元，同比增长 14.07%，并致力于加速从"园区"走向"城区"的转变。[①]

科技为文化产业高质量发展赋能，打破了文化与其他行业的界限，重建了未来文化产业发展的整体生态。科技创新建构了文化消费的新场景，在文化领域的应用和普及推动着文化产业结构不断迭代升级，引导文化管理结构升级，为文化产业高质量发展提供了强大内驱力。[②]全面推动文化与科技深度融合，促进文化与其他行业跨界融合，新兴文化业态不断涌现，提高文化资源的快速流通的效率。科技与文化的深度融合是文化产业集聚区面向未来的发展方向，科技研发型园区顺应以量子计算、5G、AI、物联网、区块链、云技术等为代表的科技创新发展与运用的趋势，以文化、科技、教育、产业四位一体的融合创新为文化产业集聚区的良性发展提供可持续的发展动力。

八、区域综合型产业区模式

区域综合型产业区模式是一种文化产业与城市（区域）融合的发展模式，其基本形态是以区域文脉、城市空间和生态环境资源为依托，以文化产业发展带动城市空间经济和区域社会的转型升级。它以发展文化产业为起点，以文化产业集聚区为空间载体，通过对区域文化的内涵挖掘、多种价值链呈现促进城市（区域）空间的再造，集文化效益与经济效益、社会效益于一体，资源与市场融合、产业与效益联动。这种发展模式不单纯追求以产

① 李晨琰. 张江晒 2019 成绩单：持续跑出加速度，向世界一流科学城稳步迈进[N]. 文汇报，2020-01-10（07）.
② 傅才武. 科技赋能重建文化产业新生态[N]. 光明日报，2020-12-15（07）.

业规模为核心的经济价值，而是促进多维价值的统一协调发展，最终形成文化与经济、文化与生态、文化与民生协同共进的区域综合发展模式。

区域综合型产业区模式的典型代表包括西安曲江新区、开封宋都古城文化产业园区等。例如，开封宋都古城文化产业园区为例，其规划总面积 1486.8 公顷，包括一城四点，以宋文化为特色，宋都古城保护与复建工程为依托，以文化旅游业、文化演出业、书画工艺美术业、饮食文化业、休闲娱乐业、会展收藏业、新兴文化产业等七大产业为支撑，拥有大宋文化博物馆等一批文化工程，形成多条文化旅游产业链。通过开封宋文化主题规划和特色文化产业集聚区建设，形成了宋文化主题再造开封城市空间、运营城市的新格局。

区域综合型产业区模式要兼容城市（区域）经济、文化、社会、生态和民生等多重利益诉求，对战略规划的要求高，同时要求地方政府具有长期性的战略定力。目前面临的主要挑战是规划的长期性与政府任期的矛盾，如何平衡既需要政府作为"守护人"又要防止政府涉足太深的问题，同时还应解决广泛存在的文化产业规划论证不充分，产业定位不准确，差异性和比较优势不足等问题。

九、文旅综合体模式

文旅综合体是城市综合体的一种类型。城市综合体是由商业、办公、餐饮、居住、酒店、会展、文化艺术、娱乐休闲、交通枢纽等多项功能（一般具有三种以上功能）进行组合，并建立起由各功能间相互依存、相互促进的能动关系而形成的多业态、高效率的综合性功能集聚区。城市综合体的出现是城市形态发展到一定程度的必然产物，是城市功能聚合、土地集约化利用的城市经济聚集体。文旅综合体是城市综合体的常见形式，其功能组合着重突出文旅业态创新和文旅体验消费。根据具体功能的侧重，文旅综合体有强调会展服务功能的会展综合体，功能组合主要是会议、展览、酒店、商业、商务、居住等，如中国博览会会展综合体（上海）、深圳国际会展中心、中国光谷科技会展中心（武汉）等；有强调艺术体验和消费的艺术商业综合体，功能组合主要是文化艺术展览、剧场/影院、会议、商业、餐饮等，如上海环球港、武汉 K11、成都太古里广场等。在空间利用方面，文旅综合体既有街区、园区的空间格局，也有楼宇式的空间格局，建设形式因地制宜，灵活多样。

随着文旅综合体的集约效益不断展现，乡村也在积极地引入综合体概念，将乡村旅游、休闲农业、创意农业、乡野文化、康养度假等业态进行有机组合，集约式发展，催化了田园综合体的出现，形成依附于广袤乡村的文、旅、农深度融合空间。田园综合体的建设与发展有赖于外来资本与当地产业的协调发展，在资本投入、业态创新、市场开拓等工作中确保农业的主体性和农民的根本利益，这是田园综合体不同于城市综合体的根本所在，也是实现可持续发展的关键所在。

第三节　中国文化产业集聚区的阶段性特点

文化产业的集聚不仅要求地理区位的相对集中，而且要求建立在发达的工业体系和市场体系的基础上，依托既有的文化资源和市场体系而形成比较优势。如美国、英国和法国等，利用其庞大的工业体系和世界市场体系的先发优势，以及已有的工业规模优势和范围经济，为文化产业的资源整合和快速发展提供了基础性大平台，因而产业之间垂直联系密切、产业链完整，各个环节能够互相支撑、互为供给，快速完成了从生产性服务业向高端服务业的转换。

中国文化产业集聚区的形成与发展，从 20 世纪 90 年代起步，20 年来基本上经历了单个企业——同类企业集群——产业链延伸——产业集群的发展历程，经历了从沿海发达地区向中西部扩散，从重点大城市波及二三线城市的发展路线。中国文化产业集聚区无论是在发展规模、产业集聚程度、管理服务水平还是社会贡献方面，仍然处于产业集群发展的初级阶段，其主要表现在以下几方面。

一、政府主导

中国文化产业集聚区建设初期大多是以政府作为资源配置的基本力量，通过一系列政策优惠，形成了起步期的扶持效应和竞争优势，表现出较强的政府主导特色。在这种模式下，往往以地方政府牵头成立领导小组，负责文化产业集聚（园）区发展重大决策和重大问题的协调；设立文化产业集聚（园）区管理委员会作为集聚（园）区所在地政府的派出机构，在集聚（园）区内行使经济管理权限和部分行政管理权限，包括项目审批、规划实施等。为适应市场经济体制的需要，管理委员会也常常建立园区内的社会化服务体系，为企业提供各种公共服务。

政府主导型的文化产业集聚区利用了我国政府强资源配置的特点，在推动早期开发与建设方面具有重要影响：一是在整体规划和布局阶段可以得到宏观调控手段的有力支持；二是有利于争取各项优惠政策和财政资金，以奠定较好的发展基础和资本实力；三是在与外界沟通、交流、协调方面具有更高的可信度，便于提高办事效率。

这一机制在发展初期激励作用显著，有利于发挥政府的配置资源、动员社会的优势，为本区域内的文化产业集聚提供更好的环境和更多发展机遇，形成先发优势；但也存在一些弊端，体现在园区对政府的路径依赖，园区后续发展模式、发展机遇内卷化，发展后劲不足；容易导致产业集聚的粗放式经营，甚至在某种程度上可能会导致文化产业集聚区脱离实体经济与市场，形成空心化、同质化发展。

二、跨界融合

在政府主导的发展机制下，我国文化产业集聚区较早地启动了与周边关联产业的跨界融合，主要包括文化与旅游的融合、文化与科技的融合、文化与教育的融合、文化与金融的融合等，奠定了我国文化产业集聚区发展的基础性框架。

（一）文化和旅游融合

文化作为旅游的核心资源，两者具有天然的耦合性。"旅游是文化性很强的经济事业，又是经济性很强的文化事业"[1]，两者有机结合和深度融合，既是文化和旅游互动共荣的客观需要，也是文化和旅游发展的必然规律。在政策推动和产业发展的双重作用下，文化和旅游的关系开始从弱关系走向强联系[2]，文化和旅游融合成为推动经济高质量发展背景下的现实选择。文化需求是旅游活动的重要动因，旅游者的体验是文化旅游主体与作为象征意义（符号）系统的文化旅游装置（客体），通过个体文旅消费行为进行创造、转换和连接的过程[3]。依托优质文化资源和文化旅游产品，以文化产业集聚区为空间载体，通过文化创意提升旅游产品质量，通过文化价值传播，有利于促进整个文化产业集聚区的协同发展。

（二）文化与科技的融合

文化和科技融合发展，赋予园区发展新动能。文化产业集聚区通过聚集越来越多的文化创意企业和科技企业入驻，有利于推动生产型园区向智慧型园区转型升级。文化产业集聚区作为政策集聚之地，具有公共服务平台功能，能够为入驻企业提供产品孵化、展示推广、技术服务、人才培训、投融资、政策及法律咨询等专业化服务，有利于园区内文化企业利用物联网、云计算、大数据等新技术手段进行转型升级，形成集聚区内的文化科技新型业态。

（三）文化与金融的融合

文化产业和金融的融合，是集聚区全面整合资源、重塑文化生产力的过程。金融为文化产业集聚区发展助力，集聚区也可以为金融发展提供产品和内容，提供金融的产业载体。金融作为一种推动集聚区发展的新型工具，具有良好的产业渗透性和杠杆作用，是集聚区发展的根本动力。借助于集聚区的产业集合功能，文化和金融的融合发展，有利于突破文化企业的轻资产属性、信用不足的缺点，进行文化产业领域的金融创新（多种金融工具的组合运用），有望改善文化企业"融资难"的现状，构筑集聚区内文化产业发展的良好生态。

① 田侠. 旅游与文化如何真正实现融合发展[N]. 学习时报，2018 年 5 月 18 日.
② 范周. 文旅融合的理论与实践[J]. 人民论坛·学术前沿，2019（11），43-49.
③ 傅才武. 论文化和旅游融合的内在逻辑[J]. 武汉大学学报（哲学社会科学版）. 2020，73（02）.

三、地产依赖

我国文化产业集聚区的前期建设，大都依赖于土地开发和基础设施建设，因此发展初期与房地产形成了千丝万缕的关联。通过地产，文化产业园区与城市的发展联系在一起。一些大中城市政府无不把建设新兴产业园区（文化产业集聚区）作为促进城市发展提质增速的有效途径。进入 21 世纪，在中国的大中城市，以文化产业为内容、房地产为载体的文化园区成为城市发展活力的代表，包括商业地产、住宅、旅游地产、教育地产等一系列主题地产形式，参与到文化产业链中，形成了文化产业对于地产的依赖，并在全国被不断复制。

这种开发模式一定程度上拉动了文化产业的规模增长，但一些城市房地产开发"披着文创的外衣搞房地产"，在城市土地经营、财政收入方面取得不俗成绩的同时，却在激发城市的文化竞争力方面表现乏力，形成了部分文化产业园区（集聚区）对地产的依赖。例如，文化产业项目、文化载体建设地产化，文化产业集聚区（园）同质化，难以支撑内容生产的良性循环，结构性缺陷日趋严重导致集聚区（园区）独立性很弱；地方政府在起初的优惠政策较为宽泛，导致很多园区在优惠政策红利上展开"血拼"，形成内耗等。[①]

四、竞争同质

政策驱动、土地赢利的发展战略和商业模式，使一些文化产业集聚区一定程度上背离了创意驱动的产业集聚区特征，一些文化产业集聚区产业集聚水平低端化、大量入驻企业同类化、集聚区经营同质化，导致集聚区缺乏比较优势和核心竞争力，陷入同质化竞争的困境。

同质化竞争是指文化产业集聚区（园区），在规划设计、战略定位、产品结构、园区运营与服务、营销手段上相互模仿，以致集聚区发展逐渐趋同的现象。文化产业集聚区本质上应该走差异化竞争的策略。差异化竞争与同质化竞争不同，同质化竞争的核心是"人有我优"，而差异化竞争的核心是"人无我有"。文化产业集聚区大都是以"文化"和"特色"为基础，内涵上存在明确的差异性（人无我有）。与钢铁、造纸、粮食生产等企业的性质不同，物质生产企业难以避免同质化竞争，而文化产业集聚区本质上就是差异化竞争的市场主体，走差异化竞争道路才能实现文化产业集聚区的比较优势。

五、功能多元

文化产业集聚（园）区作为文化创意产业的孵化器，具有多元化的功能。一是有利于实现文化产业规模化、集约化、专业化发展，推动城市存量资源开发和有机更新，促进文

[①] 张铮，于伯坤. 场景理论下我国文化产业园区的发展路径探析[J]. 出版发行研究，2019（08）.

化生产，提高供给能力。二是通过产业链的对接与延伸实现文化产业集群发展，催化文化、旅游、休闲、娱乐、商贸、体育、农业等多业融合，实现生产、生活、生态协调发展。三是对接各级各类文化产业发展促进政策和文化消费激励政策，实现文化产业迭代升级，满足人民群众的精神文化需求，促进社会文明发展。

六、协同发展

文化产业集聚（园）区是一个文化设施高度集中、物理空间明确，兼具文化生产和消费的区域。文化产业集聚区的协同发展，是指一定区域内文化企业、地方政府和社会组织共享文化价值、专业知识和技术溢出的过程，包括区域协同、产业协同和文化协同。

文化产业集聚（园）区的区域协同，主要指所在的地域内各单元和经济要素之间和谐共生、自成一体，形成有序化的整合，实现"一体化"运作与区域内企业、社会组织和地方政府共同发展的经济发展方式。如京津冀、长江三角洲经济区、粤港澳大湾区等区域文化产业的建设，形成了优势互补、机会共享的文化产业集聚发展的格局。

文化产业集聚（园）区的产业协同，主要是指区域内的文化企业，借助于集聚区的独特功能——即集聚区统一营销、统一管理和统一服务平台，共同利用同一资源而产生的整体效应，通过相互协作共享业务行为和特定资源，使一个单独运作的企业取得更高的赢利能力。

文化产业集聚区的文化协同，主要是指通过区域内文化价值和模式创新的传播和扩散，发展出集聚区内文化企业、社会组织和个体的情感连带、文化趣味趋同的社会机制，形成文化认同基础之上的地方认同，建构起集聚区的文化和观念秩序，以节约区域内制度试验和商务谈判的成本，提高集聚区的管理效率。

 习题

1. 简述我国文化产业集聚区的类型模式，并举例说明。
2. 论述中国文化产业集聚区内生发展模式的含义。

 讨论

1. 我国文化产业集聚区的类型及分类标准。
2. 中国文化产业的表现特征与国外文化产业对比研究，其差异性体现在哪里？为什么？

第二章

文化产业集聚区的发展机理

本章学习要求和目标

要求：

▶ 了解文化产业集聚区的成长机制。

▶ 了解文化产业集聚区的赢利模式。

目标：

▶ 理解文化产业集聚区成长机制中的多种模式。

▶ 理解文化产业集聚区的不同赢利模式与适用条件。

第一节 文化产业集聚区的成长机制

文化产业集聚区犹如一个企业群聚集的生态群落，有其自身的组织结构和成长机制，文化产业集聚区的成长过程中隐含着产业集群的形成和演进机制。

一、外部经济自增强机制

布莱恩·阿瑟在《经济学中的自增强机制》中指出：传统经济学认为经济系统主要是服从边际报酬递减率，而自增强机制则体现为，由于经济系统中的正反馈存在，因而经济系统会自我增强而形成边际报酬递增，进而形成路径锁定。自增强机制意味着某个特定结果或均衡具有某种经济的积累优势。企业初期聚集动力可能是出自靠近某种关键要素（如需求市场或资源供应等）以获得竞争优势的愿望。[①]个别企业的选址是历史偶然事件，但根据路径依赖理论，部分的微小事件和随机事件，可以形成持续的影响。先期落户的企业

<hr />

[①] 布莱恩·阿瑟. 经济学中的自增强机制[M]. //罗卫东. 经济学基础文献选读. 杭州：浙江大学出版社，2007：284.

为后续企业创造了示范效应，而同行企业的集中布局会带来知识共享、资源和设施共享、风险分担等正外部性，从而形成产业层面的平均成本下降和规模报酬递增（见图2-1[①]）。良好的适应性预期会进一步鼓励企业地理上的集聚，当企业数量达到关键多数时，企业集聚就会进入自我强化的过程，产业集聚区随之生成并不断发展。当然企业集聚的数量不是没有上限。这种空间集聚与生产成本降低带来的规模效应之间的关系类似于 U 性曲线。图中 $Q*$ 是一个最佳集聚点，此后企业数量进一步增加将会带来"拥挤成本"（Congestion Cost）或外部不经济，对空间集聚具有离心力作用，进而削弱企业集聚带来的竞争力。

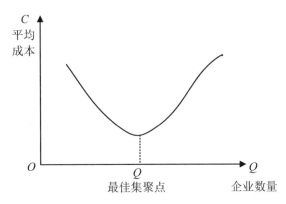

图 2-1　企业聚集规模与平均成本的关系

诱发文化企业集聚的因素通常与文化创意或文化资源有关，甚至是一个完全自发的过程（如 20 世纪 90 年代艺术家群体在北京宋庄的集聚）。文化生产是精神产品的生产，其生产过程不仅是复杂劳动，更是创意劳动，创意是文化产品的核心价值，文化消费则是体验、分享、传播创意的过程。创意文化具有历时性特征和共时性特征，广泛凝结在文化遗产及当代文化、科技的创新成果之上。基于文化生产和文化消费的基本特点，文化企业选址更倾向于文化遗产丰富（如曲江新区、曲阜新区等）、文化创意集中（如北京 798 艺术区、英国伦敦西区）或科技创新优势明显（如美国硅谷、上海张江、北京中关村等）的区域，这也促成了这些区域文化产业集聚区的生成。

无论初期的集聚是不是自发的形成过程，文化企业的聚集一旦达到一个集中度，就需要一个理性的反思和系统规划介入，推动其进入真正意义上的文化产业集聚区的发展轨道上。此时企业的聚集将会带来产业链上下游企业的统合，鼓励投资、专业化与创新。集聚区会吸引新的企业进入，并对新生企业产生孵化作用。文化产业相关的其他经济主体和中介组织、社会公众将逐渐认识到文化产业集聚区的合法性、合理性和重要性，在政策、法律、资金、技术、管理、社会关注等软资源注入方面创造更为优越的外部环境，进一步鼓励文化产业集聚区强化外部规模经济和范围经济效应，以形成外部经济自增强过程的良性循环。

[①] HENDERSON J V. Urban Development: Theory, Fact, and Illusion[M]. New York: Oxford University Press, 1988.

二、合作性竞争机制

合作性竞争是指原本存在竞争关系的企业建立起合作关系，通过合作减少硬碰硬的竞争，从而获得共享的效益。对文化产业集聚区而言，合作性竞争机制以及在合作基础上形成的企业间共享的竞争规范和行为准则是集聚区的基本特征之一，它使成员企业和集聚区都能够获得更多的成长动力和更大的成长空间。

合作性竞争机制表明，源自于地理上的企业集聚，实质上是由文化产业集聚区内的信任、关系网络等共同的社会资本决定的。首先，文化企业在地理上的集中决定了企业间的竞争关系是重复性囚徒困境博弈模型。根据艾克斯罗德 1984 年对重复性囚徒困境的调查研究，即使信任机制缺乏，参与博弈的两个自私的理性参与者选择合作比轮番地相互剥削要好[①]。但在现实竞争中，基于个体行为者主观上的狭隘、有限的行为理性、投机心理的预期、行动处境的发展性和不确定性、信息不对称等因素的客观存在，博弈主体有可能采取背叛和不合作行为，进而引发另一方的报复性决策，使合作难以实现。因此博弈主体间的信任机制十分重要。

文化产业集聚区内的文化企业拥有相同的社会文化背景、制度环境，彼此间相对熟悉，社会联系紧密，同时由于对文化资源和文化市场的共同依赖，文化生产的核心——创意劳动又具有相互启发的特点，因此企业间在共同社会资本的激励下能够建立起良好的信任机制，使竞合博弈的合作机制得以实现，各方能够实现合作。

同时，对经济学意义上社会资本（social capital）的研究表明：社会资本具有经济意义，当各方都以一种信任、合作与承诺的精神来把其特有的技能和财力结合起来时，就能得到更多的报酬，也能提高生产率。弗朗西斯·福山认为经济学家的分析除了应该考虑传统的资本和资源之外，也需要考虑相对的社会资本因素，社会团体中人们之间的彼此信任，蕴涵着比物质资本和人力资本更大而且更明显的价值；高信任度的社会，组织创新的可能性更大[②]。文化产业集聚区共同的社会资本有助于促进交易双方的合作，降低交易成本；有利于克服经济生活中的机会主义，弥补制度安排的不足，提供契约精神的内在约束。这不仅有利于文化产业集聚区的稳定性，也可以敦促文化企业深化专业化分工协作的联系，形成更加稳定、有效的合作性竞争机制。

合作性竞争机制在促进文化产业集聚区成长的进程中，也具有自我强化的能力，能影响和吸引更多的成员企业，甚至是集聚区外围企业和机构，建立起更加广泛的合作性竞争关系，反过来进一步促进集聚区社会资本的积累、文化产业集聚区的成长。从博弈论的视角考察，这是因为博弈方通过合作获取的收益具有外溢效果，外部利益的内在化将吸引更多的企业参与，将博弈方建立起来的信任机制和合作机制在集聚区内加以推广，逐渐形成文化产业集聚区的集体合作均衡，并对其他不合作主体带来承担集体惩罚的压力，提高其

① 赛特斯·杜玛，海因·斯赖德. 组织经济学[M]. 北京：华夏出版社，2006：90-93.

② 李惠斌. 社会资本与社会发展引论[J]. 马克思主义与现实，2000，11（2）：38.

不合作的成本，促使他们也趋于合作。集体合作均衡有利于强化集聚区文化产业的外部经济效应，培育文化市场和竞争优势，形成向产业集群演进的强大内驱力。

三、第三方治理机制

市场经济环境下仅依靠市场机制不足以完全解决个体企业的机会主义行为。经济主体追求自身利益最大化的理性决策也会导致集体的非理性行为，即"市场失灵"，因此信任和合作机制的建立还需要得到制度的保障。文化产业集聚区内企业的经营行为要满足企业自身发展的需求，但与一般物质生产企业不同的是，文化生产与消费还与文化传承和文化认同相关，会对社会造成长期的影响。因此文化企业的机会主义行为既要受到政策规制的约束，又要受到社会自治系统的规范。在市场经济中，个人信任、道德准则、社会规范、惠顾关系等自我治理机制在不同交易范围内是有效的，但随着交易范围的进一步扩展，而潜在的交易者又无法事先识别潜在的交易伙伴时，具有非人格化交易特征的第三方治理机制的出现就成为一种必然[①]。第三方治理机制的主体可以是政府、行业协会和（或）核心企业。政府具有公信力，拥有大量的公共资源，通过对文化产业集聚区的发展规划、公共设施、企业准入制度等进行干预和监管，可以实施对集聚区的协调。行业协会具有行业自律、企业理性行为培育、市场联合开发、信息扩散、集体诉讼、集群营销等作用力，通过沟通、协调、监管等措施，可以完善集聚区内的集体合作机制，构建合作框架，实现区域内的合作均衡。当集聚区文化企业呈卫星式分布时，具有主导性地位的一个或几个核心企业就具有了非正式组织式的权威，会承担文化创意和生产的关键环节，专注于技术难度大、资金投入大、附加值高的生产经营活动，在重要领域制定标准，并处理集聚区与外部市场关系，客观上承担了集聚区的第三方治理职能。

无论第三方治理机制运行主体是谁，文化产业集聚区内的经济行为主体都在这一机制运行过程中趋向于增进共同利益，使合作机制和信任机制合理化、制度化，以抑制机会主义，进一步强化集聚区的外部经济效应。

四、创新激励机制

根据熊彼特的创新理论，创新是对新产品、新过程的商业化及新组织结构等进行搜寻、发现、开发、改善和采用的一系列活动的总称，实质上包括制度创新和技术创新[②]。创新是竞争力的重要源泉，而且创新不是孤立事件，在时间和空间上并不是均匀分布，而是在某个时段和区域群集地或者说成簇地发生。创新和产业集群互为因果。产业集群具有良好的相互学习能力和创新激励能力。

产业集群信息、知识、实践在集群内快速传播，丰富了集群内企业群体的学习资源，使之进入新一轮由学习到创新的良性互动过程，形成了"集体学习过程"，提高了企业和

---

① 朱建荣. 企业集群治理与第三方治理模式的关联[J]. 改革，2008，21（7）：125.
② 周三多，邹统钎. 战略管理思想史[M]. 上海：复旦大学出版社，2003：191.

机构的创新能力。这种学习优势在产业集群的氛围里被催化、演进为创新优势和竞争优势。同时，集群内存在的知识共享、市场联合等外部效应减少了中小型企业的创新成本和创新压力，促使区内各个行为主体集体参与创新过程，创新成为集群内经济行为主体集体努力的过程和结果[1]。

文化产业集聚区是一个地理上的集聚体，而地理集中如同一个磁场会吸引人才、资源、资金、技术、信息、管理等关键要素进驻，形成文化产业发展的关系节点。集聚区内各种资本的逐渐积累，转化为各经济行为主体持续的学习优势和创新优势。知识、信息在集聚区内的流动，与之相联系的经济成本和时间成本被降低，能够增加区内企业暂时的垄断持续时间，最终会成为整个区域文化产业竞争优势的重要支撑因素。这种"学习优势—创新优势—竞争优势"的网络化结构和演进路径（见图 2-2），使单纯因地理集聚而获得的外部经济、合作性竞争、交易成本降低等静态竞争优势，转变为不断学习创新带来的动态竞争优势，为文化产业集聚区由聚集体向真正意义上的产业集群发展提供了可持续的动力。

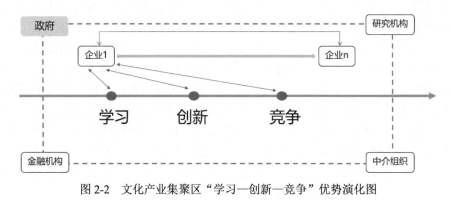

图 2-2　文化产业集聚区"学习—创新—竞争"优势演化图

第二节　文化产业集聚区的发展模式

我国文化产业的蓬勃发展依托了市场主导和政府驱动双重动能，既涌现出了在市场需求作用下自发形成的文化经济形态的产业聚集，也催生了由政府主导的，自上而下规划调研、规划、建设和运营管理的文化产业园区或孵化器。不管是何种动能催生的文化产业集聚区，其持续发展最终取决于是否能够走出一条内生发展的道路，建立一种内生发展的模式。

一、内生发展模式

（一）概念的提出

第二次世界大战以来，伴随城市化进程的高速演进，乡村被逐渐边缘化，日趋衰弱。

---

① 赵强，孟越，王春晖. 产业集群竞争力的理论与评价方法研究[M]. 北京：经济管理出版社，2004：102.

为了挽回这一趋势，许多欠发达地区和发展中国家纷纷推行了外生发展模式（exogenous development），即通过引入外资（包括中央政府的财政投入和补贴）和外来企业的方式带动区域的资源开发和产业发展。但实践证明，拥有美好愿景的外生发展模式不仅错误地将区域发展等同于经济增长，而且在遏制过度资源开发、减少环境污染、避免文化趋同等关乎人的全面发展和区域可持续发展等重要领域推动乏力。同时伴随资本的流动，外来项目和外来企业在当地创造的利益会跟随项目、企业业主向发达地区集中，形成当地的经济漏损。在这样的现实背景下，内生发展模式（endogenous development）悄然诞生。

内生发展模式是一个与外生发展模式相对应的概念，其源头可追溯至 1971 年联合国社会经济理事会针对不发达地区的项目开发提出的五点共识[①]。这些共识正是基于对以乡村为代表的欠发达地区积极推广由外来企业或委托政府开发援助的外生发展模式的实践总结而提出的。1975 年，瑞典 Aag Hammarskjöld 财团在一份关于"世界的未来"的联合国总会报告中，正式提出了"内生发展"这一概念，报告认为："如果发展作为个人解放和人类的全面发展来理解，那么事实上这个发展只能从一个社会的内部来推动。[②]"这一概念包括五个要点，除了上述"发展只能从社会内部来推动"，还有消除绝对贫困（need-oriented）、自力更生（self-reliant）、保护生态（ecologically sound）、必须伴随着社会经济结构的变化（based on structural transformation）。

（二）理论的发展

受联合国报告的启发，1976 年日本学者鹤见和子首次倡导内生发展理论[③]。鹤见和子提出，在日本现代化的发展过程中可以看到西欧发展理论的影子：既有外生的又有内生的，前者是社会精英主导历史，而后者强调群众在历史中的作用。鹤见和子以发展过程中的主体性为理论基点，通过对现代化理论、依附理论以及世界体系理论的批判而对内生发展理论进行阐述，核心观点是地方居民主体性的发挥推动现代化进程的前进，后发国家和地区的发展也可以是内生发展[④]。

从 20 世纪 80 年代开始，内生发展模式理论研究进入了一个多学科发展的时期，使该理论的学科根基更为扎实。具有发端性意义的研究是关于发展理论和发展观的研究。丹尼斯·古雷特（Denis Goulet）认为发展包含三个核心内容，即生存、自尊和自由，它们共同构成发展的本质。弗朗索瓦·佩鲁（Francois Perroux）提出应把人的全面发展作为评价发展的尺度和发展目的[⑤]，这种关注中心由客体转向主体，标志着发展观的质的转变。这些研究成果启发了不同领域的学者对内生发展模式进行了广泛而深入的探讨。日本学者西川

[①] 五点共识分别是：（1）社会大众应该平等地享受社会发展成果；（2）在项目开发过程中应引入居民参与；（3）对于进行开发的具体行政手段必须加以强化；（4）对于基础设施进行城乡统筹配置；（5）环境保护要彻底。文献号：WCOSOC1582L。

[②] NERFIN M. Another Development: Approaches and Strategies[M]. Uppsala: Aag Hammarskjöld Foundation, 1977.

[③] 章志敏，张文明. 农村内生发展研究的理论转向、命题与挑战[J]. 江汉学术，2021，2：5-15.

[④] 鹤见和子，胡天民. "内发型发展"的理论与实践[J]. 江苏社会科学，1989，3：9-15.

[⑤] 弗朗索瓦·佩鲁. 新发展观[M]. 北京：华夏出版社，1987：22.

润（1989）从国际关系领域、宫本宪一（1989）从环境和区域经济学领域、鹤见和子（1989）从社会领域、赤坂宪雄（1994）从民俗学领域展开积极研究，对内生发展模式的特点及其在处理社区产业间关联、居民与生态系统和文化系统间的协调关系、社区居民的自主权方面的积极作用等领域取得了丰硕的研究成果。另外，内生发展理论还吸引了穆斯托（Musto）、弗里德曼（Friedman）、加罗弗里（Garofoli）等人的研究视野，从经济学、财政学等学科领域共同推进了内生发展理论的演进。

进入 20 世纪 90 年代中后期到 21 世纪，内生发展模式日臻完善。宫本宪一、守友裕一、弗里德曼等学者分别从内生发展模式的内涵、特点、成立条件、理论框架、实践模式等方面进行了高度的理论概括，标志着该理论已然成型。中国的学者如胡霞、张环宙、陆艺等人对内生发展模式的国内实践也展开研究，借助于中国实践对该理论进行了适用性的分析和改造①。

（三）理论内涵

对于内生发展模式讨论，尽管不同学者的观点有所差异，但是基本内涵大体相同。

内生发展的立足点是区域发展。区域发展指区域经济、政治、社会、文化和生态的综合发展，也包含人的全面发展、区域在发展中的主体地位、区域在发展中构建的身份可识别性、文化自豪感和地方认同感、区域在发展中的生态系统保育等。宫本宪一认为：地区内的居民要以本地的技术、产业、文化为基础，以地区内的市场为主要对象，开展学习、计划、经营活动；在环保的框架内考虑开发，追求包括生活、福利、文化以及居民人权的综合目标；产业开发不限于某一种相关产业，而是要跨越复杂的产业领域，力图建立一种在各个阶段都能使附加价值回归本地的地区产业关联；要建立居民参与制度，以"自治体"体现居民意志，并拥有为了实现该计划而管制资本与土地利用的自治权②。联合国和平文化国际会议发布了《马德里宣言》（2000 年），提倡在四项新合同基础上推行内生发展的全球计划③。总而言之，即提倡基于知识和内部能力的全球性的发展能力④。

内生发展有赖于并有利于培养区域内部的生长能力。"内部的生长能力"指摆脱区域发展对外界资本的依赖，使本地人回归到主导自身发展的位置，激发源自地方内部的生长能力，包括积极应对外界挑战的能力、学习创新的能力、组织动员的能力⑤。这种能力的生成关键在于人的全面发展和区域发展主权的制度保障。人的全面发展经由社会学习系统来促进，建立一种符合当地层次和文化背景的社会规则。发展的利益主要留在当地，使当

---

① 王志刚，黄棋. 内生发展模式的演进过程——一个跨学科的研究述评[J]. 教学与研究，2009，56（3）：72-76.

② 宫本宪一. 环境经济学[M]. 朴玉，译. 北京：三联书店，2004.

③ 四项"新合同"是指：新的社会合同，承认人是经济发展的推动者和受益者；新的自然合同或环境合同，其中包括长期的观点和紧急采取措施来保护世界生态现状；新的文化合同，用以预防文化同质化、文化丧失作为人类共同财富的无限的多元化和创造力；新的道德合同，以确保全面落实构成我们个人和集体的行为守则的价值观和原则。

④ International Conference on a Culture of Peace. Declaration of Madrid[EB/OL]. （2006-10-17）[2021-06-20]. http://www.tin.org/documents/ga/docs/56/a5656pdf.

⑤ 张环宙，黄超超，周永广. 内生式发展模式研究综述[J]. 浙江大学学报（人文社会科学版），2007，53（2）：61-68.

地人成为发展的主体、拥有发展的主权、分享发展的利益，形成一种长效激励机制。

内生发展模式的组织系统是一个集地方发展意愿代言机构、地方行政组织、外部力量代言机构等各方利益团体于一体的协作网络。在这一网络组织中，当地发展意愿代言机构有权干涉发展决策的制定，由内而外、由下而上地推动相关政策和规制的变化。地方政府作为公共组织进行有效的政策引导、公共服务和监管。外部力量代言机构的存在有利于打破地方保护主义，联合地方力量，融入全国发展战略体系和全球化进程。

（四）文化产业集聚区的内生发展模式

文化产业集聚区作为区域产业集群的有效形态，其发展动力和竞争优势来源于集聚区内经济行为主体间的合作创新以及根植于共同文化背景和制度环境的区域创新网络。这种共生的环境和能力和其内部的生长能力相吻合，也是一种立足于区域本地进行创新的能力。文化产业集聚区的初始动力是文化企业的选址。基于文化生产在价值创造、传递和回归路径中对文化符号、创意资源及资源环境的依赖，文化企业选址会集中在文化资源、创意资源丰富的区域。这些区域会对相关企业形成吸引作用，逐渐成为集聚区生成发展的核心区域。选择内生发展模式会赋予文化产业集聚区行使区域发展主权、建构文化形象和文化认同、有效利用文化资源的能力，进而获得可持续发展的动力。文化产业集聚区的内生发展模式如图 2-3 所示。

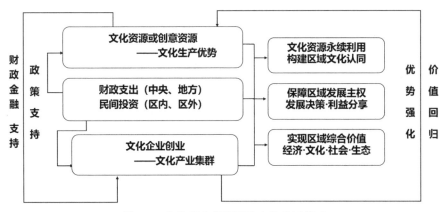

图 2-3　文化产业集聚区的内生发展模式

文化产业集聚区的内生发展模式有以下含义。

第一，文化产业集聚区因文化资源和创意资源而获得文化生产的优势，激励文化企业在区域内创业，进而聚拢文化企业，启动集群化发展历程，最终构建文化产业集群的有效形态。

第二，文化产业集聚区的战略目标超越了对经济增长和增加 GDP 的追求，而是立足于区域民生、生态的综合价值成长。

第三，文化产业集聚区优先利用地方财政和本地民间资本，然后争取中央财政和外来资本，从而保障集聚区资本和财政上的独立能力。

第四，文化产业集聚区优先满足本区域的文化消费需求，寻求立足于本地的增长空间，然后开拓国内和海外市场。

第五，文化产业集聚区遵循文化价值的传递规律，文化生产有利于文化价值的传播与回归，优化区域的文化体系，强化文化形象和文化认同，进而增进文化自信，强化文化软实力。

第六，文化产业集聚区尊重和强化民众发展意愿，保障区域的发展主权，除了文化价值回归以外，经济利益则主要留在本地。

二、文化产业集聚区的价值规律

（一）文化生产的价值特征

文化生产是人类的基本生产方式，其本质是符号生产，以非物质劳动为基本劳动形式，是一个创造、传播和实现文化价值的生产过程[①]。这里所指的价值由于文化的符号特征，不能与一般物质生产的价值规律简单类比。文化生产的价值创造和实现过程是一个社会化的过程，需要个体与社会合作完成。对于文化生产者而言，价值创造需要借助社会化的规则系统来进行意义表达的编码，这个编码只是为文化价值的创造建立了一个必要的前提，全部过程的完成还需要其他社会成员按照同样的规则系统来进行解码，通过理解和传播来真正形成文化生产的价值。文化生产的价值是一个复合的系统，在人、文化与社会的相互关系中呈现出不同的类型和特征。

在文化领域，文化生产的价值是反映、制约和规范人的行为的意义系统，其价值的基础是"意义的一贯性"体系。"意义的一贯性"是指用以衡量文化价值的参照体系，即作为参照系的符号系统，对呈现文化产品价值的意义发挥着规则的作用。这一层面的价值将逐渐积累，促进文化符号体系日渐丰富、多样，为文化新的创新发展奠定基础。

在社会领域，文化生产的价值是人的社会性的全部表现，是作用于人的行为选择、与目的和手段相关的参照体系。这一层面的价值既体现为社会的强制性，又体现为个体的选择性。文化承担着社会功能，没有文化生产创造的文化价值实现基本规范，整个社会无以建构。个体当然可以对文化价值能动地选择，但其在展现个性化一面的同时也要接受社会规则的强制约束，因此文化生产的价值是在个体与社会的交互作用的过程中形成的。

在经济领域，文化生产的价值具有效用性质，包括使用价值和交换价值。文化产品的使用价值寓于其社会性之中，是文化价值的本质属性。即"不会随着人们的消费和使用而减少或消失；相反，它可以不断地扩散延伸，可以为多人多次消费使用""当文化产品被消费后，又推动着人们去进行新的实践创造活动，从而实现文化产品使用价值的增值。"[②]文化产品的交换价值以使用价值为前提，但取决于外部市场对文化产品的需求程度。由于文化产品同样"凝结了人类无差别的社会劳动"，因此文化产品具有交换价值。

[①] 荣跃明. 论文化生产的价值形态及其特征[J]. 社会科学，2009，10：119-131.

[②] 张海燕. 论文化产业的二律背反及价值取向[J]. 山东师范大学学报（人文社会科学版），2007，52（1）：73-76.

（二）文化产业集聚区的价值创造、传递与回归

文化产业集聚区以产业链为轴线，吸引产业链上下游企业聚拢，通过企业间的相互提携、竞合共生的内生式发展模式，形成类似于生物有机体的文化产业群落，并对所属区域产生综合性的关联带动作用。在单体文化企业价值增长基础上，文化产业集聚区更加看重区内产业链上各个节点企业间的协同并进以及文化生产的价值在文化领域、社会领域、经济领域的创造与积累。基于文化生产的基本特质，包括历史传承的文化创造和当代的创意思想，依然是文化产业集聚区价值增长的第一推动力。

文化产业集聚区具有人文根植性特征。根植性源于经济社会学，其含义是行为主体的经济行为具有社会化的意义，深深嵌入所属区域的社会关系之中。文化产业集聚区内的企业、机构不仅仅在地理上接近，更重要的是它们之间具有很强的本地联系，这种联系体现在经济、社会、文化、政治、生态等各方面，由于文化生产的内容特征、符号特征，这些联系又以文化上的根植性为先。区域的历史传承的文化创造和当代文化创意生产积累了丰富的文化内容资源和符号体系，经由文化学家和社会大众的审视评价而发掘其中的文化价值，成为文化产业集聚区文化生产的价值源泉。文化企业将文化资源与科技资源、生态资源、人力资源融合开发，以现代化、集约化的生产方式生产和供应文化产品，以满足当代社会日益普遍化的文化需求。文化传播领域的渠道商和媒体运营商作为集聚区内文化产业链上的营销推广节点，以现代营销理念和传媒技术促进文化产品向文化市场渗透的效力，实现文化产品面向文化消费者和社会大众的价值传递，使文化产品承载的文化价值在文化传播与文化消费中获得现代适应性和增值效应，推动人类社会面向未来的文化价值的积累，为下一个周期的文化创新奠定了资源基础，如图2-4所示。

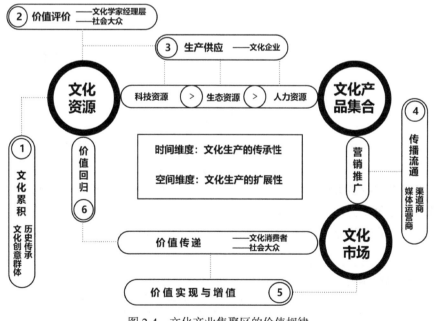

图2-4　文化产业集聚区的价值规律

三、文化产业集聚区的内生发展道路

自 2003 年中央将文化产业纳入国民经济总体发展规划以来，文化产业以其强劲的发展势头和广阔的市场空间吸引了众多的企业家和创业者，在文化产业领域兴起了投资和创业的热潮。创业是一个发现和捕获机会并由此创造出新颖产品或服务和实现其潜在价值的过程。创业是社会经济活力的象征，也是促进就业的重要途径。当前文化产业宏观发展目标、战略环境与文化企业的创业行为形成了良性互动：一方面国家关于文化产业的战略定位、政策引导与扶持为文化企业创业提供了良好的外部环境；另一方面，文化企业创业在提升产业活力、增加就业、带动相关产业发展上也展现了蓬勃生机。目前我国文化企业是一个庞大的以中小型企业为主的群体，这些企业大多处于创业或二次创业阶段，亟需从产业发展的战略层面进行宏观规划与引导，实现企业质量和能级上的提升。2019 年，国家统计局对全国 5.8 万家规模以上文化及相关产业企业调查，上述企业实现营业收入 86 624 亿元，按可比口径计算比 2018 年增长 7.0%，保持平稳较快增长。[①]2020 年，随着统筹推进疫情防控和经济社会发展工作取得显著成效，我国文化产业逐季稳步恢复，规模以上文化及相关产业企业营业收入增速由负转正，企业生产经营明显改善，全国规模以上文化及相关产业企业实现营业收入 98 514 亿元，比 2019 年增长 2.2%，全年实现正增长。"互联网+文化"保持快速增长，在文化及相关产业 9 个行业中，新闻信息服务、创意设计服务营业收入增速超过两位数，分别增长 18.0%、11.1%；文化消费终端生产、内容创作生产、文化投资运营三个行业持续稳步复苏，分别增长 5.1%、4.7%、2.8%；文化装备生产由前三季度下降 3.4%转为增长 1.1%；文化娱乐休闲服务、文化传播渠道、文化辅助生产和中介服务三个行业有所下降，但降幅明显收窄，文化企业营业收入增速实现由负转正，文化新业态发展态势向好，"互联网+文化"新业态保持快速增长。随着我国国民经济持续稳定恢复，文化消费需求将进一步释放，文化产业规模将继续扩大，文化市场复苏态势将不断巩固。[②]

创业成功是创业的基本指向，有三个维度：生存、成长和持续[③]。在产业集群环境下，创业成功更容易实现，这是因为产业集群中同业企业在地缘上集中，运用价格、质量和产品差异化程度等评价标尺进行相互比较，便于企业间竞争，为企业带来较好的外部治理效果。绩效好的企业能够从中获得成功的荣誉，绩效差或者平庸的企业会因此感觉到压力，积极吸纳集群内的最佳实践以培育创新。这便是产业集群孵化效应的具体体现。集群内的企业通过内在竞争压力，获得了单个游离企业难以拥有的竞争优势[④]。文化产业集聚区作为文化产业集群的有效形态，与文化企业创业行为之间具有互动机制，集聚区的生成与发

① 数据来自国家统计局官方网站，http://www.stats.gov.cn/tjsj/sjjd/202002/t20200214_1726366.html，2020-02-14.

② 数据来自国家统计局官方网站，http://www.stats.gov.cn/tjsj/sjjd/202101/t20210129_1812935.html，2021-01-31.

③ 闫华飞，胡蓓. 产业集群环境、创业者特质和创业成功关系研究[J]. 科技进步与对策，2011，11：60.

④ 郭建鸾，于素丽. 创业企业与产业集群研究[J]. 经济学动态，2005，5：39.

展本身就是文化企业创业与文化产业集群互动发展的良性循环过程，是立足于区内文化企业持续发展的内生式发展，如图 2-5 所示。

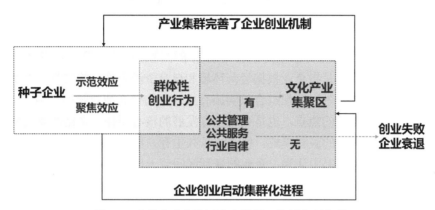

图 2-5 文化产业集聚区内生发展：从创业到集群

文化产业集聚区中的第一家或第一批企业的诞生有历史的必然性和偶然性，但都与创业者的企业家精神密切相关。一旦这些种子企业获得初期成功、打开市场，其享有的创意思想、文化资源、区位优势、市场优势等将对其他投资者和创业者提供示范效应，形成对资金、人力、信息、社会关注度等资源的集结吸引力，引发新的创业高峰。后来的创业者会选择在靠近种子企业的地方落户，表现出对初始地点选择的路径依赖，从而形成原生态的、扎堆式的企业群体。种子企业的成功可以启动产业的集群化进程，但能否成功地形成文化产业集聚区则很大程度上要取决于该区域是否能够形成创业机制。

文化企业集聚初期，企业会本能的追求利益最大化，但基于信息不对称和有限理性原则，单体企业的理性行为会带来集体行为的非理性，这就需要公共组织，包括政府部门和行业协会，通过公共管理、公共服务和公共监管等方面的制度设计和实施来理性地规范企业行为，营造良好的创业机制，排除具有明显投机性和短期性行为的跟风企业。通过竞争与合作机制逐步建立起集聚区内成员企业可以共享的社会资本和公共品牌，从而形成文化产业集聚区成长和发展的持续动力。

当文化产业集聚区发展成型时，将会进一步完善企业的创业机制，对新生企业形成良好的孵化作用，也可以保持集聚区本身的创新活力。这种良好的文化氛围和创新机制使企业创业成功的可能性极大地提高，主要原因是：集聚区内创业精神和创新知识可以共享，成功的创业行为具有示范效应，后续的创业行为有可模仿、参照的对象；集聚区内市场开拓初见成效，潜在的丰富的市场机会容易激发新的构想或概念，激发创意灵感；集聚区可以提供高度专业化的关联企业和机构，人才、技术、资金、设备、实践经验等资源将降低企业创业门槛，提供更多的创业便利条件；集聚区的公共管理、公共服务平台降低了后续企业创业的风险，提高投资者和创业者的积极性。

第三节　文化产业集聚区的赢利模式

赢利模式是企业在利润目标导向下在市场竞争中逐步形成的带有自身特点的商务结构及其对应的业务结构，是指企业根据经营环境和自身资源条件，将市场、产品、服务、人力、资本和客户等要素进行匹配组合以实施有效管理的企业绩效管理结构。

赢利是企业经营管理的焦点，也是企业生存发展的核心要件。文化产业集聚区也不例外，如果没有明确、合理的赢利模式，便无法长久生存，更遑论发展。亚德里安·斯莱沃斯基在《发现利润区》一书中认为，企业的赢利区间藏于价值链中，价值链是变动游走的区间，主要是帮助企业发现价值，并通过合适的赢利模式获得利润。[①]他在《赢利》一书中还系统分析了 23 种企业赢利模式，包括：客户解决方案模式、金字塔模式、多种成分模式、配电盘模式、快速模式、卖座"大片"模式、利润乘数模式、创业家模式、专业化模式、基础产品模式、行业标准模式、品牌模式、独特产品模式、区域领先模式、大额交易模式、价值链定位模式、周期利润模式、售后利润模式、新产品利润模式、相对市场份额模式、经验曲线模式、低成本商业设计模式以及数字化模式。[②]我国经济学家厉无畏认为，总结文化创意产业的赢利模式都应该分析价值链。但国内外对于文化产业集聚区赢利模式的研究比较少，还没有形成一个较为权威的、统一的理论体系。目前大体可以从文化产业链、价值链、渠道模式等方面对文化产业集聚区的赢利模式进行总结。

一、从创意到品牌的产业链

产业链源于经济学，是依据特定的逻辑关系和时空布局关系形成的链条式关联，具备结构属性和价值属性，强调"对接机制"。文化产业集聚区的文化产业链包含了"创意—产品—品牌"的对接与转化机制。

首先是从创意到产品的转化。借助于特定文化资源，通过创意转化成有形产品或无形服务，面向市场销售，这即是典型的由资源经过创意转化为文化产品的过程。这种模式要求保持快速、持续的产品创新，在别人模仿之前赚取高额利润，对于创意的要求和产品转化的效率要求很高。

其次是从产品到品牌的转化。从提供有形的文化产品和体验功能到无形的品牌承诺，形成品牌溢价。先树立某一市场领域具有竞争力的强势品牌，在此基础上迅速扩张，然后进入不同的细分市场，抢占新的"蓝海"市场。例如，美国的迪士尼的赢利模式，即是利用已经形成的强势品牌，在后面叠加各种经营手段以获得最大的利润。迪士尼公司从每一

---

① 亚德里安·斯莱沃斯基. 发现利润区[M]. 北京：中信出版社，2003.

② 亚德里安·斯莱沃斯基. 赢利[M]. 北京：中信出版社，2003.

部影片的票房获取第一轮收入；发行录像带是第二轮；每放映一部动画片获取放映票房收入，随后即在主题公园中增加一个动画人物，让旅游者入园消费，获得门票收入；接着以特许经营的方式销售品牌产品，获得知识产权收入。除了以上"四轮经营收入"之外，迪士尼还借助品牌，分别进入电视媒体和游戏产业，最大化延伸其产业链和价值链。这一案例说明，文化产业具有典型的规模经济与范围经济特征，尽管原创文化产品的初始研发投入成本高，但复制、生产、传播、衍生开发等后续的价值延伸增值的成本却很低。因此产业链越长，原创文化作品的无形价值的开发和利用就越充分，企业的长期竞争力自然就越强[①]。

再次是形成金字塔式的产业链结构。在文化产业集聚区，需要创建多层次的产品体系确保顶端产品高额利润。在塔底，是低价位、大批量的外围产品；在塔的顶部，是高价位、小批量，具有核心竞争力的文化产品。大多数利润集中在金字塔的顶部产品系，所有层次的产品都要作为一个整体体系来管理，以期增大和保护赢利能力。

在文化产业集聚区产业链的建构过程中，建立和完善知识产权保护体系是关键环节。鼓励创新、保护原创需要政府的力量，集聚区和企业都难以承担。文化产品的原创性和独特创意在某种程度上有一定的外部性，个别企业的文化原创所带来的创新价值会产生一定的溢出，政策和制度需要对于企业的原创给予一定的激励性补偿或税收优惠措施，同时要积极完善和落实知识产权的措施，充分保护文化原创等无形资产的价值，保护企业对于文化原创内容研发的投入积极性。

二、从内容到渠道的价值链

价值链是指依托设计、生产、销售、发送和辅助环节，通过信息、物质、资金方面的交换关系形成的一个价值递增过程。增值性是价值链的主要特征之一。[②]厉无畏将文化创意产业的赢利模式总结归纳为：一是价值链定位模式；二是价值链延伸模式；三是价值链分解模式；四是价值链整合模式。[③]

对文化产业集聚区而言，为了增加客户价值和保证企业获得利润，需要积极发挥文化产业集聚区引导社会资本和整合资源方面的功能，须建构和发挥价值链的作用。完善文化产业集聚区的价值链，其赢利点落在内容上，又落在渠道上。一方面，文化生产是内容生产，文化产业具有"内容为王"的特征，另一方面，一般商业逻辑"渠道为王"在文化产业内也同样适用，这是因为渠道既能保持内容生产所需现金流的平衡，又能完成文化产品的价值传播、推广与回顾。随着互联网的普及和数字技术的不断创新，数字化的文化产品不断涌现，传统文化产品的数字化浪潮也扑面而来，连接文化产品和消费者的渠道呈现出扁平化、平台化的变革趋势，对渠道掌控能力也因技术壁垒呈现更加严重的两级分化的情况。过去一些具有行政垄断背景的渠道资源，如图书发行，在新的技术背景下受到流媒体、

① 杨亮. 呼唤文化原创力[N]. 光明日报，2012-08-02（14）.
② 花建. 文化产业的集聚发展[M]. 上海：上海人民出版社，2011，71.
③ 陈喆，刘德寰. 文化创意产业赢利模式初探[J]. 天津大学学报（社会科学版），2010，12（2）：187-192.

电商平台的强烈冲击，倒逼文化生产者主动突破行政壁垒，回归创意驱动和市场需求，顺应信息时代的大势，"内容为王"和"渠道为王"双管齐下，创造文化产品新的赢利点。对于文化产业集聚区而言，重视这一系列变革的技术背景和市场变化趋势，有针对性地加强创新创意文化建设，增强相关政策供给和基础设施、公共产品的供给，将有利于巩固自身的核心竞争力，获得内生发展的动力。

第四节　文化产业集聚区的智库支持

智库又叫思想库、智囊团，指各色人才储备库，是指专门从事开发性研究的咨询研究机构。它将各学科的专家学者和行业领域中的技术官员聚集起来，运用其智慧和才能，为社会发展提供咨询决策，是知识经济时代重要的生产力。

一、智库与文化产业集聚区的智库

（一）智库发展溯源

现代"智库"（think tank）一词最早出现在第二次世界大战期间的美国，是指当时军事人员和文职专家汇聚在一起制定战争计划及其他军事战略的智力机构[1]。美国前总统哈里·杜鲁门在 1964 年庆祝其 80 岁生日的讲话时，用思想库一词来取代"智囊"[2]（"智库"）一词。进入 21 世纪，随着公共政策研究需求的激增，智库日益发展成为相对独立的非政府机构，其作用范围也从军事领域拓展到公共政策研究，成为政策制定过程中重要的参与者，有人称其为"第五种权力[3]"，其已经发展成为全球专门的"思想市场"，具有成熟的运作机制。《全球智库报告 2018》显示目前世界拥有智库机构数量居前三位的国家：美国（1871 家）、印度（509 家）、中国（507 家）[4]。从经济学视角看，美国的智库是全球"思想的市场"的标杆，是对公共政策具有重要影响的群体。美国智库有完善的运行机制，以兰德公司（RAND）为典范。兰德公司最初为美国军方提供军事参谋和咨询，正式成立于 1948 年，后来逐渐成为集生产政策思想、提供政策方案、储备和提供人才的"智库组织"。兰德公司长于战略研究，不仅为美国政府、军队提供决策服务，还利用旗下大批世界级的智囊人物为商业企业界提供广泛的决策咨询服务，并以"企业诊断"的准确性、权威性而享誉全球。

[1] 薛澜，朱旭峰."中国思想库"：含义、分类与研究展望[J]. 科学学研究，2006，24（3）：321.
[2] 丁煌. 美国的思想库及其在政府决策中的作用[J]. 国际技术经济研究学报，1997，10（3），31.
[3] 任晓. 第五种权力——美国思想库的成长、功能及运作机制[J]. 现代国际关系，2000，20（7）：18.
[4] 美国宾夕法尼亚大学智库研究项目组. 全球智库报告 2018[EB/OL].（2019-02-13）[2019-08-25]. http://www.ccg.org.cn/archives/37614.

2018 年德国智库数量达 218 家，居世界第 6 位[①]。与世界其他国家相比，德国政府资助智库的比例较高，政府通过资助从智库获得研究报告和预测结果。德国还有一些归属于特殊利益目标下的智库，如附属于各种政治基金会的研究机构和工会研究机构以及雇主研究机构。这类研究机构有特定的研究专题，如可持续性、市场经济或社会公平等。

我国现代意义上的智库建设源于 20 世纪 90 年代，在公共政策研究和商业企业决策咨询方面均有明显的进步。我国现有的智库主要有以下四种形式[②]。

（1）事业单位法人型智库。这是我国智库最普遍的形式，在事业单位法人中专门从事政策研究和咨询工作的机构即属于此类型，典型代表是国务院发展研究中心及中国社科院下属的各个专业研究所（社科院本身也是事业单位）。

（2）企业型智库。主要是指专门从事政策的研究和咨询服务工作的企业法人。这类智库是营利性的咨询机构，它们接受政府或其他机构的委托，对一些社会和政策问题进行调查和研究，并将研究结果以咨询报告的方式提交给委托人。

（3）民办非企业单位法人型智库。指专门从事政策研究和咨询工作的民办非企业单位法人。民办非企业单位法人是经国务院民政部门和县级以上人民政府民政部门登记注册或备案，领取民办非企业单位（法人）登记证书的各类民办非企业单位。从智库的职能上看，一般认为这类智库是科技类民办非企业单位，典型代表如 20 世纪 90 年代初期成立的天则经济研究所。

（4）高校下属型智库。指隶属于高校的从事政策研究和咨询的研究机构（如研究院、研究所、研究中心等）。它们既承担理论研究和教学任务，也从事与法人型智库几乎相同的研究咨询工作。从运行机制上看，这类智库一般是非独立法人机构，财务上不能独立核算。但我国高校下属研究机构拥有大量专业人士，是智力资源最为密集的地方，因此将此类智库纳入广义的智库范畴，并依照智库运行规律进行统筹管理，有利于中国的智库建设和发展。

（二）智库的基本特征

1. 持续性

智库是一种智力资源持续发挥作用的组织机制，持续性是其基本特征。智库的特征就是要跟踪研究，因此必须要确保智库长久地运行下去，才能有效地提供咨询建议、决策参考。因此智库要有稳定的组织结构、固定的工作地点、持续的经费支持、长期的运作能力。

持续性特征是智库区别于专家委员会的基本特征。专家委员会虽然集合了智力资源，也有专项研究课题，但只是项目化的运行机制，任务结束即解散，下次另有任务，再另行组织专家委员会。这是另外的一种智力资源配置方式。我国曾在长江三峡工程论证和决策过程中组织了 14 个专家组（委员会），从不同的专业领域对三峡工程的可行性进行论证。

---

① 美国宾夕法尼亚大学智库研究项目组. 全球智库报告 2018[EB/OL].（2019-02-13）[2019-08-25]. http://www.ccg.org.cn/archives/37614.

② 薛澜，朱旭峰. "中国思想库"：含义、分类与研究展望[J]. 科学学研究，2006，24（3）：325-326.

1988 年 11 月论证结果出来之后该组织即行解散。这种专家组都是临时性组织，不具备智库的持续性的特征。

2．独立性

智库的独立性表现在两个层面。首先是独立的法人机构。从现代智库典范"兰德公司"开始，智库就是"独立的、介于官民之间进行客观分析的研究机构"。这样的组织有自己的使命和存在价值，有独立的组织制度和运行机制，不依附于任何任务委托方或政策决策者。从组织建设角度上看，独立的法人资格可以确保智库的存在依据、研究立场均是服务于社会而不是上级组织。尽管目前一些大型企业内部也有政策研究咨询部门，但这些部门研究立场的利益倾向十分明显，主要服从于企业的发展战略，因此提出的政策建议很难保持真正的客观、中立。所以这类组织与严格意义上的智库还有差异。国外一般认为，如果一个咨询机构每年的研究经费超过 80%以上来自政府（或企业资助），那么其实质就是官方（或企业）的咨询机构，而不是智库。

其次，独立性表现在智库始终保持中立的研究立场，其观点、结论要保持相对独立。由于有了组织性质的独立性，智库拥有独立运作的权力，因此研究立场是可以保持中立的。尽管智库接受了合同任务，但研究依然需要保持其独立性，合同研究不是影响智库观点中立性的充分条件。智库可以有政策信念的偏好，但不能违背中立的研究立场和观点的客观性，否则就失去了存在的价值。

3．服务性

服务性是指智库通过决策咨询而服务于社会。这既是智库存在的价值起点，也是研究成果转化生产力的基本途径。服务性使智库与传统的学术研究有所区分，而服务功能实现的程度也是智库自身竞争力大小的决定因素。

服务性特征揭示了智库的运行特点。首先，智库并不参与政策的直接制定和执行，只是对社会公众关心的或者关系国家重大事项的问题，或者关系企业发展战略的问题进行研究，并提出决策咨询。这就是说智库只有建议权而不具备决策权和执行权。其次，智库需要向有关部门机构介绍说明自己的研究成果和决策建议，必要时采取"压力""游说"的方式来呈现成果的内涵与价值，甚至"推销"自己的思想产品，以实现对社会的服务目的。这一点不同于研究团体、研究学会等组织，后者往往通过发表或公开研究成果、搭建学术思想交流平台的方式来影响社会的认知，这距离影响决策尚有一段漫长的路途。

（三）文化产业集聚区智库

文化产业集聚区的智库是指进驻于集聚区或散布于集聚区之外而又服务于集聚区的智库群，包括事业单位法人型智库、企业型智库、民办非企业单位法人型智库、高校下属型智库多种形式。这些智库构成了文化产业集聚区里一条独立的产业链：头脑产业。

文化产业作为创意经济的本质，决定了智库是文化产业集聚区必不可少的组成部分，其创新能力和舆论影响力对文化产业集聚区的品牌建设、产业链建设均有重要影响。文化产业集聚区智库的存在，确保了集聚区及企业的深邃的战略目光、超前布局产业链的可能性。文化产业集聚区智库的主要功能有以下方面。

（1）研究世界文化产业发展趋势，国家政治、经济、社会、科技等方面的宏观趋势，为所属地方政府制定文化产业促进政策提供政策建议。

（2）研究国内外文化产业集聚区发展状况，为制定文化产业集聚区发展战略提供决策参考。

（3）研究文化产业集聚区所拥有的文化资源，深挖资源价值，为集聚区文化资源的保护和开发、资源价值转换提供学理性基础和策略性建议。

（4）接受文化产业集聚区企业的委托，为企业战略制定、创意研发等提供决策建议，为企业发展出谋划策。

二、文化产业集聚区智库的环境营造

（一）优化外部环境

良好的外部环境是智库生存、发展、繁荣的土壤，包括制度环境、经济环境和文化环境。在制度环境上，宏观的政治经济制度对文化产业集聚区智库的地位和作用具有重要影响。2015 年 1 月，中共中央办公厅、国务院办公厅印发了《关于加强中国特色新型智库建设的意见》，将决策咨询制度定位为我国社会主义民主政治建设的重要内容，认为智力资源是一个国家、一个民族最宝贵的资源。中国特色新型智库是国家软实力的重要组成部分，是国家软实力的重要载体，迫切需要发挥中国特色新型智库在公共外交和文化互鉴中的重要作用，不断增强我国的国际影响力和国际话语权。在经济环境上，智库的资助机制、资金来源结构是关键。目前常见的资助机制有：政府资助、国际组织资助、基金会资助和合同经费来源。文化产业集聚区智库需要各资助机制有机结合，为智库的运行提供稳定的资金支持。例如，在德国经济研究所的研究基金中，合同经费占总经费的 50%，来自国家政府的基金约占 25%，来自地方政府基金约占 25%[①]。在文化环境上，智库研究需要实用主义、独立精神、服务社会的文化价值观为引导，需要包容性的文化氛围作保障。只有在这样的文化环境下，智库研究人员才会有思想创新的动力，以自身的智力投入来提供高水平的智库成果。

（二）对接市场需求

智库的发展繁荣与价值实现需要通过满足市场需求来实现。充足的市场需求包括思想需求和人才需求。文化产业集聚区对智库的思想需求有三个层面的含义。

（1）文化产业已纳入国家战略部署，但仍然存在政策研究的巨大需求。新中国成立

---

① 王智勇. 德国的思想库[J]. 国际经济评论，2005，13（2）：62.

以来建立的文化管理与意识形态管理相统一的文化战略管理体系具有惯性作用，需要各级政府及相关部门转换观念、认清文化产业本质，制定出高质量的产业促进政策。各级政府和社会普遍需要智库的支持，为制定文化产业政策提供建议，优化决策过程，提高决策质量。

（2）通过智库研究以动员社会，满足文化产业对社会共识的需求。大力发展文化产业是一项"惠民、育民、富民"工程，建设文化产业集聚区、布局文化产业链，既需要地方政府的支持，又需要社会大众，尤其是文化产业集聚区所属区域的社会大众的理解、支持和参与。这就需要有智库以意见领袖的身份进行政策解读和观念创新，通过传播媒介以动员民众形成共识。

（3）作为社会中介，满足民间和政府之间转换平台的需求。文化产业集聚区智库是社会公众和政府、企业之间关于政策、战略决策交流的平台，可以充分吸收社会公众和集聚区内企业对文化产业、文化产业集聚区发展的意见，转换为政府政策需求。在决策咨询报告中体现研究基础的广泛性、研究结论的客观性，促使文化产业集聚区的政策、战略制定既能满足自我发展的需要，又能关照社区参与和民众利益。

对智库的人才需求表现为文化产业集聚区需要建立相应的平台和机制来吸引、招募全球范围的智力人才，整合智力资源，为文化产业集聚区提供人力资源库。

（三）多元化的人才队伍结构

智库的思想产品质量取决于智库研究人员的素质和智库本身的独立性和科学性。这就要求智库研究队伍构成要以专业性和多元化为基础，既强调研究人员的专业背景和学术素养，又要坚持研究人员的专业结构的有机搭配、相互补充。同时还要坚持研究人员来源的多样化，吸收专门的学术研究者、职业技术官员、媒体评论员、传媒从业者等多元化的专业技术人员，以保证咨询报告视野开阔、研究深入、理论与实践紧密结合，提高咨询研究和决策之间的转换率。

（四）全方位的市场营销

文化产业集聚区要建立全方位的推广体系，采取各种方式和渠道阐明"思想产品"的内涵和价值，影响舆论和政策、决策，提高社会公众的关注度。这种全方位市场营销的目标受众就是决策部门和社会公众。根据美国智库运营的经验，人际传播、组织传播和大众传播、网络传播都是有效的传播方式，可以同时采用，互为补充、相互促进。美国智库的"旋转门"机制[①]使得其产生的思想产品具有相当大的社会能量。智库通过组织一些主题活动，如国际性公开会议（研究成果对社会公开）、中小型会议（特定受众，研究成果不对公众开放）、培训项目等，为社会公众、决策者、专业人士构建意见交流平台，为决策

[①] "旋转门"机制是美国智库在发展过程中的一大特色。所谓"旋转门"，即智库研究人员的身份在政要与研究者之间变换，有人甚至"旋转"两三次，使政府保持活力，使智库成为给政府培植、储备人才的地方。因此美国国家智库的社会能量相当巨大，游刃于政界、商界和学界，对政府决策、公共舆论有直接影响力。

者提供一个接受咨询建议和新思想观念的平台。

三、文化产业集聚区智库的运行模式

文化产业集聚区智库是一个持续运作的平台，既要吸引法人组织性质的智库机构进驻，也要吸引非法人型智库——高校下属的研究机构和独立的研究人员加入集聚区智库，以形成对社会创意阶层的吸引，因此必须重视集聚区智库的运营。

（一）基本运行模式

文化产业集聚区智库的基本运行模式主要体现为企业型智库模式和基金会模式。这两种模式依托于特定的组织（企业或基金会），有明确的组织目的、服务宗旨，有固定的组织机构、人员配备和工作地点，具有面向社会、面向市场的持续作用机制，因此是智库的基本运行模式。

1. 企业型智库模式

企业型智库是指那些进驻文化产业集聚区、专门从事集聚区内文化产业研究、咨询、创意和服务业务的文化企业法人，它们既是集聚区内的成员企业，从事的业务也主要是为集聚区整体发展和成员企业发展提供创意服务和咨询建议。企业型智库是营利性组织，主要通过接受研究合同而获得资金保障、实现盈利。

2. 基金会模式

文化产业集聚区智库的基金会是专门针对集聚区文化产业发展（或其中一类专题）而展开研究的非营利性法人组织。有专门的募资机制和稳定的募资渠道，有常设的组织机构和固定的办公地点，研究的范围和目标清晰。文化产业集聚区基金会在工作中可以进行独立的研究，然后再向有关机构组织推介思想产品，争取建议采纳，也可以接受研究合同，进行专项研究。

（二）辅助性运行模式

年会、俱乐部、课题委托等模式本身并不具备严格意义上智库的特征，但他们都可以成为具有周期性、持续性的思想交流平台，甚至可以成为常设机构而形成稳定的运行模式。因此这三种模式可以算是文化产业集聚区智库运行的辅助性模式。

1. 年会模式

年会是某些组织举办的一年一度的集会。文化产业集聚区的年会可以是由区域内的地方政府、行业组织、大型企业、领军人物等共同倡导的思想盛会（例如罗振宇《2019—2020"时间的朋友"跨年演讲》）。这些年会可以是常设的周期性会议，有相对稳定的组织者，有延续研究的专题和核心研究人员，有自我发展的机制（如出版物、网站等推广平台），这样的年会才能具备智库的持续性、独立性、服务性特征。

年会相较于其他智库运行模式而言，关注的研究课题在持续中有创新，吸纳的研究人员在稳定中有变化，是对基本运行模式的有效补充。

2. 俱乐部模式

俱乐部是有专门机构出面组织，会员在资源、互助、互惠基础上自主参加，并承担相应的责任和义务，享有相应权利的团体。俱乐部可以是非营利性组织，也可以是营利性组织，需要经过工商部门注册。

俱乐部本身是一种松散型的组织机制，能够提供宽松的研究环境和氛围，以此来吸引专业人士的参加，并能够提供专业的咨询报告（如罗马俱乐部）。但作为文化产业集聚区智库的辅助性运行模式，俱乐部模式有几个特点：俱乐部的发起人必须是文化产业集聚区内的成员或利益相关者，并且具有权威性和号召力。俱乐部的成员是关注文化产业、文化产业集聚区、文化创意的具有专业背景和职业背景的研究人士，其思想和观点要有权威性和影响力。俱乐部的思想交流必须与文化产业、文化产业集聚区等相关领域的专项研究相关，研究有持续性，这样才能保证俱乐部作为智库的价值，才能提出完整的专项研究报告，而不仅仅是因为兴趣而起的零散型讨论。

3. 课题委托模式

课题委托即合同研究，是在当今社会各个领域利用智力资源的常见模式。作为文化产业集聚区智库的辅助性运行模式，课题委托应该具备稳定的、持续的运作机制。课题的发布人（或招标人）应该是文化产业集聚区所属的地方政府、行业协会组织、成员企业等。他们的课题发布周期性和临时性相结合，既关注专项研究持续跟进，也关注文化产业集聚区发展中不断涌现出来的新现象和新问题。课题的承担人（或投标人）应该是全社会范围内的符合课题研究条件的人员或组织。

课题委托模式的最大优点是以课题为纽带，将遍布全国甚至是全世界的高校、科研院所及其下属的智库连接起来，以课题研究的形式为文化产业集聚区发展而服务。其不足之处是，课题委托往往是一次性的研究项目，很难保证研究工作的持续性。

年会模式、俱乐部模式和课题委托模式在实践中可以交互使用，是文化产业集聚区智库最大限度整合社会智力资源的有效机制，同时也是对智库基本运行模式的支撑。

 习题

1. 简述文化产业集聚区的成长机制。
2. 简述文化产业集聚区的发展模式。
3. 论述文化产业集聚区的赢利模式。
4. 简述文化产业集聚区智库的主要功能。

 讨论

1. 针对中国文化产业未来发展趋势，提出自己对文化产业集聚区成长机制的理解与思考。

2．结合国家文旅融合战略，举例说明如何在文化产业转型升级的背景下发展文化产业集聚区。

延伸阅读与思考

国外发展案例

第三章

文化产业集聚区的策划

 本章学习要求和目标

要求：

▶ 了解文化产业集聚区策划的基本原则和管理程序。

▶ 理解文化产业集聚区策划的概念与内涵。

▶ 掌握文化产业集聚区策划的基本内容。

目标：

掌握文化产业集聚区策划的基本内容，包括基础分析、定位策划、空间布局策划、产业链策划、主导企业策划、市场策划等知识。

第一节　策划与文化产业集聚区策划

一、策划溯源与释义

策划（planning）一词，《辞源》中解释为"策书、筹谋、计划、谋略"，《现代汉语词典（第七版）》策划解释为"筹划、谋划"。与策划一词相通用的词语还有谋略、计谋、筹谋等，而在我国台湾地区一般称为"企划"。策划与竞争有关，是竞争性活动前期的整体谋划、构思和设计等一系列行为。民间流传的"三思而后行""凡事预则立，不预则废""运筹帷幄之中，决胜千里之外""多算胜，少算不胜"等都包含了策划的意义，也体现了民间对策划的通俗理解——"出谋划策"。

作为人类的复杂活动之一，策划活动古已有之，从早期的围猎活动到后来人类文明的演进发展，策划活动始终伴随着人类的社会生活而存在。《后汉书·隗器传》中记有"夫智者睹危思变，贤者泥而不滓，是以功名终申，策画复得"；唐代诗人元稹《奉和权相公行次临阙驿》："将军遥策画，师氏密訏谟"；宋代司马光《乞去新法之病民伤国者疏》：

"人之常情，谁不爱富贵而畏刑祸，于是搢绅大夫望风承流，竞献策画，务为奇巧，舍是取非，兴害除利。名为爱民，其实病民；名为益国，其实伤国"。这些文献记载的"策画"都与策划相同，具有筹划、打算、安排之意。

策划起源于军事领域，随着社会实践的发展和理论的完善，它被迅速运用到政治、经济、外交、文化、体育等多个领域，其中经济生活中的策划源起于春秋战国时期，代表性人物是范蠡、白圭。这二人均有做官的经历，并且颇有谋略，后来把政治竞争、军事竞争中的策划思想运用到了经营领域，成为我国几千年来的商业楷模。范蠡曾任越国大夫，伴随越王勾践在吴国作人质。史传，越国灭吴后，范蠡逃至齐国，改名为陶朱公。他运用政治策划和军事策划经验从事经营行为，后来成为富可敌国的陶朱公，致巨富。白圭提出经营策划理论，主张采用"人弃我取，人取我与"的经商理念，运用兵法筹划智谋，掌握商机。白圭总结"经商如孙吴用兵，审时度势；如商鞅变法，顺应时机"，被后人尊奉为"天下言治生者祖"。

在现代社会中，策划的实践和理论进一步发展，充分吸收了经济学、管理学、运筹学、心理学、营销学、社会学等多学科理论成果，逐步发展为一种复合性、交叉性、边缘性的新兴学科。现代策划是指对未来将要发生的事情和从事的活动进行当前的谋划、设计和决策的行为过程。从理论上讲，策划是指人们为达到某种目标，借助于科学方法和创造性思维，分析策划对象的环境因素，通过资源整合和优化配置，制定具有创意性的行动方案的过程。从实践本质上看，策划是人类运用脑力的理性行为，是一种思维活动、智力活动，其结果是要找出事物之间的因果关系，衡量未来可以采取的策略[①]。

现代经济生活中策划的实践活动十分兴盛，但要求也很高。由于策划源自于军事活动的审时度势、出奇制胜的本意，策划实践尤其要重视将单线思维转变成复合思维，将封闭性思维转变成发散性思维，将孤立、静止的思维转变为辩证的、动态的思维，才能形成高水平的策划方案。

二、文化产业集聚区策划的概念与内涵

文化产业集聚区策划是指投资者、企业家、政府、行业组织、咨询专家等多元主体分别或联合对文化产业集聚区未来发展趋势进行研判，在此基础上设计集聚区及其核心主干企业未来发展目标和实现路径的系列行为，主要包含了资源分析、发展基础评价、产品和技术分析、产业分析、产业链设计、政策路径设计和产业集群构建等环节，是一个识别和挖掘文化产业集聚区的战略价值和商业价值，并寻求实现这些价值的有效途径和行为的研究过程。

文化产业集聚区策划是一个系统的行为过程，对区内文化企业、文化产业提供由表及里、由局部到整体、由静态到动态的系统分析和筹谋。文化产业集聚区策划是一个规范的

[①] 熊元斌. 旅游营销策划理论与实务[M]. 武汉：武汉大学出版社，2005：2.

行为过程，是建立在科学合理的程序、方法、标准基础上的集成。尽管策划本身不拘一格，但策划的基本范式有章可循，恰是一个"有定式、无定法"的创造过程。文化产业集聚区策划是实践导向的行为过程，是产业策划在具体的产业范围（文化产业）和具体的空间范围（集聚区）的实际应用，具有打造集聚区文化产业链、勾勒发展蓝图和实现路径的功能作用。

文化产业集聚区策划贯穿文化产业集聚区"萌生—成长—成熟—衰退（转型）"整个生命周期，是策划设计集聚区宏观战略的愿景及讨论这种愿景实现的可能途径的动态过程。在萌生阶段，策划重在解决文化产业集聚区战略定位、发展战略、核心竞争力、产业项目等方面的筹谋设计，旨在确定文化产业集聚区生存的基调与基本的方向，属于战略决策层的内容。在成长、成熟、衰退（转型）阶段，策划重在解决文化企业间的耦合创新、文化产业项目创意，涉及区域建设、招商引资、文化生产、整体性营销、竞争力维系等领域，与文化产业集聚区的运营密不可分。

三、文化产业集聚区策划的价值特征

（一）策划推进文化产业集聚区的耦合创新

在文化产业集聚区的演进中，策划是集聚区内文化企业等市场主体、地方政府的战略管理和区域文化产业、国民经济整体发展的连接线，也是将人才、资源、创意、产品、技术、资金、市场、政策等分散、零散的文化产业的基本元连接在一起，构建集聚区的文化产业链的措施准备。

本质上，文化产业集聚区具有"洼地效应"，具有对各种资源形成吸附汇集的作用。但这个聚拢的过程最终是否会带来文化产业集群的结果要取决于集聚区内各行为主体是否能够将资源、产品、技术、信息、资金、人才、知识、创意、政策等文化产业"基本元"有效连接，形成以文化产业链为基础的有机整体，也取决于是否能调动集聚区内及周边环境的资源为文化产业集群发展提供资源环境。策划具有创新行为的特技，一定程度上策划行为过程就是构建文化产业集聚区耦合创新机制的过程（见图3-1）。

该模型由里到外分别是文化产业集聚区的核心层、基础层和支撑层。核心层主要由若干文化企业构成，也包括其他经济行为主体。它们或者是文化产业集聚区策划的主体，或者是策划的客体，或者是策划的实施主体，彼此间具有专业化的分工与协作，通过策划来构建集聚区内竞合共生的社会化、网络化的集群组织结构。基础层主要由基础设施、高校和科研院所、金融、中介结构、人际关系网络等构成。它们是文化产业集聚区发展的软硬件支撑条件，要通过策划将它们纳入耦合创新的整体系统，形成合力带动集聚区的创新发展。支撑层由文化产业集聚区的区域创新资源、区域社会环境、市场环境和政策环境等要素构成。它们处于策划的外围整合链上，既是文化产业集聚区策划的整合对象，又是策划落地运营的支持条件。

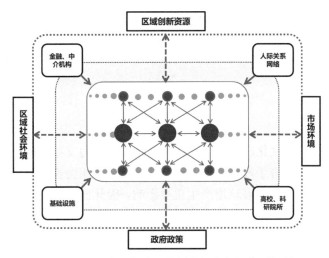

图 3-1　文化产业集聚区策划的耦合创新作用机制

（二）策划拉动文化产业集聚区的"微笑曲线"

"微笑曲线"（Smiling Curve）是现代产业成长过程的动态表现曲线，它模拟人脸微笑的形态，形象地表现出信息社会环境下知识、品牌在生产和销售不同环节的作用及其收益分配差异。

微笑曲线对文化产业集聚区的成长过程同样具有阐释力。现代产业环境下的文化生产具有高固定成本、低边际成本甚至零边际成本的特性，在文化产业链上，各个环节的附加值分布是不一样的。

微笑曲线的低端在于"制造"和"复制"环节。在复制生产环节，福特式流水线和劳动密集型的文化生产方式主要包括两种形态：一是生产文化内容的载体（如光盘），这是制造生产；二是将已有的文化产品重新编码，然后形成自己的产品，这是复制生产。文化产业的制造生产和复制生产都是利用生产中成熟的、普遍化的技术，准入门槛低，同时利润空间有限。

微笑曲线的高端是原创内容，包括策划、规划和品牌服务，以及原型设计、艺术创作和系统架构等。文化产业是以创意驱动的产业，高度依赖于人的精神、智慧和思想。具有文化原创意味的生产环节要么创造新的文化符号，要么突破性地发展文化符号的编码规则和意义，已经作为内容提供环节向前延伸到文化产业的研发阶段。策划是统领各种知识信息和创意思想的一系列行为过程，是创造和实现高附加值的关键环节。文化产业集聚区微笑曲线左侧嘴角的拉动依靠以文化挖掘和内容提供为主导的、注重研发的文化产业集聚区战略策划；右侧嘴角的拉动依靠以市场和顾客为导向的注重传播推广的营销策划。文化产业集聚区经济上的倍增效应和文化价值上的提升与回归必须在规划和策划的拉动下实现。要获得文化产业国际化分工和国际竞争中的话语权，还必须依靠知识、信息、创意和品牌等原创形象和原创内容。

第二节　文化产业集聚区策划的基本原则

一、价值先导

策划与战略相关，是文化产业集聚区战略性布局的有力支撑，也是文化产业和文化企业竞争力的培育过程和培育手段。策划一旦完成，就会在相当长的时间内发挥作用，对文化产业集聚区的发展方向和发展轨道产生重要影响，因此需要从策划初期就有效地把握文化产业集聚区发展的方向，建立价值先导原则。

首先是产业价值先导。建立文化产业集聚区，旨在构建文化产业链，形成文化企业及相关企业的产业集群，因此集聚区的策划需要慎重分析区域文化产业价值链，找到符合该区域资源禀赋、创新环境、市场条件的价值增长点，以实现产业发展为目标，在产业定位、文化企业分工、产业项目设计上尊重文化产业生产和价值创造的客观规律。

其次是综合价值引领。文化产业集聚区的生成与发展根植于区域经济、社会、文化环境，与区域经济社会的综合发展相生相伴。我国正处于经济增长方式的转型时期，正在由粗放型增长向集约化增长转变，由高碳型增长向低碳型增长，由投资拉动向技术创新转变，由工业拉动向各产业协调发展转变。文化产业由创意驱动，通过挖掘文化资源和现代创新价值创造高附加值，具有产业和价值倍增效应。文化产业集聚区策划遵循综合价值引领原则，发挥"文化+"的引领作用；一方面通过文化创意产业与农业、工业和服务业相融合，提升区域内传统产业的附加值，另一方面通过文化创意产业与数据技术相融合，创造新的产业价值。

二、产业整合

产业整合是指按照产业发展规律，以企业为主要对象，实现跨区域、跨行业和跨所有制的生产要素配置过程。文化产业集聚区策划，要实现集聚区从萌生到成长、发展，甚至到衰退（转型）阶段都要围绕产业整合的主线，促使集聚区的成员企业提升资源配置效率、降低交易成本。文化产业集聚区与一般产业园区不同的是，文化企业往往具有强烈的社会效益属性，与政府部门有着比较紧密的联系。产业整合跨所有制的情况较多、政策性强、难度较大。但混合所有制的发展是保持集聚区活力的根本所在，更加需要坚持产业整合的原则。

三、竞争为上

文化产业集聚区的产业属性要求参与市场竞争，市场竞争是集聚区发展的最大动力来源。但由于文化产业能够得到多种政策的扶持，导致了一些文化企业在"政策红利"与"市场利润"之间"摆渡"。特别是对于利用行政力量启动建设的集聚区,策划建立企业公平竞争的机制、营造有利于公平竞争的环境,是保障集聚区可持续发展的基础性工程。

四、效益第一

文化产业集聚区必须要有效益回报才能生存下去和正常运行,因此无论是以谁为主体来进行策划都必须正视集聚区内各行为主体对市场效益、经济利益回报的要求,以策划来统领集聚区附加值的创造和商业价值的回报。在策划的顶层设计上就必须立足于追求社会效益和经济效益相统一的目标,同时要在追求经济回报的过程中实现社会效益的目标。

第三节 文化产业集聚区策划的基本内容

一、文化产业集聚区基础分析

基础分析是文化产业集聚区策划的基础性工作,是收集信息、明确现状、界定问题、寻找机会、识别方向的过程,主要包括文化产业现状分析、文化产业集聚区环境分析。

(一)文化产业内涵分析

我国的文化产业是一个产业族群的概念,是由"文化核心领域""文化相关领域"两大部分,共 9 个大类、43 个中类、146 个小类组成。文化产业集聚区策划的第一要义是对特定时空环境里文化产业主要类型和特色产业定位的策划,因此首要内容是文化产业内涵分析,分析要目及基本内容如表 3-1 所示。

表 3-1 文化产业内涵分析要目及基本内容

要　　目	基　本　内　容
文化资源	▶▶ 文化符号体系 ▶▶ 创新思想体系 ▶▶ 文化资源整合现状
文化产品	▶▶ 文化产品的双重属性与双重效益:经济属性-经济效益;文化属性-社会效益 ▶▶ 文化产品的标准:限定性标准、评价性标准 ▶▶ 文化产品的功能与内涵:传递普适价值;或提供合理非极端的娱乐和健康生活的文化消费对象;或政府的意识形态和政府所提供的公共服务能够保障文艺载道、寓教于乐
文化产品生产供给	▶▶ 生产方式:标准化、规模化程度 ▶▶ 文化产品供给数量与质量
文化产业结构	▶▶ 文化产业在当地国民经济体系中的地位和产业贡献率 ▶▶ 文化产业内部竞争结构 ▶▶ 文化产业内部结构高级化

续表

要　目	基 本 内 容
文化产业关联	▶▶ 文化产业内部各组成部分的横向关联和纵向关联 ▶▶ 文化产业对当地其他产业的关联带动作用
文化产业演进	▶▶ 当地文化产业所处生命周期阶段

（二）文化产业分类

2004 年国家统计局公布了《文化及相关产业分类》，将文化产业划分为核心层、外围层、相关层，共 9 大类，24 种类，80 小类。2012 年国家统计局公布《文化及相关产业分类》修订版，将文化及相关产业划分为文化产品的生产、文化相关产品的生产两部分，共 10 个大类，50 个中类，120 个小类。2018 年 4 月文化和旅游部组建后，国家统计局在《文化及相关产业分类（2012）》的基础上，依据新的《国民经济行业分类》（GB/T 4754—2017）修订颁布《文化及相关产业分类（2018）》（见表 3-2）。新修订后颁布的《文化及相关产业分类》与《国家旅游及相关产业统计分类表》从旅游产业与文化产业的构成角度看，两者只是局部重合，大部分不重合（见表 3-3），即文化产业有一个部分（"文化休闲娱乐服务"）与旅游产业中两个部分（"旅游游览"和"旅游娱乐"）重合。基本重合的是《文化分类》中（六）"文化休闲娱乐服务"与《旅游分类》中（四）"旅游游览"和（六）"旅游娱乐"。《文化分类》中的"文化休闲娱乐服务"包括"娱乐服务""景区游览服务"和"休闲观光游览服务"三个方面；《旅游分类》中的"旅游游览"包括"公园景区游览（内含城市公园管理、游览景区管理、生态旅游游览、游乐园）"和"其他旅游游览"（内含旅游文化娱乐、旅游健身娱乐、旅游休闲娱乐）。

表 3-2　文化及相关产业的类别名称和行业代码[①]

类 别 名 称	国民经济行业代码	类 别 名 称	国民经济行业代码
第一部分　文化核心领域		电视	8720
一、新闻信息服务		广播电视集成播控	8740
（一）新闻服务		（四）互联网信息服务	
新闻业	8610	互联网搜索服务	6421
（二）报纸信息服务		互联网其他信息服务	6429
报纸出版	8622	**二、内容创作生产**	
（三）广播电视信息服务		（一）出版服务	
广播	8710	图书出版	8621

[①] 本分类将文化及相关产业划分为三层，第一层为大类，共有 9 个大类，其中大类分为两个部分，一～七大类为文化核心领域，七～九大类为文化相关领域；第二层为中类，共有 43 个中类；第三层为小类，共有 146 个小类。本分类全部小类对应或包含在《国民经济行业分类》（GB/T 4754-2017）相应的行业小类中，具体范围和说明可参见《2017 国民经济行业分类注释》。

类 别 名 称	国民经济行业代码	类 别 名 称	国民经济行业代码
期刊出版	8623	（七）艺术陶瓷制造	
音像制品出版	8624	陈设艺术陶瓷制造	3075
电子出版物出版	8625	园艺陶瓷制造	3076
数字出版	8626	三、创意设计服务	
其他出版业	8629	（一）广告服务	
（二）广播影视节目制作		互联网广告服务	7251
影视节目制作	8730	其他广告服务	7259
录音制作	8770	（二）设计服务	
（三）创作表演服务		建筑设计服务	7484*
文艺创作与表演	8810	工业设计服务	7491
群众文体活动	8870	专业设计服务	7492
其他文化艺术业	8890	四、文化传播渠道	
（四）数字内容服务		（一）出版物发行	
动漫、游戏数字服务内容	6572	图书批发	5143
互联网游戏服务	6422	报刊批发	5144
多媒体、游戏动漫和数字出版软件开发	6513*	音像制品、电子和数字出版物批发	5145
增值电信文化服务	6319*	图书、报刊零售	5243
其他文化数字内容服务	6579*	音像制品、电子和数字出版物零售	5244
（五）内容保存服务		图书出租	7124
图书馆	8831	音像制品出租	7125
档案馆	8832	（二）广播电视节目传输	
文物及非物质文化遗产保护	8840	有线广播电视传输服务	6321
博物馆	8850	无线广播电视传输服务	6322
烈士陵园、纪念馆	8860	广播电视卫星传输服务	6331
（六）工艺美术品制造		（三）广播影视发行放映	
雕塑工艺品制造	2431	电影和广播电视节目发行	8750
金属工艺品制造	2432	电影放映	8760
漆器工艺品制造	2433	（四）艺术表演	
花画工艺品制造	2434	艺术表演场馆	8820
天然植物纤维编织工艺品制造	2435	（五）互联网文化娱乐平台	
抽纱刺绣工艺品制造	2436	互联网文化娱乐平台	6432*
地毯、挂毯制造	2437	（六）艺术品拍卖及代理	
珠宝首饰及有关物品制造	2438	艺术品、收藏品拍卖	5183
其他工艺美术及礼仪用品制造	2439	艺术品代理	5184

类 别 名 称	国民经济行业代码	类 别 名 称	国民经济行业代码
（七）工艺美术品销售		工艺美术颜料制造	2644
首饰、工艺品及收藏品批发	5146	文化用信息化学品制造	2664
珠宝首饰零售	5245	（二）印刷复制服务	
工艺美术品及收藏品零售	5246	书、报刊印刷	2311
五、文化投资运营		本册印制	2312
（一）投资与资产管理		包装装潢及其他印刷	2319
文化投资与资产管理	7212*	装订及印刷相关服务	2320
（二）运营管理		记录媒介复制	2330
文化企业总部管理	7211*	摄影扩印服务	8060
文化产业园区管理	7221*	（三）版权服务	
六、文化娱乐休闲服务		版权和文化软件服务	7520*
（一）娱乐服务		（四）会议展览服务	
歌舞厅娱乐活动	9011	会议、展览及相关服务	7281-7284 7289
电子游艺厅娱乐活动	9012	（五）文化经纪代理服务	
网吧活动	9013	文化活动服务	9051
其他室内娱乐活动	9019	文化娱乐经纪人	9053
游乐园	9020	其他文化艺术经纪代理	9059
其他娱乐业	9090	婚庆典礼服务	8070*
（二）景区游览服务		文化贸易代理服务	5181*
城市公园管理	7850	票务代理服务	7298
名胜风景区管理	7861	（六）文化设备（用品）出租服务	
森林公园管理	7862	休闲娱乐用品设备出租	7121
游乐园	9020	文化用品设备出租	7123
其他娱乐业	9090	（七）文化科研培训服务	
（三）景区游览服务		社会人文科学研究	7350
城市公园管理	7850	学术理论社会（文化）团体	9521*
（四）休闲观光游览服务		文化艺术培训	8393
休闲观光活动	9030	文化艺术辅导	8399*
观光游览航空服务	5622	八、文化装备生产	
第二部分　文化相关领域		（一）印刷设备制造	
七、文化辅助生产和中介服务		印刷专用设备制造	3542
（一）文化辅助用品制造		复印和胶印设备制造	3474
文化用机制纸及纸板制造	2221*	（二）广播电视电影设备制造及销售	
手工纸制造	2222	广播电视节目制作及发射设备制造	3931
油墨及类似产品制造	2642	广播电视接收设备制造	3932

类 别 名 称	国民经济行业代码	类 别 名 称	国民经济行业代码
广播电视专用配件制造	3933	乐器批发	5147
专业音响设备制造	3934	乐器零售	5247
应用电视设备及其他广播电视设备制造	3939	**九、文化消费终端生产**	
广播影视设备批发	5178	（一）文具制造及销售	
电影机械制造	3471	文具制造	2411
（三）摄录设备制造及销售		文具用品批发	5141
影视录放设备制造	3953	文具用品零售	5241
娱乐用智能无人飞行器制造	3963*	（二）笔墨制造	
幻灯及投影设备制造	3472	笔的制造	2412
照相机及器材制造	3473	墨水、墨汁制造	2414
照相器材零售	5248	（三）玩具制造	
（四）演艺设备制造及销售		玩具制造	2451-2456 2459
舞台及场地用灯制造	3873	（四）节庆用品制造	
舞台照明设备批发	5175*	焰火、鞭炮产品制造	2672
（五）游乐游艺设备制造		（五）信息服务终端制造及销售	
露天游乐场所游乐设备制造	2461	电视机制造	3951
游艺用品及室内游艺器材制造	2462	音响设备制造	3952
其他娱乐用品制造	2469	可穿戴智能文化设备制造	3961*
（六）乐器制造及销售		其他智能文化消费设备制造	3969*
中乐器制造	2421	家用视听设备批发	5137
西乐器制造	2422	家用视听设备零售	5271
电子乐器制造	2423	其他文化用品批发	5149
其他乐器及零件制造	2429	其他文化用品零售	5249

表3-3 文化产业和旅游产业统计分类比较表

	文化及相关产业	旅游及相关产业
一	新闻信息服务	旅游出行
二	出版发行和版权服务	旅游住宿
三	广播、电视、电影服务	旅游餐饮
四	文化艺术服务	旅游游览
五	文化投资运营网络文化服务	旅游购物
六	文化休闲娱乐服务	旅游娱乐
七	其他文化服务	旅游综合服务
八	文化用品、设备及相关文化产品的生产	旅游相关产业
九	文化用品、设备及相关文化产品的销售	

（三）文化产业集聚区选址策划

产业分布具有区位指向性，即某种生产要素对某一产业或企业所具有的特殊吸引力，或产业根据技术经济内在要求，对某一生产要素或生产经营所需的特殊考虑和依赖而在空间分布上采取的一种取向[①]。这种区位指向性一般包括以下方面。

（1）原料指向，即产业分布趋于接近原材料产地的指向。

（2）市场指向，即产业靠近消费地点的指向。

（3）劳动力指向，即产业具有密集使用劳动力的取向。

（4）技术指向，即产业具有朝向高科技教育发达地的取向。

有些产业还有特殊指向，如对气候、空气质量、地质条件、水质等因素存有特别要求。

文化产业具有经济的、社会的、意识形态的和文化的多重属性，并不完全符合纯粹产业经济学意义上的物质生产规律。但不论是文化产业还是物质生产部门，集聚发展是最基础也是最普遍的规律，文化产业的集聚可以提高经济效益，可以加快信息流动，还能产生"艺术效应"。[②]文化产业集聚区选址策划就是要落实文化产业聚集和集群化发展的空间范畴，以专业化为导向，寻求文化产业布局的规模经济、聚集经济的最（次）优方案。

1．产业要素流动性指向

文化资源和产业要素的不完全流动性是文化产业集聚区选址的基本依据。文化生产要素的不完全流动性有两层含义：一是指文化生产要素不是都能够流动的，其中有些能够流动，如劳动力、资本、技术等，还有些是不能流动的，如地形地貌、水文、气候等自然条件和不可移动文物等文化资源条件。不能流动的条件要素限定了前者流动的条件，也决定了前者流向的选择和集中的程度[③]。文化产业集聚区选择需要客观应对这样的环境作用力。二是指那些能够流动的文化生产要素，其流动性在一定意义上也是有限的、不完全自由的。这种流动约束源自于多种需要，如国家文化主权、文化安全的需要驱使政府对文化生产要素流动做出管制规定，限制资本进入某些特殊领域；文化利益动机、资本逐利、文化劳动力区域高收入和高知名度、文化市场法则等约束了文化生产要素的自然流动。因此文化产业集聚区的选择需要顾及上述要素流动的约束性，适应文化产业发展的国家政策控制和市场法则。

2．空间成本指向

文化产业集聚区选址决定着空间分布的距离和相应的阻隔、障碍，这直接关系到文化产业集聚区生成、发展、演进的空间成本。空间成本限制了文化要素禀赋和自然要素禀赋优势的发挥和空间聚集效益实现的程度，使文化经济活动受限于一定的空间范围。在信息技术、网络技术发达的今天一定程度上降低了这一指向的作用力，如网络技术可使办公分散化，但它仍然是决定文化产业集聚区选址的重要考虑因素。

3．现代性指向

文化产业集聚区选址的现代性指向表现在两个方面：一是选址策划中追求文明发展的

[①] 周新生. 产业分析与产业策划：方法及应用[M]. 北京：经济管理出版社，2005：166.

[②] 祁述裕. 文化产业集聚发展趋势[N]. 光明日报，2018-05-05（7）.

[③] 胡惠林. 区域文化产业战略与空间布局原则[J]. 云南大学学报（社会科学版），2005，4（5）：44.

最新表现方式和存在方式，融入现代技术发展趋势的考量和选择，为后续文化产业链设计和产业项目策划中充分利用现代技术创造初始条件，促使文化产业集聚区能够整合进入现代化的产业体系、拓展其在现代社会的适配性。二是指选址策划中要关注文化产业集聚区在促进区域经济发展、经济结构调整过程中体现出来的包容性增长的意义，进而占据促进产业结构的优化、实现区域综合发展中的有利地位，提高文化产业在区域整体经济结构中的比重和贡献值。

4．依附性指向

文化产品的经济属性要求其产业布局要直接面对消费者、面对市场，对消费中心具有依附性。文化产业集聚区一般不能远离地理中心、文化中心和人口中心。市场庞大的消费人群要求文化产业在人口集中的空间形态里实现重点布局。人口聚居的空间具有发展为政治、经济、文化中心的先决条件，为文化产业创造了庞大的市场空间，因此这样的空间形态与文化产业的多重属性之间存在着天然的同构关系。这是文化产业集聚区选址策划的另一个基本依据。但是现代社会在构建立体交通网络方面的成就对人口的聚集和流动创造了新的可能性，也对文化产业集聚区的选址提供了一个新的视角。只要区域的交通区位条件允许，人口聚居数量的不足、市场规模的限制可以通过交通区位的优化来加以改善和补充，人口聚居这一限定性因素在一定条件下是可以突破的。

5．集中趋势指向

人口集中、产业集中和资源集中是现代工业社会和后工业社会的基本社会形态，集中体现为中国社会快速发展的城市化进程。文化产业本身的孕育与发展也依托于城市化、现代化和工业化进程。文化产业集聚区集中趋势指向体现为对文化产业发展规模经济和聚集经济的诉求，其文化产业集聚区选址，首先要满足于产业要素集中的要求，有利于实现产业要素和战略资源的集中、整合与有效配置；其次要有利于市场信息集中，形成对文化资源的吸纳能力和辐射能力；再次要有利于文化资源向市场能力的转化，与其他产业形成关联，以获取最大的边际效应。

选址策划具体到每一个文化产业集聚区，除了上述策划要点外，还需要考量选址与主导企业的关系。文化产业集聚区依赖于市场驱动，先形成地理上的聚集，再推进集群化发展过程。从价值来源上看，某种联系关系导致的经济效益超过了竞争关系导致的经济损失才可能发生集群。根据"霍特林法则"（即竞争对手彼此靠近以最大化市场份额），还必须吸引存在竞争关系的企业入驻，以形成集聚区的竞争和合作机制。

（四）文化产业集聚区宏观环境分析

文化产业集聚区根植于区域环境，选址确定后就要展开环境分析，包括宏观环境和微观环境。宏观环境直接或间接地影响着文化产业集聚区内企业及相关组织的行为，文化产业集聚区策划要按照 PEST 模型对区域宏观环境进行系统分析。PEST 分析模型具有通用性，提炼出不同行业和企业对宏观环境分析的主要外部因素，即政治及法律（Political）、经济（Economic）、社会文化（Social）和技术（Technological）。PEST 模型提供了宏观环境分析的框架思路，但由于文化产业集聚区存在产业结构、价值增长模式、生产组织形式等核心内容的差异，以及策划主体的区别，具体运用过程中会出现各种变形拓展。通常情况下，PEST 模型会拓展出图 3-2 所示的系列子要素体系。

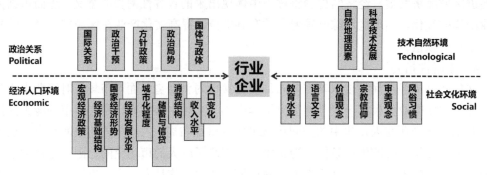

图 3-2　宏观环境 PEST 分析模型

二、文化产业集聚区定位策划

定位关乎文化产业集聚区发展愿景、目的、方向、总体方针战略的选择。定位取决于资源、环境、国民经济社会条件等多方面的差异，定位策划就必须在前述基础分析的前提下实施选择。宏观层面上，定位策划是在落实国家文化产业布局的战略基础上，对文化产业集聚区具体的产业经济功能和文化传输功能的选择。中观层面上，定位策划是完善区域战略布局、优化区域经济结构、转换区域经济增长方式的选择。微观层面上，定位策划是集聚区内部文化企业和文化产业项目空间布局和均衡发展的规范，是引导文化产业部门组合、促进质态构成合理结构、实现乘数效应的保障。文化产业集聚区定位策划的成果体现为一个包含宏观、中观、微观三个层面定位的层次清晰、相互关联支撑的定位体系。

每个特定的文化产业集聚区在定位策划时需要因地制宜地思考下列问题：集聚区在区域经济社会发展中的价值所在；文化产业布局的优势所在；文化消费市场的竞争格局和发展趋势；消费者（含潜在消费者）的价值观、消费习惯、未被满足的消费需求；资源条件、人力资源条件、技术条件、生产条件、区位条件、盈利条件；社会责任（集聚区在社会、文化、生态等方面的综合效益）。这些问题的基本分析框架如图 3-3 所示。

图 3-3　文化产业集聚区定位分析框架

三、文化产业集聚区的空间布局策划

此处所指的空间布局策划系文化产业集聚区选址确定之后对用地规模、用地模式的思考与战略设计，是对集聚区的空间资源进行配置，也是对集聚区内部功能区划和产业布局的筹划过程。

（一）空间布局策划的基本价值导向

1. 业务提携

空间布局能促使文化产业项目之间、文化企业之间、文化产业部门之间业务上相互呼应、相互提携，市场拓展上能相互借力，有利于推动集聚区内市场主体间的竞争合作机制、共同学习机制的建立，促使文化产业链上每一个节点的价值都能获得提升。

2. 规模扩张

空间布局能促使文化产业集聚区整体文化生产力和文化生产规模在原有基础上的扩张和空间产业效率的提升，能获得规模经济效应。

3. 结构转换

空间布局能实现文化产业集聚区内产业要素在各文化产业部门之间的转移，并向优势文化产业部门倾斜，实现资源配置结构、利益格局的优化。

4. 产业升级

空间布局能通过技术创新使传统文化产业向现代文化产业变革，以及助推传统农业、制造业、旅游业等与文化产业融合升级，提高文化产业的关联带动能力和核心竞争能力。

5. 环境共生

空间布局能促使文化产业集聚区与区域环境共生，各功能区划与环境空间相互依赖、协调共存，实现空间效率与区域环境保护相协调的用地布局，实现文、旅、农、工、商多业并举，城、镇、乡、村多元融通的空间布局效果。

（二）空间布局策划的基本内容

文化产业集聚区的空间布局策划包括总体空间策划、片区空间策划、地块空间策划三部分。

1. 总体空间策划

集聚区总体空间策划的对象是整体空间骨架。结合集聚区特定的产业选择和价值成长，总体空间策划第一要确定生长基点，它是集聚区成长发展的空间原点，它在影响区域空间形态、产业综合布局、生态环境的诸多因素中，是最重要的结构性要素。第二，要选择集聚区与区域其他空间范畴和外围生态环境融合的连接路径。连接路径是一条产业廊道，也是一条生态廊道，具有打通生长基点、贯穿集聚区内外、划分集聚区组团和功能布局、塑造区域文化景观和文化意象的重要功能，是集聚区空间生长的基本路径。第三，从连接路径出发，构建并完善集聚区内外连通的网络，实现文化产业集聚区在空间意义上对区域环境的植入和优化。第四，构建文化产业集聚区的功能中心，功能中心一般是多层级结构，反映了集聚区内部不同区域在大区域中的地位和价值，如天津市滨海新区文化产业示范园区的功能中心设置（见表 3-4）。第五，确定用地布局。用地布局是在大区生态格局、产业格局的基本框架下，结合文化产业集聚区的功能特点和环境特点，在具体的片区空间模式和地块空间模式指导下，对空间资源进行分配，实现产业功能与环境、产业功能与其他功能、人与环境、人与集聚区的共生。

表3-4　天津市滨海新区文化产业示范园区功能中心设置[①]

功 能 中 心		层 级 关 系	功 能 定 位
一级中心	汉沽新城中心	城市级中心	城市大中心，体现城市定位、城市特色
	国际滨海旅游中心		
	文化智慧新城中心		
二级中心	核心龙头项目	片区级中心	带动片区发展
三级中心	邻里中心	节点中心	构建基于一定服务半径的区域中心，分布相对均匀
	社区中心		
	组团中心		

2. 片区空间策划[②]

片区空间策划是对文化产业集聚区片区级的空间发展模式的选择，是在总体框架基础上对各相对独立、完整的片区所采取的空间组织策略。常见的片区空间发展模式有以下几种。

（1）圈层模式。该模式以伯吉斯（E.W. Burgess）的同心圆模式为原型，旨在构建一种不同功能圈层分布的复合型片区，保证各种功能之间的共生。对文化产业集聚区来说，只是还须在原模型基础上增加从中心向外发散的生态廊道，结合开敞空间节点布置公共服务设施，作为各个圈层之间的联系纽带，促进功能与环境之间的融合。这些基本功能圈层由内向外包括"核心圈层—内圈层—中圈层 （文化产业混合区）—外圈层（居住区）"，根据具体的环境的不同，功能圈层的组合可以细分为三个小类（见图 3-4[③]）。

① 软核圈层模式：核心圈层为生态开敞空间，外围的内圈层为现代公共服务混合区。

② 硬核圈层模式：核心圈层为现代公共服务混合区，内圈层则由生态开敞空间组成。

③ 混合圈层模式：核心圈层与内圈层的界限并不明显，由公共服务中心和生态开敞空间混合组成，但是与其他外围圈层的界限仍然比较清晰。

---

① 在《国务院关于天津滨海新区综合配套改革试验总体方案的批复》中明确指出"建设国家级滨海新区文化产业示范园区，整合、开发天津市乃至环渤海地区文化资源，使之成为新兴文化产业发展的策源地和示范区"。韩涛. 共生理念下城市用地模式研究——以《天津市国家级文化产业示范区发展战略规划》为例[J]. 江苏城市规划, 2010, 15（3）：11-15.

② 韩涛. 共生理念下城市用地模式研究——以《天津市国家级文化产业示范区发展战略规划》为例[J]. 江苏城市规划, 2010, 15（3）：13-14.

③ 韩涛. 共生理念下城市用地模式研究——以《天津市国家级文化产业示范区发展战略规划》为例[J]. 江苏城市规划, 2010, 15（3）：13.

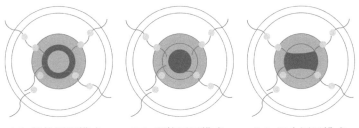

（a）软核圈层模式　　（b）硬核圈层模式　　（c）混合圈层模式

图 3-4　片区空间—圈层模式

（2）组团模式。组团式布局模式是空间利用中普遍采用的用地模式，其源于功能分区的基本思想，是哈里斯（C.D.Harris）和乌尔曼（E.L.Ullman）的多核心模式在片区空间层面的反映。片区组团中心通过道路进行联系，组团划分利用生态开敞空间进行界定，形成一种功能效率与环境品质兼顾的共生模式。该模式又可以分为以下两个小类。

① 低密度自由生长模式：围绕生态核心构成，整个片区呈低密度开发，各个组团散布在生态开敞空间中，呈现自由布局的态势，整个布局更加偏向功能与环境的共生。

② 高密度规则布局模式：组团由规则的生态廊道划分，围绕中心的现代服务混合中心，各个组团进行高强度的开发，功能与环境兼顾。

（3）廊道模式。1882 年西班牙工程师 A.索里亚·伊·马塔出依托中央交通干线而无限生长的带形城市型，将这一模型缩小到城市片区空间的尺度，并将中央交通干线替换为生态廊道，演变为城市片区空间组织的廊道模式。中央廊道两侧紧邻布置现代服务中心，外围布置文化产业混合区和居住区，各功能区在廊道两侧呈对称带状分布，总体构成一种功能与环境兼顾的用地模式（见图 3-5[①]）。

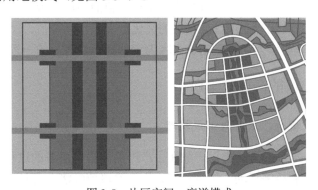

图 3-5　片区空间—廊道模式

（4）串珠模式。源于德国的施雷贝尔花园。城市近郊用地分为若干小块，以农园形式租给市民，实现了城乡之间在功能与景观上的融合。这种空间组织模式以交通作为联系多个自由分布节点的轴线，节点之间有背景基质隔离，形成串珠模式的基本形式。通过基

---

① 韩涛. 共生理念下城市用地模式研究——以《天津市国家级文化产业示范区发展战略规划》为例[J]. 江苏城市规划, 2010, 15（3）：14.

质与节点互换、轴线形式变化，演化出三种串珠模式（见图3-6①）。

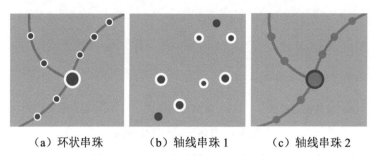

（a）环状串珠　　　　（b）轴线串珠1　　　　（c）轴线串珠2

图3-6　片区空间-串珠模式

① 环状串珠模式：连接各个节点的轴线闭合形成环状，节点由公共服务功能构成，背景基质是大面积的生态开敞空间，具有非常好的生态环境，轴线是交通联系线。

② 轴线串珠模式：轴线为非闭合的自由生长形态，这又分为两类，轴线由交通线构成，节点则由公共服务功能构成，节点之间由生态基质隔离，具有高品质环境特征；另一类轴线是城市的生态廊道，节点为放大的开敞空间，背景基质为城市服务、文化、居住等功能。

3．地块空间策划

地块空间策划是文化产业集聚区空间布局中微观的层面，在保障用地性质和用地规模的基础上，它主要与地块策划的产业项目相联系。地块空间策划差异性较大，但总体上需要符合以下要求。

（1）富有艺术性、层次感，体现局部空间与整体空间的和谐共生。

（2）营造与文化产业集聚区总体文化意象相吻合的环境氛围。

（3）体现和提升文化产业项目分布点的文化意义和市场价值。

（4）彰显文化产业作为创意驱动、内容为王的标识性符号的一致性和协调性。

四、文化产业集聚区的产业链策划

（一）产业链：概念、本质与形成机理

产业链（Industry Chain）是指以产业在生产产品和提供服务的过程中按内在的技术经济关联要求，将有关的经济活动、经济过程、生产阶段或经济业务按次序连接起来的链式结构。其中各个层次的大大小小的产业是存在于这一链条上的大大小小的节点[②]。这种链式结构是一个多维结构，包含了价值链、企业链、供需链、空间链四个维度，四个维度在相互对接、均衡的过程中形成了产业链，这种对接机制犹如"无形之手"调控着产业链的

① 韩涛. 共生理念下城市用地模式研究——以《天津市国家级文化产业示范区发展战略规划》为例[J]. 江苏城市规划，2010，15（3）：15.

② 周新生. 产业分析与产业策划：方法及应用[M]. 北京：经济管理出版社，2005：350.

形成[①]。

在现代技术环境下，互联网经济对企业生产组织方式带来了颠覆式的影响，进一步强化了产业链上下游在互联网平台上的集聚功能：即按照生产流程固有逻辑关联整合，技术、信息、价值和财富以数字化的方式传递，不仅提高传输效率，而且降低交易成本，改变成本结构。文化产业集聚区，企业均以用户为核心以散点形式分布在周围，以供用户组合和完成生产。互联网环境下的产业链创新，主要是为了满足用户个性化的需求而产生的新模式或新业态，产业竞争的核心也由对产业链前端（如资本、技术等）的控制，转向产业链后端（如市场挖掘、用户体验感）的引导能力，即用户导向性，拥有用户即拥有未来。[②]

产业链含义丰富，既是产业层次的表达，产业关联程度的表达，又是资源加工深度的表达，满足需求程度的表达。但就其本质属性来说，产业链主要是技术经济关联链，具有结构属性和价值属性，其本质是以价值为纽带，根据特定的逻辑关系和时空布局关系，按照一定的结构将产业产品主要价值的部分加以连通，并尽可能向上下游延展，形成并强化产业链及其节点的竞争优势。如果没有价值贡献和竞争优势的支持，那么连接起来的链条只能称为物理链，而非产业链。

产业链的形成与发展程度取决于社会分工程度和市场交易程度（见图 3-7）。产业链的形成首先是由社会分工引起的，在交易机制作用下不断引起产业链组织的深化。图中C1、C2、C3 指社会分工的程度，C3>C2>C1 表示社会分工程度的不断加深；A1、A2、A3指市场交易的程度，A3>A2>A1 表示市场交易程度的不断加深；B1、B2、B3 指产业链的发展程度，B3>B2>B1 表示产业链条的不断延伸和产业链形式的日益复杂化。三个坐标相交的原点 O，表示既无社会分工也无市场交易，更无产业链产生的初始状态。

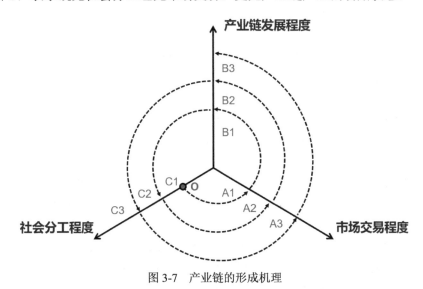

图 3-7　产业链的形成机理

① 吴金明，邵昶. 产业链形成的机制研究——"4+4+4"模型[J]. 中国工业经济，2006，24（4）：37.
② 周静. 全球产业链演进新模式研究[J]. 上海行政学院学报，2016，17（3）：81-82.

社会分工是市场交易的起点，也是产业链产生的起点。社会分工 C1 的存在促进了市场交易程度 A1 的产生，在 A1 的作用下，需要 B1 的产业链形式与它对接。B1 这种产业链形式的产生又促进了社会分工的进一步发展，于是社会分工就从 C1 演化到 C2。相应地，在 C2 的作用下，市场交易程度从 A1 发展到 A2，A2 又促进了产业链形式从 B1 发展到 B2。以此类推，B2 促使 C2 发展到 C3，C3 又促使 A2 发展到 A3，A3 又促使产业链从 B2 发展到 B3，周而复始，产业链不断形成发展。

产业链的动力来源于产业价值的实现和创造。产业链是产业价值实现和增值的根本途径。任何产品只有通过最终消费才能实现价值，否则所有中间产品的生产就不能实现。同时，产业链也体现了产业价值的分割。随着产业链的发展，产业价值由在不同部门间的分割转变为在不同产业链节点上的分割，创造产业价值最大化就成为产业链存在的意义，它需要体现"1+1>2"的价值增值效应。这种增值往往来自产业链的乘数效应，它是指产业链中的某一个节点的效益发生变化时，会导致产业链中的其他关联产业相应地发生倍增效应。产业链价值创造的内在要求是：生产效率≥内部企业生产效率之和（协作乘数效应）；同时，交易成本≤内部企业间的交易成本之和（分工的网络效应）。企业间的关系也能够创造价值[①]。

（二）产业链策划

文化产业集聚区产业链策划是指从筹划、建设之初就在宏观、中观、微观层面对文化产业进行产业选择，明确资源在产业层面的配置思路和方案，明确集聚区内文化产业分布和企业价值链延展的形式和内容。产业链打造的关键步骤是连通和延展产业链，产业链策划则是前奏，需要结合文化产业内在的逻辑关系和时空布局关系来决定产业链打造的方向和范围。

在策划阶段，产业链策划既是战略问题，也是战术问题，涉及集聚区总体发展战略和区域产业政策供给，与区域文化、经济、技术、管理、体制、历史惯例等多方面的客观因素有关，同时也取决于集聚区责任主体的主观意志。

1. 文化产业集聚区产业链策划的基本取向

（1）全球化市场导向。文化产业的市场不仅是区域市场，更是全国市场和全球市场。文化交流无国界，但文化产业竞争力和国家文化实力具有鲜明的国家特征，也是构建世界文化体系的有机组成部分。文化产业集聚区是国家文化产业布局的重要战略着力点，是国家文化战略的构成要素，因此必须立足于本地市场，着眼于全球化市场来整合集聚区内的文化产业链。

（2）充分利用本地资源。资源配置是产业链的核心要义。文化产业集聚区以资源本地化为产业链策划的基本取向，必须深度挖掘、重新审视本地资源，尤其是深度挖掘本地文化资源的价值，以重塑区域文化形象、提升本地文化竞争力、促进区域文化软实力向发

[①] 吴金明，邵昶. 产业链形成的机制研究——"4+4+4"模型[J]. 中国工业经济，2006，24（4）：37-38.

展硬实力的转变。对集聚区内文化企业而言，充分利用本地资源也可以获得资源和成本上的优势，有利于促进企业的可持续发展。

（3）精选主导文化产业业态。根据大卫·李嘉图提出的比较优势理论，文化产业集聚区在选择主导性的文化产业业态时必须关注资源价值、生产条件等方面的客观限制，集中资源、形成合力，整合发展主导性的文化产业业态，这样才有利于文化产业集聚区自身比较优势的形成，启动时期切忌全面开花。

（4）吸纳创新能力。创新是文化产业发展的第一驱动力。文化产业集聚区的产业链策划需要思考如何营造环境，形成对创新人才的吸引力和城市创意阶层的吸纳力。

2．文化产业集聚区产业链策划的评价方法

文化产业集聚区产业链的选择与设计需要结合集聚区的特定条件。不同的产业链构造需要的条件是有差异的，但也有共同的分析方法，主要评价指标如下。

（1）产业的成长性。已有的增长率和潜在的增长率、现有的市场规模和市场容量、产业所处的兴衰阶段、销售的稳定性。

（2）获利性。利润率水平、利润率的稳定性。

（3）可进入性。行业集中度、进退壁垒、渗透难度、开工率、最大最小规模要求、最低起始资本额、市场占有和控制程度。

（4）环境制约条件。社会、文化、法律、政策、劳动力等的制约。

3．文化产业集聚区产业链分析——迪士尼集团

美国迪士尼公司以动漫电影为源头，以创意为原动力，经营领域涉足电影、电视、零售商品、娱乐、度假、电子游戏、传媒网络、教育等多元领域，目前已发展成为全球第一大传媒娱乐企业，品牌价值达到325.9亿美元，2018年位列全球品牌价值排行榜（Interbrand）第14位，全球媒体品牌价值第1位（Brand Finance）。以迪士尼为代表的演艺+娱乐轻资产模式通过打造全产业链、延长游客消费链，提高游客消费水平，挖掘游客购买能力，实现吃、喝、住、行、游、娱、购一站式服务。作为全球主题公园领航者，迪士尼以IP引领文旅全产业链发展方面的经验值得关注。

（1）产业链基础。原创形象故事是迪士尼文化符号全产业链的基础。迪士尼从全世界范围内搜索经典文学或文化故事，通过改编、丰富、成型，打造深入人心的银幕形象并最终成为自己的"原创"：从《唐老鸭》和《米老鼠》，到《白雪公主》《阿拉丁神灯》《狮子王》，再到《花木兰》《玩具总动员》《冰雪奇缘》《美女与野兽》，这些故事和形象席卷全球，逐渐形成一套文化符号体系。这些卡通人物创造了商品的符号价值，是符号消费学中的"情感记号"，可以复制在任何物质性的商品中，在消费领域流通。精准定位、深入人心的动画形象和极具感染力的舞台表现形式拥有了全世界的老少"粉丝"，这也成为迪士尼具有全球文化影响力的重要原因。

（2）影视产业链。以动漫电影为源头的影视产业是迪士尼发端的根基，拥有众多动漫形象的电影内容是迪士尼发展的灵魂，具有规模大、传播广、形象全、实力强的特点，并持续进行"技术更新+故事升级"，打造强势IP，占领内容产业的IP高地，确立了影视

业内的头部地位。由此在"内容+发行+渠道"的全产业链中拥有强议价能力，形成影视产业链上影视生产的重要节点。影视拍摄领域形成集聚效应之后，在影视产业链上下游延展，包括上游的演职人员、服装道具制造以及下游的影视后期制造（剪辑、录音等）、影视宣传推广（传媒公司）、发展流媒体等，造就了全球瞩目的独特竞争力。

（3）旅游产业链。迪士尼主题乐园，以动画中的人物吸引游客、带动了旅游人气，观光旅游产业链由此构成。从游乐设施到各种演艺秀，再到互动体验，旅游产业链不断延伸、拓宽，延长游客停留时间，延伸游客消费链，提高游客消费水平，挖掘游客购买能力，促进人气集聚，实现吃、喝、住、行、游、娱、购全链条的整合。此外，通过主题文化消费空间营造实现消费内容升级，配套建造度假区使游客的休闲体验时间拉长，成为世界顶级的家庭度假目的地：迪士尼乐园、主题酒店、迪士尼小镇和一系列休闲娱乐设施，不断进行产业链延伸，确保了产业的成长性和相对稳定的利润回报率。2019 年 5 月 22 日，美国咨询机构艾奕康（AECOM）联合主题娱乐协会（TEA）发布《2018 全球主题公园和博物馆报告》，显示迪士尼乐园依然是亚太地区主题公园市场的领头羊。

（4）IP 延伸至零售消费行业。迪士尼凭借强劲的 IP 涉足零售消费行业。迪士尼将其影视动画形象的知识产权应用到生活消费中。通过收取包括玩具、礼品、家具、文具、体育用品和图书杂志在内的品牌经营许可权费用，并研发自主知识产权的商品，建立迪士尼专卖店以相对较高的价格进行销售，受到消费者的广泛喜爱。

（5）IP 带动关联产业链。影视 IP 为消费者带来强大的影视娱乐体验，并不断地吸引了新游客和重游者。迪士尼在扩展自身内容端宽度的同时，还将产业链拉长延伸到了下游渠道端，既涵盖"传统的"广播、电视、出版、视觉艺术，也囊括互联网和相关的高新技术产业。通过上游"内容端"和下游"渠道端"影视娱乐产业链整合，大大降低了渠道成本。上海迪士尼小镇的华特迪士尼大剧院已成为迪士尼电影首映地和国内独具特色的影视文化小镇，先后举办了《加勒比海盗 5》《美女与野兽》《星球大战：最后的绝地武士》《寻梦环游记》以及《复仇者联盟 3》等多部迪士尼新片的中国首映活动，吸引了来自全国各地乃至海外的大批粉丝和游客，构成了一个全球化、巨大的产业链。这种产业链聚集效应，带动了上海迪士尼小镇所在地的经济与社会发展，产生了巨大的综合效益。

五、文化产业集聚区的主导企业策划

（一）主导企业：概念、内涵与形成因素

尽管文化产业集聚区的主体是一个多元化、多层次的组织体系，但毫无疑问其中最为重要的是文化企业，它是文化产业集聚区生成与演进发展的微观基础，与集聚区的整体发展相互影响、相互作用。

主导企业又称支配性企业。现代主导企业理论来源于两个著名的模型：一是海因里希·冯·斯坦科尔伯格（Heinrich Von Stackelberg）的首领与随从模型；二是卡尔·弗希海曼（Karl Forchheimer）的主导企业模型。此后威廉·弗尔那、乔治·斯蒂格勒、卡尔曼·科

恩等经济学家进一步发展了主导企业理论。丹尼斯·卡尔顿（Dennis W. Carlton）认为，如果一个企业是价格决定者，并面对着较小的、接受价格的其他企业，它就称为主导企业[①]。就某一产业领域而言，具有决定性的左右产业动向的企业就是主导企业。也有经济学家认为占据某一产品市场绝大部分份额，属于统治地位的企业就是主导企业[②]。

主导企业是指在集群的形成、发展、成熟和衰退的演化过程中起着主导作用的企业。主导企业一般都有着较大的规模、较高的技术梯度和较强的资源整合能力与技术吸收能力，处于产业链的核心位置，起到带动上下游产业发展和协作的独特作用，是产业集群的"领头羊"。

主导企业不同于企业集团。企业集团是现代企业高度发展过程中形成的一种以母公司为主体，通过产权关系和生产经营协作等形式，由众多的企业、事业法人组织共同组成的经济联合体。企业集团具有多种功能，一般从事多元化、多样化的经营活动。而主导企业是指针对同质的产品市场而言具有支配性地位的企业。因此，文化产业集聚区的主导企业不是一家企业，而是一类企业，它们分别处于不同的文化产业领域，对区域文化产业的发展动向和整体地位具有较大影响力。就市场面来看，主导企业拥有较高的市场占有率，一般应具有 40%以上的市场份额。文化产业集聚区内还应有一批从属企业或边缘企业，它们尽管在竞争力上不及主导企业，在定价决策上依附于主导企业，但其存在对于培育集聚区文化产业生态仍然有重大作用，它们的份额加起来也会十分可观，它们与主导企业之间有相互作用的竞争合作机制，在自身成长中也有可能挑战或替代现有主导企业。

无论在文化产业中的哪一个产业范围里，主导企业都是历经市场竞争的筛选而成长起来的优势企业，其形成的主要因素有以下方面。

（1）成本领先与产品差异化。根据迈克尔·波特的竞争优势理论，一个企业所具有的优势或劣势的显著性最终取决于企业在多大程度上能够对相对成本和差异性有所作为[③]。企业的成本领先优势来源各有不同，并取决于不同的产业结构，一般情况下可以通过追求规模经济、专有技术、优惠的原材料等途径来获得成本领先的优势。企业的差异化优势要求企业在客户体验方面独树一帜，一般情况下企业可以通过产品本身、品牌、销售交换体系、营销渠道等因素来实现消费者对差异化价值的认可与接收，愿意支付差异化带来的价格溢价，而且这个价格溢价必须要大于企业因差异化而追加的成本。

（2）企业间达成"共谋"形成主导企业。如果一群企业采取集体行动展开非合作企业的竞争，也会形成主导企业。实践证明，一个行业中的企业群体具有合作行动而增加利润的动机，这个企业群体可以称之为"卡特尔"。如果某一行业中的所有企业都联合行动，那么这个卡特尔实际上就是垄断企业；如果只有其中一部分这样做，那么这个群体就成为面对不合作的从属企业的主导企业[④]。主导企业及合理运营模式往往是集聚区有效建设的

[①] 丹尼斯·卡尔顿，杰弗里·佩罗夫. 现代产业组织[M]. 黄亚钧，等译. 上海：上海人民出版社，上海三联书店，1998.
[②] 金碚. 产业组织经济学[M]. 北京：经济管理出版社，1999.
[③] 迈克尔·波特. 竞争优势[M]. 陈小悦，译. 北京：华夏出版社，1997：11.
[④] 周新生. 产业分析与产业策划：方法及应用[M]. 北京：经济管理出版社，2005：70.

保障。

发达国家产业进化史表明，大型企业是经济发展的顶梁柱，大部分产业中企业规模分布呈现意大利经济学家帕累托提出的"二八法则"，少数的20%左右的企业占据了产品市场的80%左右的份额。主导企业与主导产品联系在一起，只有创新程度高、扩散效应大的产品才能保持较高的"发酵"能力，才能带动其他相关产品的扩展，才能称之为主导产品，并使其生产企业形成主导企业。

文化产业集聚区策划中必须要在产业链策划的基础上进行主导企业策划。针对文化产业集聚区的特征，借助于市场力量与行政力量有机结合，遴选、培育主导企业，与集聚区生成与演进的进程密切相连。

（二）主导企业策划

文化产业集聚区的主导企业在特定时空条件下是具有相对稳定性的，但从长远来看，它总是处于一种动态演进的过程中。熊彼特认为，竞争是一种动态均衡过程，企业的支配性地位是暂时的。在任何时候、任何市场上都可能存在主导企业，但新进入的企业也可能生产出更好的产品，成为新的主导企业。在这一过程中，具有决定性意义的是会不断发生"创造性破坏"，不断地打破原有的均衡状态。这种创造性破坏和创新，也会让创新企业成为主导企业，获得超额利润，这又会刺激新的创新，产生新的主导企业和超额利润。这一过程在经济学上被称为"熊彼特过程"。熊彼特过程说明了创新在文化产业集聚区成长中的关键作用，也描述了主导企业对集聚区的带动作用。

主导企业的成长主要是在市场竞争中完成，但由于文化产业集聚区在区域发展和产业发展中具有的宏观、中观层面的意义，主导企业将被投资者、企业家、辖区政府、行业组织、咨询专家等多元化的策划主体纳入其策划和运营视野之内，因此主导企业的形成就不再是完全自然竞争胜出的过程，多多少少具有"被策划、被引导、被扶持"的意味，更像是文化产业集聚区内企业、投资者、政府机构、行业组织等多个行为主体"共谋"的一个结果。

文化产业集聚区本身的产业选择和战略布局差异性较大，但在主导企业遴选和培育上具有一定规律性，可以归纳出遴选主导企业的一般性指标体系（见表3-5）。

表3-5　文化产业集聚区主导企业遴选指标体系

一 级 指 标	二 级 指 标
1. 企业自然性态指标	1.1 现代企业制度建立和完善程度指标
	1.2 规模经济实现程度
	1.3 产品差异化程度
	1.4 产业进入和退出壁垒指标
2. 企业经济性态指标	2.1 所在行业市场结构指标
	2.2 投入产出指标
	2.3 企业市场占有率指标
	2.4 产业集中度指标

一 级 指 标	二 级 指 标
3. 企业社会性态指标	3.1 市场绩效指标
	3.2 市场竞争垄断程度指标
	3.3 社会财富创造指标
	3.4 消费者福利保障程度指标
4. 竞争力状态指标	4.1 创新能力指标
	4.2 管理和组织水平指标
	4.3 营销能力指标
	4.4 资本运营能力指标

上述指标体系提供了主导企业策划的评价方法，各子体系在具体运用中各有侧重，也各有不足，因此需要因地制宜，加以完善。

六、文化产业集聚区市场策划

文化产业在全世界范围兴起的根本动力是文化消费需求的蓬勃兴起，其已然形成一个庞大的消费市场。《2017 年中国居民消费发展报告》显示，2013—2016 年，全国居民人均文化消费从 576.7 元增长至 800 元，人均绝对值增量 223.3 元，年均增长率 11.53%。文化消费占 GDP 的比重也在逐年增加，从 2013 年的 1.32% 增加到 2015 年的 1.52%，增加了 0.2 个百分点，我国消费正发生全方位深层次变化，文化消费也随之进入一个新的发展阶段。2017 年，全国电影票房达到 559.1 亿元，首次突破 500 亿元，城市院线观影人次 16.2 亿，增长 18.1%。[1] 2019 年，全国居民人均教育文化娱乐消费支出 2513 元，增长 12.9%，占人均消费支出的比重为 11.7%。[2]当年全国电影票房总计 642.66 亿元，同比增长 5.4%。其中，院线影院票房 641.23 亿元（注：以下均指院线影院统计数据，统计截止时间为 2020 年 1 月 1 日 12 时），同比增长 34.13 亿元，增幅 5.62%。[3]文化消费需求日趋多元，层出不穷的新技术催生新的文化需求。与物质消费相比，文化消费属于柔性需求。只有产品和服务更多、更好、更符合消费习惯，才能唤起消费的愿望。2020 年受疫情影响，线上文娱消费呈现爆发式增长，"宅经济"带动短视频、泛娱乐直播、在线音乐和游戏等内容消费大幅走高，[4]只有面向消费市场的文化产业集聚区才能实现可持续发展。鉴于此，文化产业集聚区在策划阶段要立足于区域市场、面向全国市场、展望全球市场，结合集聚区的文

---

① 国家发展改革委. 2017 年中国居民消费发展报告[EB/OL].（2018-05-24）[2020-07-25]. http://www.ndrc.gov.cn/fzgggz/hgjj/201805/t20180524_887071.html.

② 国家统计局. 2019 年居民收入和消费支出情况[EB/OL].（2020-01-27）[2020-07-25]. http://www.stats.gov.cn/tjsj/zxfb/202001/t20200117_1723396.html.

③ 中国电影网. 2019 全国电影票房年报[EB/OL].（2020-01-7）[2020-07-25]. https://www.chinafilm.com/xwzx/8726.jhtml.

④ 商务部研究院流通与消费研究所课题组. 2020 年中国消费市场发展报告[R/OL].（2020-12-12）[2021-01-28]. http://www.sohu.com/a/441104421_100014722.

化生产和产品供给进行系统的市场策划，以期准确把握集聚区的市场拓展方向、制定可行的市场战略和策略。

（一）市场策划类型

文化产业集聚区策划的主体是多元化的，各个主体立场不同，在市场策划中的基本视角和利益诉求不同，所得出的策划内容和结果就会出现差异。一般来说，市场策划可以分为以下方面。

1. 企业主导的市场策划

企业是文化产业集聚区的构成主体，具有追求利益最大化的本质特征，因此这类策划将最大限度地关注企业自身的产品供需状况和利益目标的实现。由于企业可以自主经营，在法律允许的范围内可以对自身资源进行自主调配和使用，因此市场策划的内容最为灵活，可以根据市场变化灵活调整市场战略和策略。

由于"搭便车"现象的存在，企业主导的市场策划会单一而纯粹地考虑自身状况，主要聚焦于自身产品市场的开拓。加上单体企业掌握的资源有限，对于文化产业集聚区整体发展的市场筹谋，单体企业既没有能力也没有意愿进行详尽的策划，因此相应市场策划的内容比较单一、目标明确，在广度和深度方面会有较为明显的局限性。

2. 政府主导的市场策划

我国文化产业发展的轨迹大体是"政府主导、市场主体"。文化产业集聚区所属地方政府及其主管部门会从区域文化产业布局、国民经济整体发展的角度进行宏观和中观层面的市场策划。

政府主导的市场策划要面向外界政府、媒体、社会公众、文化企业等全体，一般着眼于文化产业集聚区的整体环境、形象、品牌的塑造与推广，主要的优点在于：第一，立意高，重全局，能够形成营销推广中的合力，对集聚区内所有文化企业都有引领带动作用；第二，拥有对公共资源配置使用的权利，能够完全解决或部分解决中小型文化企业在专项市场策划中面对的资源不足的问题；第三，由于政府具有的公权力和公信力，这类策划在实施过程中具有较强的执行力和一般企业市场策划所不具备的权威性；第四，政府主导的市场策划可以解决集聚区在市场开拓、对外交流中面对的行政区划障碍，甚至是国际交流的障碍，最大限度地争取和提升文化产业集聚区在国家文化产业布局和经济发展体系中的合法性、在世界文化产业分工体系里的有利位置。

3. 非营利组织主导的市场策划

非营利组织是指那些不以营利为目的的组织。非营利组织的运作主要不是为了营利目标。文化产业集聚区中的非营利组织有文化产业行会组织、科教研发机构等。尽管非营利组织并不是文化产业集聚区运营的主体，但在文化创意、文化资源研究与保护等方面具有重要的价值，它们是文化产业集聚区的有机组成部分，在市场策划中也有自身的利益诉求。

非营利组织主导的市场策划主要关注文化产业集聚区价值内涵，尤其是文化思想、创意和文化符号体系价值的建构与传播推广。这类策划着眼于价值观的传播，具有文化高势能效应，对其他层面的交流、对话和文化消费行为都具有深刻的影响。因此非营利组织主导的市场策划对着眼于微观的企业市场策划和着眼于宏观的政府市场策划都是有益的补充。

（二）市场策划的内容

1. 第一步：细分市场

结合文化产业集聚区实际，选择恰当的市场特征作为细分标准，以把握文化市场的差异化特征。一般而言，衡量市场细分是否合理主要从四个方面进行考察。

（1）可进入性。某些国家或地区对文化市场的准入是有特定限制的，不具有可进入性的市场细分方案没有实际意义。可进入性差的细分市场，即那些已经获得市场准入资格但成本、代价却高于市场收益的细分市场，一般也要放弃，但作为政府和非营利组织主导的市场策划应该关注文化产业集聚区长远发展和核心价值观的传递，因此这类细分市场可以纳入长远的市场策划体系之中。

（2）可衡量性。市场细分后的分市场的范围、容量、文化需求特征、文化消费潜力应该是可以衡量和估算的。这就要求各个分市场之间的界限是明确的，市场数据具有真实可靠的获得途径。可利用综合市场规模、增长率、盈利状况、竞争格局等指标评估文化产业集聚区各分市场的价值。

（3）可获利性。市场策划的基本追求是文化产业集聚区的运营获利，可获利性就是评价细分市场是否合理的关键因素之一。通常情况下，市场容量大、发展前景好、获利水平高是衡量细分市场的主要标准。在具体细分操作中，主要在于细分标准的尺度把握要准确，既要通过细分将不同类别的市场有效地区分开，又要防止过度细分影响了市场容量和后续发展。

（4）可实施性。即市场策划的主体能够通过对人、财、物等各种资源的有效配置来进入细分市场并实现预期目标。可实施性的关键在于对市场状况的客观认知。

2. 第二步：细分市场评估

这一评估过程不能脱离市场策划的主体基于自身立场和利益诉求对文化产业集聚区本身核心竞争力、产品需求特点、主要竞争对手的认知。如果文化产业集聚区本身的核心竞争力和细分市场的主要需求方向相契合，将有利于集聚区打开市场。同时也要认识到文化产品自身的特点，需要充分挖掘、提升文化产业集聚区产品的内在价值，以文化思想、文化符号体系本身的价值来有效地引导文化消费的取向和文化交流的方式。从这个意义讲，细分市场的评估还需要考察分市场对文化产业集聚区核心价值观接受和认可的可能性。

3. 第三步：选择目标市场和开发

目标市场选择存在无差异性策略、差异性策略、集中性策略三种基本形式。文化产业集聚区需要根据自身状况和每一个策划主体的立场和重点来进行选择。尤其需要说明的是，当代数字技术、通信技术和互联网技术的发展为文化产业集聚区的集中性策略提供了新的发展模式——大规模定制（**Mass Customization**），即将文化产品进行模块化设计、标准化生产、个性化配置，以满足文化生产的低成本要求和文化消费者的个性化需求。

第四节　文化产业集聚区策划的管理程序

文化产业集聚区策划是一项极其复杂的工作，科学合理的管理程序可以保障策划的效率和效果，而策划管理的有效性又决定着文化产业集聚区的生命力和影响力。一般来说，文化产业集聚区的策划管理程序主要包括明确策划性质、拟定策划计划、信息收集、完成策划方案、策划评估和策划实施6个关键环节。

一、明确策划性质

从操作顺序来看，策划可以在文化产业集聚区"萌生—成长—成熟—衰退（转型）"整个生命周期中的任何时段出现；在萌生阶段，策划重在解决文化产业集聚区战略定位、发展战略、核心竞争力、产业项目等方面的筹谋设计，旨在确定文化产业集聚区生存的基调与发展的基本方向，属于战略决策层面的内容。此时的策划具有上位策划和战略策划的性质，决定着文化产业集聚区的生命力和影响力，对后续其他策划也具有约束和引领作用。

在成长、成熟、衰退（转型）阶段，策划重在解决文化企业间的耦合创新、文化产业项目拓展与转型，涉及区域建设、招商引资、文化生产、整体性营销、竞争力维系等领域，与文化产业集聚区的运营工作密不可分，具有下位策划和应用策划的性质，对前期策划具有呼应和落实的作用。

二、拟定策划计划

拟定策划工作的计划书是为了将纷繁复杂的策划工作纳入科学、规范的管理程序中来。计划书不仅是文件，也是推进策划进程的行动指南。计划书包括以下几方面的内容。

（1）根据策划性质明确特定策划的具体目的。常见的策划目的有经济目的、市场目的、社会目的、文化目的和民生目的等。

（2）拟定策划工作的时间进程表有利于从时间上统筹安排，保障策划工作的质量。一般情况下，策划工作的管理程序与其推进的阶段性工作相匹配，分为准备阶段、调研阶段、创意构想阶段、文案撰写阶段、评审阶段、实施阶段。

（3）策划工作需要一定的资金投入，因此在拟定策划计划时需要概算用于策划的具体费用，使经费预算更加合理、科学。经费预算要遵循效益性原则、经济性原则、充足性原则、适度弹性原则。一般策划的经费预算要包括调研和信息收集费、策划人工费、咨询评审费等。

（4）在策划计划中还必须对策划方案实施后的可能效果进行初步预测，尤其是经济效果、社会效果、文化效果和生态效果，并将其提供给策划工作的决策者和实施者及有关部门参考和定夺。

三、信息收集

一定数量与较高质量的信息是进行文化产业集聚区策划的基础。策划主体获取信息的途径和方法有实地调研、咨询访谈、第二手信息资料等。在信息收集的过程中，策划主体要重点养成以下的思维和行为习惯。

（1）视角宽广，对信息敏感。文化产业集聚区策划是对区域文化产业构想、筹划，信息收集不仅要关注文化企业和文化产业项目，还需要从中观和宏观层面收集文化产业、区域国民经济发展、国家发展战略、现代科学技术、社会结构演变、当代文化消费趋势等方面的信息，形成全球化视野和本土化特色的信息价值观。

（2）重视案例信息。文化产业及文化产业集聚区在我国都属于新生的经济现象，但在国际上已有成功案例。在信息收集阶段，策划主体对于已有规模和成效的国内外文化产业案例、文化产业集聚区案例，乃至其他产业领域的经典案例，要系统分析，形成国内外的对比研究，寻找自身策划的亮点和文化产业集聚区生存、发展的空间。

（3）建立信息数据库。用发展的眼光来审视信息价值，对已经取得的信息要有专门人员进行汇集、分类、整理，建立信息数据库，保障信息资料的客观性、公正性、时效性和可靠性。

四、完成策划方案

这是文化产业集聚区策划工作的主体部分。前期工作，尤其是信息收集工作为策划方案的出台奠定了良好的基础，策划人员通过信息分析、讨论提出具体的策划方案框架，然后着手撰写策划方案内容，并不断修订完善。策划的基调取决于具体策划的性质、目的和策划人员的创意，要通过头脑风暴、逆向思维、发散思维等方法来寻求策划的灵感，把握策划的思路。

策划文案是策划工作成果的书面表现形式，要能够准确、完整地反映策划工作的思考过程和结果，能够充分、有效地阐释文化产业集聚区的发展构想，可以作为后期执行和控制的依据。策划人员除了规范文本结构之外，还可以借助图表等多样化的表现形式，将策划人员的结构化思维用图形化的表达方式呈现出来，图文并茂，增强策划文案的表现力。

五、策划评估

评估是策划方案广泛征求意见、推广本身价值的过程。评估的主体可以是策划主体本身，也可以是外部专家，甚至是独立的第三方机构。前者主导的评估是内部评估，是策划主体对策划方案反复修订完善的过程；后者主导的评估是外部评估，是主管部门、投资业主等主体对策划方案的商业价值和综合效益进行的评价。策划评估的内容包括策划工作过程评估和方案的可靠性、科学性和可实现性等关键要素的评估。评估的决议将作为文化产业集聚区后期建设、投资、运营的基本依据，同时也是文化产业集聚区内各成员与上下政府部门、投资者、文化消费者、媒体、社会公众等多元化的利益相关者沟通的基本依据。

六、策划实施

经过评估、鉴定为合格的策划方案将正式予以实施、推广。策划工作进入实施程序时要进一步分解、落实任务目标，配套制定实施方案。同时策划主体应该随时跟进，经常过问策划实施的进展，及时帮助解决实施过程中可能出现的新情况、新问题，做好后期服务工作，保障策划方案的顺利实施。

习题

1. 简述文化产业集聚区策划的概念与内涵。
2. 简述文化产业集聚区策划的耦合创新作用机制。
3. 简述文化产业集聚区策划的管理程序。
4. 论述文化产业集聚区空间布局策划的基本内容。
5. 分析迪士尼的文化产业集聚区产业链。

讨论

选取我国的一个文化产业集聚区，分析该文化产业集聚区的策划，指出其值得改进之处并提出新的策划思路。

第四章

文化产业集聚区的规划

本章学习要求和目标

要求：

▶▶ 理解文化产业集聚区规划的概念与特征。

▶▶ 掌握文化产业集聚区规划的规范体系。

目标：

熟悉文化产业集聚区规划的内容和体系，能够结合案例分析文化产业集聚区规划的优劣，总结不同规划案例所带来的启示。

第一节　文化产业集聚区规划的概念与特征

一、文化产业集聚区规划的概念

规划是规划主体对一个国家、区域或组织未来的发展思路和实施路径进行系统思考和筹划，形成具有纲领性、指导性、系统性的方案、步骤、规则、政策等文本方案和实施程序的过程。规划是综合性的管理技术性措施，大体分为宏观、中观和微观规划。宏观层面规划是国家的发展战略，如"五年规划""文化产业振兴规划"，是关乎国民经济整体发展的顶层设计。中观层面规划是区域发展战略，如"武汉城市圈总体规划""长株潭城市圈总体规划"为武汉1+8城市群和长沙都市圈的协同发展勾画了宏伟蓝图。微观层面规划是企业等组织战略管理和业务管理的统筹安排，如企业的资源规划是制造业公司使用的资源管理系统，是企业实施流程再造、提高效率和效益的重要工具之一。

文化产业集聚区规划是规划主体综合考虑区域经济社会发展基础、文化资源禀赋、生态环境等多方面条件，对文化产业在未来一段时间内、在相对明确的空间范畴内的战略方向、产业布局和项目开发建设进行整体统筹、布置和安排，并进行相关制度设计的系统化过程，其目的是促进该区域文化产业的集群化发展，其结果是形成关于文化产业集聚区发展的纲领性、指导性、系统性的规划方案。文化产业集聚区规划作为未来文化产业发展的空间投影，其关键是对未来空间资源、产业资源、文化资源和创意资源进行有效配置。

二、文化产业集聚区规划的特征

（一）横向比较特征

经济社会的全面发展需要对系统的规划体系做出统筹安排。我国在总体规划、综合规划方面，从 1953 年开始实行"五年计划"，从"十一五"开始改为"五年规划"。各级政府根据国家五年计划（规划）出台配套的地方"五年计划（规划）"。在区域发展、产业发展、行业发展上，我国一直比较重视以部门和行业为主的专业规划、专项规划，如城市规划、土地利用规划、交通规划与水利等基础设施规划、工业分行业规划以及环境保护与生态建设规划等，许多专项规划还有国家立法作为保障。文化产业集聚区则在我国出现较晚，发展尚不成熟，其规划一方面要与上位规划（如《国家文化改革发展规划纲要》）衔接，另一方面要与相关专业规划协调，在规划编制中必须要学习、借鉴专业规划的编制技术和方法等，以形成文化产业集聚区规划的体系和特征。

1. "五年计划（规划）"与文化产业集聚区规划

"五年计划"是我国国民经济计划的主体部分，主要是对全国重大建设项目、生产力分布和国民经济重要比例关系等做出规划，为国民经济发展远景规定目标和方向。各地在全国"五年计划（规划）"出台以后，会结合实际情况制定配套的地方国民经济发展的"五年计划（规划）。"从 1953 年第一个五年计划开始，已经编制了 10 个"五年计划"和 3 个"五年规划"，目前"十四五"规划正在实施。在文化产业领域，根据国家"十四五"规划精神，文化和旅游部出台了《"十四五"文化产业发展规划》，对推动文化产业高质量发展，不断健全现代文化产业体系和市场体系，促进满足人民文化需求和增强人民精神力量相统一，进行了统一部署。

"五年计划（规划）"是国家层面和地区层面发展的综合性、总体性规划，具有较强的原则性，对各类区域规划和产业规划形成了方向性指引。文化产业集聚区规划是在特定区域内为引导文化产业集群化发展而出台的规划方案，必须以"五年计划（规划）"为上位规划进行对接，在集聚区建设中反映国家和地方在文化产业发展、产业布局和协调等方面的指导精神。因此，相对于国家和省市经济和文化发展规划，文化产业集聚区规划是区域范畴内的微观层面的规划。

2. 土地规划与文化产业集聚区规划

土地规划即土地利用规划，指一国或一定区域内，按照经济发展的前景和需要，对土地的合理使用做出的长期安排，以保证土地的利用能满足国民经济各部门按比例发展的要求。我国土地规划工作开展较早，1986 年颁布、1998 年修订的《中华人民共和国土地法》将土地利用规划纳入了法制化道路，各级政府和各个部门对土地利用规划的法律效应和权威性，基本上达成了共识。

土地规划的基本内容有：土地利用现状分析与评价、土地利用潜力分析、土地供给与需求预测、土地利用供需平衡和土地利用结构化、土地利用规划分区和重点用地项目布局、城乡居民点用地规划、交通运输用地规划、水利工程用地规划、农业用地规划、生态环境建设用地规划、土地利用专项规划、土地利用费用效益分析和规划实施。各地区也可根据其自然和社会经济条件适当增减上述内容[①]。《全国土地利用总体规划纲要（2006—2020年）》明确提出"建设用地空间管制"的概念和要求，土地规划也将"用途管制"的思路进一步延展到建设空间与非建设空间的管制上，从而形成了建设用地"三界四区"（规模边界、扩展边界、禁止建设边界、允许建设区、有条件建设区、限制建设区、禁止建设区）的管控体系。[②]

文化产业集聚区规划与土地规划的目的不同。前者旨在促进文化企业在相对明确的空间范围内实现文化产业的集群化发展，后者旨在确保土地利用能满足国民经济各部门按比例发展的要求，包括文化产业用地的要求。由于文化产业集聚区在空间发展和项目建设上要落地，因此需要与土地规划进行密切衔接，并接受国土部门的监督和管理，以保证集聚区规划在土地使用方面符合《中华人民共和国土地管理法》的相关条例和《全国土地利用总体规划纲要》的有关要求。

3. 区域规划与文化产业集聚区规划

区域规划是指在一定地域范围内对国民经济建设和土地利用的总体部署，是国家总体规划或省级总体规划在特定区域的细化和落实，也是对一定地域范围内未来一段时期的空间发展计划与行动，同时也是政府公共政策的重要组成部分[③]。区域规划的基本内容有：区域发展具体定位与发展目标、产业分工与产业布局、城镇体系建设规划、基础设施建设与布局规划、资源的开发利用与保护规划、环境保护与生态建设规划、区域空间管治、区域政策建议等。区域规划的范围不以行政区划为准则，甚至要着眼于打破行政分割，注重资源条件、重大基础设施、产业布局、生态环境建设等方面的跨界整合，实现区域整体竞争能力的提高。

文化产业集聚区只是区域经济社会发展的组成部分，因此，区域规划是集聚区规划的上位规划，集聚区规划需要与之对接，集聚区规划则是区域规划在文化产业领域的延伸和细化，是政府指导集聚区文化产业发展，并决定该领域重大建设项目和安排固定资产投资的依据。在空间范围的确定上，文化产业集聚区规划与区域规划有相通之处，文化产业集聚区的规划是区域规划的一部分，要服从和服务于区域经济社会发展的目标，在区域发展目标和价值上，两者具有统一性。

4. 产业规划与文化产业集聚区规划

产业规划是在一定区域范围内，结合产业要素和资源空间布局的特点，提出某一地区

[①] 李晓刚，徐梦洁，欧名豪，牛星. 土地利用规划与旅游规划协调研究[J]. 资源开发与市场，2005，21（4）：330.

[②] 林坚，许超诣. 土地发展权、空间管制与规划协同[J]. 城市规划，2014，38（1）：27.

[③] 周春山，谢文海，吴吉林. 改革开放以来中国区域规划实践与理论回顾与展望[J]. 地域研究与开发，2017，36（1）：1.

未来 5 年甚至 10 年时段内特定产业发展的趋势和具体安排，并制定出相应的对策和措施。产业规划的制定要遵循产业发展的基本规律，是多种产业理论在具体产业发展上的应用，具有鲜明的地区性、应用性、综合性特征。产业规划要与国家产业结构调整的总体要求相协调，同时要符合区际之间的相对比较优势特征，既注重区域产业结构的多样性，也强调区际的分工协作，发挥比较优势。例如，2009 年，受国外金融危机影响，我国出台了 4 万亿元扩大内需的政策，同时遴选钢铁、汽车、纺织、装备制造、船舶、电子信息、轻工业、石化业、有色金属、物流业十大产业部分，制定、发布了产业振兴规划。同年 7 月 22 日国务院常务会议审议通过我国第一部文化产业专项规划——《文化产业振兴规划》，标志着文化产业上升为国家战略性产业。

文化产业集聚区规划包含了产业规划的性质和工作内容，并且在集聚区范围内落地实施。国家层面的《文化产业振兴规划》是文化产业集聚区规划的上位规划，对集聚区文化产业发展战略方向、产业布局等提出了指导性意见。文化产业集聚区的规划则是《文化产业振兴规划》在特定区域的落实，是文化产业国家战略的支撑点。

5. 旅游规划与文化产业集聚区规划

根据《旅游规划通则（GB/T 18971-2003）》，旅游规划分为旅游发展规划和旅游区规划。旅游发展规划是根据旅游业的历史、现状和市场要素的变化确定的目标体系，以及为实现目标体系在特定的发展条件下对旅游发展所需的要素条件所做的系统性安排。旅游区规划是为了保护、开发、利用和经营管理旅游区，使其发挥多种功能和作用而进行的各项旅游要素的统筹部署和具体安排。旅游区规划又可按照规划的层次分为总体规划、控制性详细规划、修建性详细规划。旅游规划的常规内容有：旅游资源评价、旅游业发展历史、现状、优势和制约、与相关规划的衔接情况、发展目标体系、旅游主题形象和发展战略、旅游产品结构、旅游空间结构、旅游服务设施规划和资源保护规划、规划实施保障等。

在文化和旅游融合的大背景下，文化产业集聚区规划与旅游规划存在关联，在内涵上有相通之处。在国家统计局颁发的《文化及相关产业分类（2018）》中，"文物及非物质文化遗产保护""文化休闲娱乐服务"等类别与文化传承、旅游体验高度相关，因此在涉及上述类别的文化产业集聚区的规划中与旅游规划在市场分析、项目设计、营销推广中有重合交叉。具有文化遗址或者工业遗址特征的文化产业集聚区，本身就是一个旅游目的地（例如北京 798 艺术园区）。

（二）交叉性和综合性特征

1. 空间规划与产业规划相结合

文化产业集聚区规划是空间规划与产业规划相结合的产物，是关乎文化产业集聚区的总体布局安排，是对区域文化和旅游发展宏观战略的推进和落实。一方面，该规划要从空间布局的角度进行时空布局，明确集聚区的地理边界和规划范围，提出产业布局、功能组团以及具体地块开发等策略和建设时序；另一方面要从文化产业门类的视角明确规定集聚区主导产业的战略定位、组织模式，优化配置产业要素及产业项目，并明确提出推动产业集群化发展的体制、机制、政策等制度安排。

2．指导性与协调性相结合

文化产业集聚区规划对区域文化产业发展的影响具有长期性，关系区域文化产业发展长远目标的方案体系，文化产业集聚区规划在对未来一段时期里集聚区发展的方向抉择和路径设计时应该具备"适度超前"的特点，要求对发展趋势和前景有明确的把握，因此要具有指导性。同时规划主体需要从区域经济社会发展现状入手研究文化产业集聚区的定位和目标，统筹安排集聚区范畴内文化产业的重点发展领域、发展程度、资源配置、支撑保障体系等，因此又体现出适应性和协调性的特点。

在文化产业集聚区规划研究和起草的过程中，一方面需要与区域总体规划对接，另一方面需要和区域其他平行的、相关领域的规划相协调，如城建规划、旅游规划、交通规划等。只有衔接良好、内涵一致的文化产业集聚区规划才能在实施过程中有机地转化为区域产业政策、招商指南、业绩考核等内容，才能够实现规划对地方经济和文化建设的引导和促进作用。

3．产业发展与综合发展相结合

文化产业集聚区规划既要重点布局文化产业的发展，但文化产业发展又要依附于并反作用于区域综合发展，因此在规划过程中又必须结合区域发展的战略需求，着眼于文化产业发展与区域国民经济、社会建设、文化建设、民生和生态环境保护等领域的协同共进。

第二节　文化产业集聚区规划要素分析

当前我国文化产业集聚区规划尚无系统、完善的法律化规范体系，依据我们亲自起草和实施的规划的经验，我们选取一些代表性案例进行要素分析，以辨明文化产业集聚区规划的基本要素与体系结构。

一、规划案例简介

（一）《武汉市国家文化和科技融合示范基地发展规划（2012—2020年）》

1．规划背景

武汉是国家历史文化名城、中部地区中心城市、国家"两型社会"建设试验区，拥有国家自主创新示范区东湖新技术开发区，发展文化产业条件优越。《武汉市国民经济和社会发展第十二个五年规划纲要》强调充分发挥文化资源和人才优势，积极推进文化发展方式转变，发展新兴文化业态，运用高科技手段促进文化产业升级，形成一批具有较强竞争力的产业集群。武汉市委和市政府提出打造"文化五城"[①]，支持科技型文化创意园区发

---

① 分别是"读书之城""艺术之城""博物馆之城""设计创意之城""大学之城"。

展，鼓励企业、高校建设文化产业技术中心，增强文化产业自主创新能力。《武汉市"十二五"文化发展规划》提出，加快文化与科技的融合，推进文化产业结构转型升级，重点发展具有文化因素与科技含量的传媒出版、动漫游戏、创意设计等产业。《武汉市加快高新技术产业发展五年行动计划（2012—2016）》明确提出，将文化创意产业纳入全市高新技术产业发展的战略布局，作为全市高新技术产业发展的重要任务，加快发展工业设计、动漫网游、多语信息服务、数字内容等特色产业。武汉推进文化和科技融合的政策体系、体制机制、配套服务、外部环境日臻完善。在上述背景之下，武汉市文化和科技融合工作领导小组办公室组织力量编制了《湖北省武汉市国家文化和科技融合示范基地建设发展规划（2012—2020 年）》。该规划涵盖了武汉市各行政区文化和科技融合示范基地的建设和发展方向，虽然空间布局上呈散点状分布，但由于有政府主导和规划控制，明确了"文化+科技"的发展主线，实质上是在全市范围内营造"文化+科技"的产业集聚区。

2．规划文本

此规划为建设发展规划，规划成果分为正文和附件两部分。正文包括四大部分内容。

（1）形式与需求。

（2）思路与目标。

（3）重点任务。

（4）政策保障措施。

附件包括以下内容。

（1）武汉市"文化五城"建设的主要内容。

（2）武汉市国家文化和科技融合示范基地空间布局图。

（3）武汉市国家文化和科技融合示范基地"核心区"示范体系一览表。

（4）武汉市国家文化和科技融合示范基地城区示范园区一览表。

（5）武汉市文化和科技融合重点企业一览表。

（6）武汉市文化和科技融合公共平台一览表。

（7）武汉市文化和科技融合重点项目一览表。

（二）《曲阜优秀传统文化传承发展示范区建设规划》（2017—2030 年）

1．规划背景

曲阜国家级文化产业示范园区是 2008 年经原文化部正式命名的全国第三家国家级文化产业示范园区，也是山东省唯一一家国家级文化产业示范园区。近年来，园区紧紧抓住建设"曲阜优秀传统文化传承发展示范区"历史机遇，以弘扬优秀传统文化为核心，以推动文旅融合发展为着力点，坚持"两创方针"、强化责任担当，突出"市场化、全域化、集约化"三个方向，着力抓好"城市品牌塑造、资产资源整合、重大项目建设、体制机制创新"四大重点，努力打造具有地域特色的文化产业体系，为建设"东方圣城、首善之区"提供文化产业支撑。建设规划指出：规划范围包括核心区、协作区和联动区。核心区包括曲阜、邹城、泗水 3 个市（县），面积 3631 平方千米；协作区涵盖周边具有相同或相近历史人文资源的区域；联动区包括山东省其他具有相同或相近文化资源的富集区。规划期为 2017—2030 年，重点是"十三五"时期，展望到 2030 年。[①]

2. 规划文本

此规划为建设发展规划，规划成果正文包括九大部分内容。

（1）基础优势。

（2）总体要求。

（3）优化空间布局。

（4）建立健全保护体系。

（5）建立健全传承弘扬创新体系。

（6）提高儒家文化国际影响力。

（7）推动文化经济深度融合。

（8）建设生态文化魅力家园。

（9）强化支撑保障。

二、规划案例评析

（一）《武汉市国家文化和科技融合示范基地发展规划》

此规划由武汉市文化和科技融合工作领导小组办公室编制，全文紧密结合武汉市文化产业、高新技术产业发展战略布局，属于政府主导型规划。基于规划文本分析，此规划具有如下特色。

1. 规划背景分析注重城市特征

规划第一部分即从六个方面分析了武汉市当前推进文化与科技产业融合的形式与需求，总结了文化与科技发展的现状和融合基础：城市历史与文化积淀深厚；科教资源与创新要素丰富；文艺创作与文化活动活跃；传统产业与新兴产业齐头并进；文化和科技融合发展成效显著；顶层设计与配套政策不断完善。这些分析结合武汉城市实际展开，对文化与科技的融合背景进行了充分的总结和归纳。

2. 规划编制立场凸显政府主导地位

此规划为政府主导型规划，突出政策设计的特点，对文化产业发展既有战略布局，同时也十分注重公益目标的安排，强调对文化企业的培育和群众文化民生的提升，反映出政府制定规划时兼顾公共价值的取向。从规划的要素来看，此规划没有梳理武汉市文化产业集聚化发展的历史轨迹和相关产业链状况，也没有完全对接上位规划（国家文化产业规划），但紧扣《武汉市国民经济和社会发展第十二个五年规划纲要》《武汉市"十二五"文化发展规划》《武汉市加快高新技术产业发展五年行动计划（2012—2016 年）》等城市经济社会综合规划和专项规划，凸显出武汉地方特色和规划目标要求，反映了政府主导下

① 曲阜市人民政府网站. 曲阜国家级文化产业示范园园区规划顺利通过评审[EB/OL].（2019-08-27）[2020-06-20]. http://www.qufu.gov.cn/art/2019/8/27/art_18189_1644709.html.

的规划编制立场。

3. 规划要素表述彰显政策设计色彩

此规划包含的重点任务和政策保障措施部分从结构到行文都具有政策设计的色彩，这与政府主导型具有内涵上的一致性。如在发展路径上，规划提出，要实施融合发展示范工程；提升文化科技创新能力；形成融合发展产业优势；推进创新服务体系建设；塑造城市产业特色品牌；建立统计考核评价体系。政策保障措施包括：组织领导与工作推进；体制改革与机制创新；政策集成与综合配套；融资支持与渠道拓展；人才培养与人才激励；产业交流与开放合作。此规划的编制立场、性质、定位等因素决定了规划文本在要素上集中于那些具有政策导向性内容的设计，而缺少对文化产业集聚发展的潜在风险评估、未来预期收益尤其是经济收益的估算等内容，政策性强而市场性较弱。

（二）《曲阜优秀传统文化传承发展示范区建设规划》

2018 年 1 月 9 日发布的《曲阜优秀传统文化传承发展示范区建设规划》，则是山东省贯彻落实国家"十三五"规划的具体实践，《国家"十三五"规划纲要》明确要求"实施国家记忆工程，推进山东曲阜优秀传统文化传承发展示范区建设"。因此，建设曲阜优秀传统文化传承发展示范区是国家发展战略的重要组成部分，是曲阜市乃至山东省文化发展战略的全面升级。该规划主要具有以下特点。

1. 切合地域特色，主体目标明确

本规划立足于儒家文化发源地的独特优势，按照轴带贯通、片区并进的思路，着眼于文脉的有效整合和综合提升，加快构筑孔孟文化轴；着眼于水脉的梳理挖掘和自然天成，加快打造泗河文明带；着眼于历史文化精神空间的再现重构和展示体验，加快打造各具特色的九大片区，形成"一轴、一带、九大片区"的文化圣地整体框架，打造内涵丰富、功能完备、独具魅力、充满活力、令人神往的精神文化家园。

2. 文脉梳理清晰，内容空间结构严谨

建设规划将重点打造历史文脉、运河文化两大走廊，构筑核心区与协作区对接融合载体。依托孔孟文化轴，南北双向延伸，贯通泰山及大汶口文化遗址组团、寿丘始祖文化区遗址组团、九龙山文化遗址组团、峄山野店及邾国故城遗址组团、滕州北辛遗址组团和微山伏羲遗址组团，构筑由北起泰山、南至微山湖贯通始祖文化、大汶口文化、龙山文化、儒家文化等历史文脉的轴线，形成中华民族早期起源与历史传承的完整的时空展示长廊。依托运河，加大对两岸历史文化资源挖掘和保护力度，加快推进聊城古城、南旺运河古镇、台儿庄古城建设，合理布局人文景观和生态景观，有效整合沿河文化资源，高水平打造北起聊城、南至枣庄的运河文化长廊。优化文化资源配置，加强协作区与核心区的对接，统筹推动优秀传统文化挖掘阐发和弘扬传承，统筹推动文化资源开发和文化产业发展，加强各类遗址保护区、主题公园、博物馆、纪念馆、旅游城、文化街区建设，打造一批优秀传统文化传承发展平台，提高核心区与协作区协同发展水平。[①]

---

① 曲阜市人民政府网站. 山东发布《曲阜优秀传统文化传承发展示范区建设规划》[EB/OL].（2018-11-06）[2020-06-20]. http://www.qufu.gov.cn/art/2018/11/6/art_22408_843563.html.

总结这两个规划文本可以发现，虽然它们的定性、定位、定向各不相同，规划要素和规划内容也存在较大差异，但都符合文化产业集聚区规划的几个基本要素，具体表现为：发展目标清晰，达到目标的路径清晰，规划的支撑体系明确。突出资源特色、地方特色，注重区域协调、产业协同、项目协作，以挖掘资源的文化价值为起点，以创意、创新为主导实现文化价值向市场价值、经济价值的转化。在此基础上再体现地方特色，这些特色往往体现在不同规划的"差异"之中，如政府主导型规划与企业主导型规划存在差异，遗址类规划（上面的曲阜规划）和科技类规划（上面的武汉规划）存在差异，以发展规划、总体规划到控制性规划之间存在的功能性差异等，这些特征体现出规划水平的高低和可操作性的强弱。

第三节　文化产业集聚区规划的规范体系

中国文化产业作为新兴产业，发展时间不长，文化产业集聚区的建设也缺乏成熟的理论指导和经验借鉴。在当前"文化产业集聚区规划规范体系国家标准"或相关规划通则缺位的情况下，我们初步提出并讨论文化产业集聚区规划的规范体系。

一、文化产业集聚区规划的体系规范

根据规划的性质、定位、内容区别，文化产业集聚区规划层次体系包括总体规划、控制性详细规划和修建性详细规划。

总体规划是区域规划和产业规划的专项规划，是在文化产业集聚区全面策划的基础上，在建设之前编制的、关乎文化产业集聚区总体发展、包括远景发展的轮廓性规划，一般包含近期、中期、远期三个阶段的规划内容。

控制性详细规划是文化产业集聚区在总体规划指导下，为了开展近期建设工作而制定的规划，包括用地规范、建筑规范、地块设计、基础设施建设、交通道路建设限定性条件等内容。

修建性规划之文化产业集聚区在总体规划和控制性详规的指导下，对近期开展建设工作的地段进行的建筑、工程设计，要求能够指导具体的建筑和施工工作。

总体规划属于文化产业集聚区的战略性规划，控制性详细规划和修建性规划属于文化产业集聚区技术性规划。

二、文化产业集聚区规划的程序规范

程序规范保障了文化产业集聚区规划的过程管理，并由过程管理保障结果的科学性与合理性。参照规划工作的一般程序，结合文化产业集聚区"文化生产""内容供给"的一般性特征，提出文化产业集聚区规划的程序规范。

（一）任务确定

文化产业集聚区规划的委托方可以是所属区域政府部门、文化产业行业组织或文化企业联合体（或者主干企业）。委托方通过公开招聘、邀请招标、直接委托等形式遴选出具有规划能力的单位进行编制工作。目前文化产业规划和文化产业集聚区规划的资质认定尚无统一的管理办法，还有待中央政府职能部门或者地方政府出台相应资质的认定办法和规划管理办法，进行全面统筹、管理，提高相关规划的科学性、合理性、规范性。

规划编制单位确定后，委托方与编制单位签订文化产业集聚区规划编制合同。编制单位要组建编制团队。文化产业集聚区规划编制人员专业结构应合理，应包含文化、经济、管理、资源、环境、规划、建筑等多种专业背景的技术人员。

（二）前期准备

政策法规研究。充分研究国家和各级地方政府的文化产业促进政策、各项上位规划和相关规划、法制体系，全面评估文化产业集聚区规划的制度环境。

发展条件研究。全面收集整理文化产业集聚区及其所属区域的基础资料，包括自然地理环境、交通区位状况、经济社会发展现状、文化产业资源禀赋、文化产业发展现状等。

市场环境研究。全面收集整理文化产业集聚区现有和潜在市场的容量、结构、地理分布、消费偏好等信息，研究并提出规划期内市场的总量、发展水平以及对文化产品的需求特征。

（三）编制文本

根据前期实地调研、资料收集、研讨沟通，规划编制单位对信息进行综合整理、分析、归纳，完成文化产业集聚区发展的资源、环境、条件、市场分析，提出文化产业集聚区的发展目标、组织框架、发展模式、功能结构、空间布局、产业链设计、产业要素配置、重点项目建设等设计，并提出保障规划实施的方针、政策、体制、机制等制度安排和配套的传播推广、宣传教育等体系。

完成规划图件和附件的制作。

完成规划成果说明。

完成资料汇编。

（四）征求意见

规划草案形成以后，广泛征求委托方、行业专家、集聚区文化企业、政府部门等多方意见，并对规划草案进行修改、充实和完善。

（五）规划评审

规划方案完成后，规划编制单位根据合同内容向评审专家组提交规划文本，进行汇报，接受专家评审、鉴定，并根据鉴定意见进一步修订和完善。

（六）报批实施

通过评审的文化产业集聚区规划及其图件和附件，由委托方按照有关规定程序向上级主管部门报批，并着手推广实施。

在规划执行过程中，根据社会发展趋势、技术发展大势、市场环境变化等多方面因素，视情况对规划进行进一步的修订和完善工作，以提高规划对文化产业集聚区建设发展的指导作用。

三、文化产业集聚区规划的内容规范

由于控制性详细规划和修建性规划具有通用的技术规范，此处仅讨论文化产业集聚区总体规划的内容规范。文化产业集聚区总体规划编制以国家和地区社会经济发展总体规划为依据，以国家文化产业发展方针、政策和法规为基础，与城市总体规划、土地利用规划相适应，与其他相关规划相协调。

文化产业集聚区总体规划编制应采用先进的方法和技术，鼓励案例研究和多方案比较，定性研究和定量研究相结合，引入勘察、测量、遥感、GIS、CAD、多媒体展示等现代技术手段和各项分析、预测、决策模型，提高规划的科学性。规划所采用的图件、资料等要符合国家相关标准和技术规范。

文化产业集聚区总体规划应具有适度超前性，满足集聚区长远发展的需要。

上述内容规范体系的要求反映在规划成果中。规划成果包括文本和图件附件两个部分，各自的内容要求如下。

（一）规划文本

文化产业集聚区总体规划期限一般为5年、10年，个别规划要关注20年的远景目标，对于后续发展做出概念性和框架性的规划安排，文本的重点在于规划期内，尤其是近期（一般为5年）的发展思路、战略布局、产业选择和建设内容。

从内容体系上看，规划文本应该厘清本规划与关联规划的对接关系，明确发展目标、规划原则和发展思路，系统分析发展条件，完成空间功能布局和产业链设计，规划传播推广体系，创新体制机制。文本常规内容如下。

（1）文化产业集聚区的规划范围、规划期限、规划分期、规划依据及其与相关规划的衔接状况。

（2）文化产业集聚区的战略定位、规划目标、规划理念、规划原则等。

（3）文化产业集聚区的发展模式和组织框架。

（4）文化产业集聚区的功能结构、空间布局、文化产业链构建、产业要素配置、主导企业遴选与建设、重点项目及其投资规模、效益分析和建设时序。

（5）文化产业集聚区的区域品牌和主题形象建设，传播推广体系和教育培训等配套体系建设。

（6）推动规划实施的方针、政策、投融资平台构建、体制、机制等制度设计。

（二）规划附件

文化产业集聚区规划附件包括案例研究、有关说明、图件等。其中图件应符合国家有关规定和技术规范，主要图件的基本内容和要求如下。

（1）文化产业集聚区区位图，应主要标明集聚区的地理位置、边界和拓展空间以及集聚区与周边地区或关联地区的主要区位关系。

（2）文化产业集聚区土地使用现状图，应主要标明集聚区及关联地区的土地使用状况，特别注意与集聚区所属区域的《土地利用规划》衔接协调。

（3）文化产业集聚区交通区位图，应主要标明集聚区的交通路网及其在周边地区和全国的交通区位。

（4）文化产业集聚区资源禀赋分布图，应主要标明集聚区文化产业发展的资源基础及其分布状况。

（5）文化产业集聚区功能结构和空间布局图，应主要标明集聚区内产业功能分区和重点企业、产业项目的空间布局。

（6）文化产业集聚区生态环境功能分区图，应主要标明集聚区内生态环境的功能分区。

上述图件内容可根据文化产业集聚区的实际情况予以增删或合并，图纸采用的比例尺应根据规划范围大小，各种图纸拟表现的内容也可根据具体情况作出相应的约定。

习题

1. 简述文化产业集聚区规划的比较特征。
2. 简述文化产业集聚区规划层次体系。
3. 简述文化产业集聚区规划的程序规范。
4. 根据所学内容，分析我国文化产业集聚区规划的具体案例。

讨论

文化产业集聚区规划的内容和程序规范中有哪些需要改进和完善？

第五章

文化产业集聚区的运营

 本章学习要求和目标

要求：

▸ 了解文化产业集聚区运营的定位战略、竞争战略、营销战略和智库的运行模式。

▸ 理解文化产业集聚区品牌运营策略以及文化产业集聚区投资和融资模式。

▸ 理解资源管理与文化产业集聚区运营之间的关系。

目标：

▸ 在了解文化产业集聚区性质和特征的基础上，能够熟知其公共营销模式的营销主体、营销客体和营销对象三个子系统。

▸ 能够熟练运用文化产业集聚区资源支撑力评价指标体系。

▸ 能够在实操环节根据不同生命周期的阶段性特征来设计不同的投融资模式。

西方学者往往把与工厂联系在一起的物质产品的生产称为"制造"（production 或 manufacturing），而将提供服务的活动称为"运营"（operations）。随着生产要素加快汇聚到商业、交通、通信、金融和其他服务性行业和领域，以及知识、信息等非物质性要素日益成为产品高附加值的来源，制造与运营开始融合，现在所指的运营通常涵盖了产品研发、产品生产、供应链、质量管理、营销管理、资金管理、人力资源管理、设备管理等多领域的内容。

文化产业集聚区的运营包含了特定空间范畴内文化产业体系的系统设计和操作调控的全过程管理，是其运营主体为实现集聚区发展目标、调配资源并管控其产业链和价值链与外部环境相适配的全流程。

文化产业集聚区的运营主体包括了政府、市场组织、非营利组织三种类型，运营对象包括各类资源（集聚区范围内的部分公共资源）、产品研发与生产、产业链、价值链以及文化市场要素等，运营主体对于运营客体的管理和协调过程即是文化产业集聚区的运营过程。

第一节 文化产业集聚区的运营战略

运营战略是文化产业集聚区的运营主体（文化企业和其他行为主体）根据集聚区总体规划和自身的既定目标，设计具体的运营管理的总体性框架和相应的行动路线，引导集聚区成员组织将自身的运营管理目标、经营行为与集聚区整体目标协调一致。

一、定位战略

（一）文化产业集聚区定位及其取向

定位（Positioning）理论属于营销战略范畴，是关于产品在未来潜在顾客的脑海里确定一个合理位置的应用理论，最早由美国营销学家艾尔·列斯（Al Ries）与杰克·特罗（Jack Trout）于 20 世纪 70 年代早期提出。定位理论实质上是关于传播、沟通的理论，它的产生源于人类各种信息传播渠道的拥挤和阻塞，可以归结为信息爆炸时代的差异化策略。根据消费者行为研究，人们发现消费者一旦对某种产品形成既有印象，就不会轻易改变。因此定位理论在实践中的要点是操纵人们心中原本的想法，打开联想通道，在消费者心目中占据有利的地位。定位理论的最终指向是竞争地位和竞争优势。随着定位理论的完善和实践推广，狭义的产品定位也拓展到了品牌定位、城市定位、区域定位，定位成为关乎全局的决策范畴，由定位到定性，再到定向，已经成为品牌经营、城市和区域运营的三大战略步骤。

文化产业集聚区的定位类似于城市定位、区域定位，是其运营主体对文化消费者以及更为广泛的利益相关者群体（如辖区政府部门、潜在的投资者、社会公众、媒体等）心目中对集聚区的整体认知印象和评价的构想和设计。文化产业集聚区的定位不同于企业实施的产品定位，后者只需关注自身产品和市场的对接，关注如何形成消费者的消费偏好即可。但文化产业集聚区运营层面的定位战略与其生存意义和使命相匹配，需要关注集聚区在区域整体社会经济发展中的合理性（rationality）、合法性（legitimacy）与现实性（reality）。

文化产业集聚区定位战略中合理性、合法性与现实性的取向属于商业哲学和伦理学的范畴，是保证集聚区可持续性发展的深层基础。文化产业集聚区的定位战略要遵循合理性的取向，即要求定位战略能够吻合文化生产的基本规律、文化产业行业的内在逻辑，能够适应当代社会文化消费的发展趋势。这样的定位战略可以对集聚区内的成员机构形成激励，有效调动他们的积极性和创造性，对集聚区内外的社会资源和社会潜力进行有效配置。它的价值表现在两个层面：第一，通过集聚区文化生产和经营组织来推动集聚区内的成员组织共同遵循区域综合发展的基本价值准则，其行为结果将推进文化产业发展和社会生产力发展，实现集聚区的综合效益目标；第二，通过集聚区内在运营体系的合理化设置与运作，来实现以最小的成本费用、时间和人力物力来获得最大化的收益。

合法性是指一种秩序系统的存在取决于它是否有能力建立和培养其成员对其存在意义的普遍信念，即是否获得该系统成员的认同和忠诚。合法性不仅来自正式的法律或命令，更主要来自根据有关价值准则所判定的、由社会成员认可制度规范正当性的心理认同。文化产业集聚区定位战略遵循合法性取向，实质强调了集聚区生存发展中的公平与正义，促进集聚区真正植根于区域乃至更广泛意义上的社会环境中，是集聚区可持续发展的基石。合法性取向要求定位战略能够提炼并体现集聚区成员共同认同的价值观念、价值规范和发展诉求，能够维系成员组织的权利、权益分配公平合理，能够使辖区内其他组织和社会公众公平地分享区域文化产业发展带来的综合利益，从而确立文化产业集聚区在内部成员和外部公众中的广泛认可和忠诚。

现实性是指一种目标任务和秩序系统的可实现性和可操作性。文化产业集聚区定位战略的现实性取向，实质上强调了集聚区建设对当代国家发展水平、当地经济社会环境和现实条件的适应性。世界市场体系下，一国的文化产业集聚区的定位，理应具有全球化视野，但本土化、本地化运营乃是生存基点，因此现实性取向要求定位战略中要关注集聚区在特定时空范围的可实现性、可操作性及其成本。

（二）文化产业集聚区定位战略选择：价值引领

"价值引领"是指文化产业集聚区要定位于"内容提供者"，要通过文化资源及其符号体系的核心价值或文化创意来领跑集聚区的文化生产活动，最终实现文化价值的累积与传递。

第一，文化符号体系的价值内涵是地理空间、历史文化记忆和产业集聚相互作用的结果，文化产业集聚区定位于价值引领，体现出文化生产的内在规律，将最大限度地发挥文化生产要素的协同优势。价值引领下的文化生产要素协同优势会带来价值的溢出效应，它将文化产业集聚区内的文化企业同特定的文化地理空间联系起来，从而获得独特风格和文化意象。

第二，文化产业的高端讲求"价值引导的功力、思想产出的影响、氛围感召的效果"[①]。在文化产业链的各个节点中，充分发挥集聚区对于文化创意的氛围感召作用，有利于集聚区内文化企业的创新，有助于确立我国文化产业在世界文化产业分工体系中的主流地位，符合集聚区内成员组织的可持续发展的要求。

第三，文化产业集聚区是文化"走出去"战略的产业支撑，要以文化生产和供给的市场化道路来推动我国文化"软实力"的外向发展。我国拥有世界上唯一传承不断的文明体系，优秀的中华传统文化为文化产业集聚区的价值引领提供了最为丰富的思想源泉，通过这一定位战略将中华文化价值以产业的形式推向社会、走向世界，既能聚合、引领集聚区内成员经营的行为，形成经济效益，又能传播中华文明，从根本上建构集聚区的文化传播功能、形成影响力。

① 沈望舒. 文化产业的供应链、产业链和价值链——以大芬村特色文化产业园区为例[J]. 城市问题，2008，27（12）：22.

二、竞争战略

（一）文化产业集聚区的竞争分析框架

现实生活中竞争无处不在，具有复杂而丰富的内涵。文化产业集聚区的竞争涵盖了不同的竞争层次和竞争策略，既有微观层面的企业竞争，也有中观层面的产业竞争，还有涉及区域和（或）国家的整体经济实力的竞争。将不同的竞争策略和竞争层次统合在一个整体的框架下进行思考，可以帮助文化企业更加充分地理解文化产业竞争，并有助于竞争策略的选择（见表5-1）。企业竞争与国家的竞争优势相关。Samli 和 Jacobs 曾指出，如果一个国家想在国际舞台上充分建立起竞争优势，则政府的宏观战略与企业的微观战略必须实现协调一致[1]。

表 5-1　竞争分析框架：竞争的要素与竞争的层次[2]

竞争的要素	竞争的层次		
	企　业	文 化 产 业	整体经济（区域和/或国家）
竞争的结构	同业竞争者 替代性产品 潜在进入者 供应商 购买者	要素条件 需求情况 相关支援性行业 企业战略、结构、竞争机会 政府	科学与技术 人才 政府 基础设施 管理 财政金融 国际化 国内经济实力
竞争的领域	目标市场	资源 全球市场	劳动力 外国投资 贸易
竞争的回报	市场份额 获利能力 企业生存	有利的公共政策 尊敬 产业优势、增长和兴盛 国际支配地位	经济繁荣 民生质量
竞争的工具	产品与服务 公司战略 市场调研 竞争者分析	政治游说 行业协会 战略联盟 官方营销 产业政策 企业联合 联合促销	国际贸易政策和自由贸易协定 改革与创新 教育与培训 改善生产力 投资 经济政策 民族文化

---

[1] COSKUN S A. Achieving Congruence between Macro and Micro Generic Strategies: A Framework to Create International Competitive Advantage[J]. Journal of Macromarketing, 1995, 15(2): 23-32.

[2] BRENT RITCHIE J R, GEOFFREY I CROUCH. 旅游目的地竞争力管理[M]. 李天元，徐虹，陈家刚，等，译．天津：南开大学出版社，2006：27.

在这一分析框架中，第一项竞争要素——竞争的结构指竞争是根植于产业的基础经济结构，它远远超越了现有竞争者的行为范围。迈克尔·波特在20世纪80年代提出了驱动产业竞争的力量，即"五力模型"。该理论成为分析企业层面竞争结构的框架。在20世纪90年代，波特在其竞争战略理论中进一步吸收了全球化视野，着重研究国际化的竞争战略和国家竞争优势，提出了"钻石模型"（见图5-1），用以解释一个国家在某些产业或行业中之所以会拥有优势。在更为宏观的竞争层次上，国家之间的竞争结构与波特的钻石模型中涉及的决定因素有共通之处，因为任何一个区域、国家的整体经济都是由产业组成的。但是国家经济竞争力的决定因素更为笼统，而不像产业竞争力拥有具体的影响因素那样。《世界竞争力年鉴》一直使用八项因素来衡量国家经济的竞争力（见图5-2[①]）。

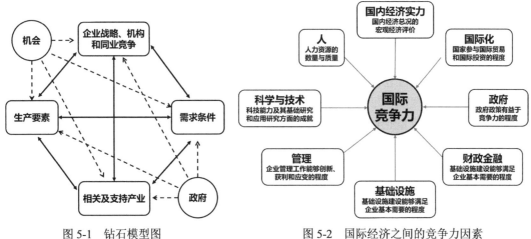

图5-1　钻石模型图　　　　　图5-2　国际经济之间的竞争力因素

分析框架中第二项竞争要素——对于文化产业集聚区中的企业而言，竞争领域是特定的细分市场，即企业的目标市场，就产业层次而言，竞争的领域将拓展到全球化的资源竞争和市场竞争。此外还可能有文化思想的竞争，即核心的价值观、文化内涵在世界文化体系和文化产业体系中的话语权的竞争。在全球化的经济体系中，企业、资本、劳动力等都可以自由地流向那些拥有比较优势和竞争优势的地方，但文化产业领域，则可能要受到不同区域亚文化体系中的文化偏好的制约等。

分析框架中的第三项竞争要素——竞争的回报是指在不同的竞争领域所获得的利益。对于文化产业集聚区的企业来说，获利能力以及持久的生命力是最好的回报。此外，市场份额带给企业及其管理者的地位、权威和尊敬都可以成为企业参与竞争的回报。从文化产业的角度来说，文化产业集聚区所获得的回报是集聚区内文化产业的实力增长和持续发展，在全国乃至世界文化产业体系中确立相对有利的地位。如果从整体经济来看，一个区域或国家整体经济体系中，有竞争力的产业不会是均衡分布的。文化产业集聚区通过文化

① BRENT RITCHIE J R, GEOFFREY I CROUCH. 旅游目的地竞争力管理[M]. 李天元，徐虹，陈家刚，等，译. 天津：南开大学出版社，2006：31.

企业和文化产业两个层面的竞争，积淀起产业的竞争优势，也能够带动区域或国家整体经济结构的改善和经济发展质量的提升，增进社会民生和公共福利。

分析框架中第四项竞争的要素——竞争的工具是指可借以对竞争力进行管理的手段。文化产业集聚区企业层次的竞争依靠产品、服务、企业战略、市场战略等工具来开展。产业层次的竞争除了部分地取决于该产业中单体企业的竞争力以外，还取决于集聚区采取的集体行动，如战略联盟、合伙契约、合资企业、联合促销、企业联合、行业协会等。这两者之间存有战略协同问题。单体企业追求利益的最大化，但由于信息的不对称和有限理性，个体决策的理性往往会带来集聚区集体行为的非理性，这就要求文化产业集聚区要从产业层次和整体视角设计科学合理的制度，并辅以培训、教育、孵化等工具来引导集体行为，实现整体经济的竞争回报。

（二）文化产业集聚区竞争策略的选择：全产业链竞争

迈克尔·波特将竞争战略描述为：采取进攻性或防守性行动，在产业中建立起进退有据的地位，成功地对付五种竞争作用力，从而为竞争主体赢得超常的投资收益。文化产业集聚区的竞争战略聚集了每一个成员组织的竞争优势和整体竞争力、生存空间，因此要求竞争战略具有从微观企业到区域整体经济发展的穿透力与适用性。

在产业聚集空间里，产业链具有涵盖、衔接成员组织的功能，而产业链的竞争优势则来自于链条上每一个节点的升值和彼此间的呼应，恰好贯穿了文化产业集聚区微观企业到整体经济的竞争领域，因此产业链竞争是集聚区竞争战略选择的方向，全产业链竞争则是其竞争之道。

文化产业集聚区将断续、割裂的文化产业部门串联起来，接通了文化产业链。全产业链是在此基础上对产业链延展的战略设计，全产业链是在专业化导向下以提高生产率为目的的产业全新整合，旨在强调同一内容资源在空间和时间维度上都重复延伸使用的结构，它显示了更强的融贯性和扩展性[①]。

全产业链竞争有两层含义：构建全产业链和延展全产业链。当代科技发展和消费行为习惯的变迁要求文化产业集聚区吸收网络技术、数字技术等，使文化产品网络化、数字化，文化产品的传播也基于互联网进入了一个前所未有的广阔的消费网络之中。在这样的技术环境和社会环境下，文化产业集聚区构建"全产业链"具有了内在逻辑的合理性。

第一，网络化的文化产品实现了边际成本递减。

第二，文化需求的多样化、普遍化实现了网络节点上的需求规模经济。

第三，互联网使消费者搜寻个性化产品的成本极度降低，带动了消费者对长尾商品的需求，驱使文化全产业链向长尾状态延展，实现竞争战略的纵深转移。

文化产业集聚区的全产业链竞争，以文化需求为导向，立足于内容资源，符合文化生产的特征，具有更强的融贯性和扩展性。在空间维度上，全产业链以创意内容为核心纵向

---

① 陈少峰，张立波. 文化产业商业模式[M]. 北京：北京大学出版社，2011：178.

延展，使上下游的产业要素有机连接，使产业链上每个节点都直接或间接因"内容提供"而升值，实现产业链节点间的"非零和博弈"和整个产业链的升级。在时间维度上，全产业链以顾客需求为导向，使文化生产的创意劳动跟随或引导顾客的生活、消费观念和方式的变化，保持文化产品生产过程的时效性、动态性和当代适应性，赋予文化产业集聚区的可持续发展动力。

三、营销战略

（一）公共营销：基于集聚区特质的营销策略选择

公共营销是指由政府、非营利组织等公共组织主导的，包括企业私人部门及个人等在内的多方共同参与的对公共产品或准公共产品进行的市场营销活动，其目的在于促进公众对（准）公共产品的认识和了解，提升公众对（准）公共产品的形象认同，保证公众公共利益的实现[①]。公共营销战略具有三层含义：公共营销对象是（准）公共产品；公共营销的主体多元化；公共营销的作用在于保障区域综合发展和社会公共利益。

文化产业集聚区的区域品牌、形象、环境等，是集聚区内文化企业和相关组织共享的公共产品，具有非竞争性和非排他性。文化产业集聚区的生成发展承担着促进文化产业转型升级、优化区域国民经济结构、改善区域社会民生的综合功能，其营销战略不仅是市场问题，还与文化产业整体竞争力、区域品牌、投资环境等问题相关，单一的企业营销不足以满足集聚区发展的利益诉求，因此需要确立公共营销的整体思路。

文化产业集聚区内企业的营销战略关注点在产品与盈利上，任何一家企业都缺乏提供公共产品的意愿，凡涉及公共部分的投入，如集聚区文化学术研究、资源禀赋价值挖掘、区域品牌和形象的建设、环境的改善和传播渠道的整合等方面，单体企业缺乏积极性，而公共部门、非营利性组织比企业更具有效率。以公共组织为主导，建构一个包含企业营销但层次更为丰富、体系更为完善的公共营销模式，着眼于文化产业集聚区的品牌、形象、投资环境以及文化事业等公共的、长期的营销，进而保障单体企业可以持续地分享这些无形的、长期的利益，有利于与文化产业集聚区一同成长。

（二）文化产业集聚区公共营销模式建构

文化产业集聚区公共营销包括营销主体、营销客体和营销对象三个子系统，构成了集聚区内外相通、复合立体的营销战略体系。

营销主体子系统包括集聚区辖区政府、文化企业和行业协会组织、社会公众、其他组织如媒体等利益相关者（见图 5-3）。其中政府是公共营销模式构建的引导力量，文化企业和行业协会是公共营销模式构建、实施的基本主体，媒体、当地社会公众等其他利益相关者是补充主体。

[①] 熊元斌. 旅游业、政府主导与公共营销[M]. 武汉：武汉大学出版社，2008：258.

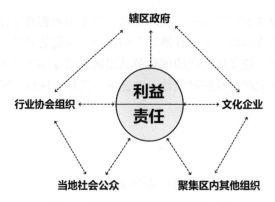

图 5-3　公共营销模式的主体子系统

　　营销客体子系统（见图 5-4），包括集聚区文化价值观、文化产品、区域品牌、区域形象、区域环境（包括自然与社会环境、营商环境）等。文化价值观是文化资源体系的内核，是集聚区乃至整个国家的精神财富，从价值观层面开始营销可以实现文化生产和传播的高势能效应，有利于将集聚区内的文化生产引向"内容提供"，同时反哺文化精神塑造、文化传播传承等。区域品牌、区域形象是集聚区文化企业共享的集体商品，与集聚区的自然与人文环境、内部结构、产业政策、区域经济发展状况、本地居民支持力度等相关。公共营销的客体系统中，文化价值观是引领区域综合发展的精神元素，需要公共组织、私人组织的共同投入、塑造和传播区域品牌、形象、环境等具有无形性、公共性和长期性，是私人组织不愿与不能投入的部分，需要公共组织对其进行统筹规划和长期推广。文化产品主要由私人组织分散提供，其营销行为具有自主性、灵活性和创新动力，但作为集聚区的成员，彼此之间的协调需要公共组织的介入与引导。

　　营销对象子系统（见图 5-5）一般包括文化消费者、文化产品经销商，还包括其他地区政府、潜在投资者、社会媒体、社会人才（主要是文化和经营人才）。前者是文化产品营销的直接对象，后者是文化产业集聚区整体营销的对象，目的是吸引资金、资源、人才、社会注意力等软资源向集聚区内集结。

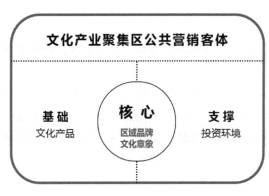

图 5-4　公共营销模式的客体子系统

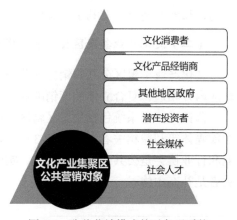

图 5-5　公共营销模式的对象子系统

文化产业集聚区公共营销战略的实施模式（见图 5-6）是有机集成的三个子系统。三个子系统关联互动，根据文化产业发展的战略部署和目标市场的需求提供多元化、多样化的文化产品，实现区域综合发展和文化产业的可持续发展。

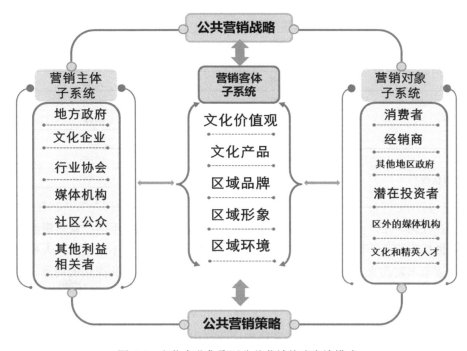

图 5-6　文化产业集聚区公共营销战略实施模式

第二节　文化产业集聚区的资源管理

一、文化产业集聚区资源的内涵

（一）资源与文化资源

1．资源释义

《辞海》对"资源"的解释是"资财的来源，一般指天然的财富"。从广义上看，资财、财富有两个来源，即自然和人类劳动，因此资源包括了两大范畴：自然界赋予的自然资源和人类劳动创造的各种社会（智慧）资源。现代西方经济学中"资源"一般情况下指用于生产和提供各种物品或服务的、具有稀缺性的经济资源，它构成了任何一个产业最上游的竞争条件。资源的具体种类繁多，其分类标准和分类情况如表 5-2 所示。

表5-2　资源的分类

分 类 标 准	分 类 结 果		资 源 举 例
资源性质	自然资源	再生资源	农田、生物资源
		非再生资源	矿产
	社会经济资源		人口、劳动力、资本
	技术资源		企业家才能
资源利用的可控性程度	专有资源		土地
	共享资源		公海
资源用途	农业资源		土地
	工业资源		钢铁
	信息资源（含服务性资源）		知识
资源利用状况	现实资源		矿产
	潜在资源		太空
	废物资源		沼气

　　资源在任何一个产业部门里都是以混合状态的形式出现的，不同产业对资源的依赖程度因产业性质不同而不同。随着人类认识自然、改造自然能力的不断提高，人们对资源的理解程度逐渐丰富起来，资源具有了比以往任何时候都更加宽泛和深刻的内涵，并且具有物质化与非物质化两种存在形式。

　　2. 文化资源

　　文化资源是人们从事文化活动和文化生产所利用或可资利用的各种资源集合。从内涵来看，文化资源是可以投入生产过程并创造财富的有形或者无形的文化形式；从外延上看，它既可以是动态的文化活动形式，也可以是静态的文化成果形式；从功能上看，文化资源存在传承文化、一般不能开发和具有价值转换潜力、可以开发两种资源形态。同时文化资源具有与文化、财富双向演进的特性：文化资源在文化生活、生产活动中创新财富的同时，还会实现文化积累和新的文化内容的生成，具有增值效应，而财富的积累会进一步促进文化资源的价值回归与价值增长。

　　文化资源的外延十分广泛，普遍存在、渗透于社会生活的各个领域。它具有鲜明的精神文化内涵，并形成了一系列具有特殊内涵或者特殊意义、具有高度抽象性的文化符号来承载和展示精神文化的内涵。这些内涵需要人们去传承、领悟和挖掘，可以转变为现实的经济和社会利益，当文化资源开发应用于文化生产和生活时，所得的产品将能够更加直接地体现和发挥文化的娱乐、教化功能，满足广大人民的文化需求。

　　文化资源应用于文化生产具有资源节约和环境友好的特性。一方面，文化资源的开发和应用是对其蕴含的精神内涵进行发掘、加工，再以特定的产品形式表现出来，进入商品流通市场，在商品流通过程中完成文化内涵的传播过程。这样的生产、流通过程不会像物质资源一样随着被消费而出现价值递减，反而会因为文化消费和传播而实现文化资源价值增值。另一方面，文化资源的开发和应用不是消耗性的，它可以实现重复性、多样化、循环性的使用，本质上不会出现物质资源所面对的资源枯竭问题，也不会造成明显的环境负担。

3．文化产业集聚区的资源

从文化产业集聚区的视角，资源的定义要突破狭义的经济视角下的资源范畴，它不仅包括文化经济活动发生的经济、文化和社会资源，还包括文化产业集聚区自身必备的特色资源。因此文化产业集聚区的资源可定义为：在一定时间、特定地域条件下，能被文化产业集聚区和集聚区内的企业所利用或控制的并能为当前或未来集聚区及企业带来直接或间接经济利益、社会利益的物品、服务、创意或知识信息，包括文化资源、物质资源、社会资源、服务资源、政治资源、劳动资源、资本资源、企业及市场资源八大类（见表5-3）。其中文化资源是原动力，物质资源是基础，社会资源是内驱力，服务资源是促进因素，政府政策资源是条件因素，劳动资源尤其是高级劳动资源是创意驱动因素，资本资源、企业及市场资源是基本因素[①]。

表5-3　文化产业集聚区的资源分类

资 源 类 型	资 源 范 畴
文化资源	区域长期积累的、贯穿古今的文化形态，包括物质文化资源和非物质文化资源，居民文化偏好等
物质资源	自然资源（土地、水文、矿产、能源等）、生态环境、区位条件（地理位置和交通网络等）、企业厂房、设备等物质性资源
社会资源	区域社会资本（如社会组织特征、信任、规范及社会网络等）、公共基础设施
服务资源	公共组织（行业协会）、专业服务机构（律师事务所、会计师事务所等）和中间品市场（各类专业市场）
政治资源	国际经济发展环境、国内及各级政府提供的有利于文化产业集聚区发展的各类法律法规、扶持政策、区域政府治理水平等
劳动资源	经理人市场、创意阶层、人力资源、技术、高等院校、科研院所、相关科研服务机构等
资本资源	区域内资本、区域外资本（含境外资本）
企业及市场资源	文化产业集聚区内企业的数量、规模及产业分布情况、市场的开放性及销售网络等

（二）资源与文化产业集聚区的关系

1．资源是文化产业集聚区生成和发展的基础条件

资源基础论[②]认为企业是一系列独特的资源的组合形式，决定企业赢利能力的关键主要是它能比竞争对手更好地掌握与利用某些核心资源。企业界定资源应有三个标准：需求、

[①] 杨昌明，江荣华，查道林，李丹阳．产业集群资源支持力评价[M]．武汉：中国地质大学出版社，2008：27-29.

[②] 资源基础论的基本假设是：企业具有不同的有形和无形资源，这些资源可转变为独特的能力；资源在企业间是不可流动的且难以复制；这些独特的资源和能力是企业持久竞争优势的源泉。周三多，邹统钎．战略管理思想史[M]．上海：上海复旦大学出版社，2003：93-109.

稀缺、成果的可占有性，即这种资源能够创造顾客需要的价值；这种资源无法被竞争对手模仿；这种资源产生的利润能够被公司占有。格兰特从企业的立场角度分析了资源如何产生利润（见图 5-7[①]）。

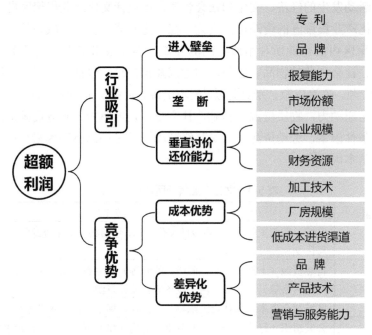

图 5-7　资源如何产生利润

　　资源不仅关乎企业的赢利能力，它同时也是文化产业集聚区生成的基础和动因。文化产业集聚区生成的最初动因往往是由于某区域具有一定的资源比较优势，从而吸引了文化产业及其关联机构在该区域地理上的集聚。这些具有比较优势的资源往往是单体企业无法或难以拥有的，如可资共享的知识、社会资本、政策等。当大量竞争对手聚于一地时，资源对企业赢利能力的作用将会更加显著。人力资源、资本资源等都会因为集聚而使优势得到强化，从而获得创意、创新和创造等关乎文化企业核心竞争力的优势。

　　2. 文化产业集聚区是资源汇集的关系节点

　　文化产业集聚区具有强大的、类似于"磁场"的集聚效应。文化产业集聚区的规模化、聚焦化发展更易获得文化产业的规模效应，更易获得各级政府的政策资源，吸引文化及相关产业的生产要素，带动区域文化产业和经济社会发展，形成一个资源汇集的关系节点（见图 5-8）。而随着自身的发展，文化产业集聚区将在更大范围内汇集资源、实现资源的优化配置，形成良性循环，这时"场"的作用更加凸显。

① GRANT R M. The Resource-Based Theory of Competitive Advantage: Implications for Strategy Formulation[J]. California Management Review, 1991, 33(3): 114-135.

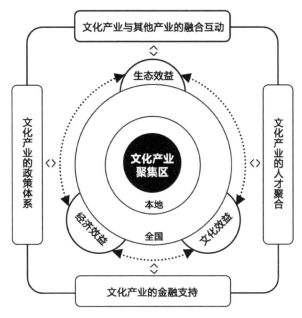

图 5-8 文化产业集聚区——资源汇集的关系节点

总体上看，资源与文化产业集聚区建设具有相辅相成、相互制约的关系（见图 5-9）。一方面资源为文化产业集聚区提供了生成、发展的基本动因和基础条件；另一方面，文化产业集聚区为更大范围内吸引、汇集资源提供了良好的空间组织形式，为实现资源的优化配置提供了良好的运营载体。对于文化产业集聚区内的企业而言，需要借助集聚区良好的"场"环境积极吸收流量资源，并不断积累，将其发展为存量资源（如品牌），以争取获得更为突出的竞争优势。当文化产业集聚区发展规模超出区域资源的供给能力或区域内某一类资源出现短缺，基于短板效应，文化产业集聚区将会进入发展的瓶颈期，甚至出现衰退，而这一衰退进程也会进一步降低集聚区对资源汇集的作用，使文化产业集聚和资源供给陷入恶性循环阶段。

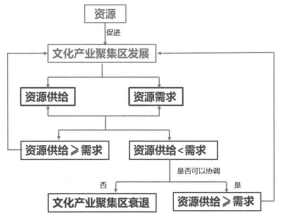

图 5-9 资源与文化产业集聚区的关系

二、文化产业集聚区的资源支撑体系

文化产业集聚区的发展也不是单一资源支持的结果，而是在一定时空范围内，各种可资利用的资源以一定的组合方式相互制约、相互作用共同构成的有机整体，这就是资源支持体系，它是一个动态的、不断发展的动态性的多因素集合。资源支持体系的状态与文化产业集聚区的发展阶段具有对应关系。

（一）萌生阶段

在文化产业集聚区的形成初期，资源支持体系一般由区域内单一优势资源或两三类资源组合逐步发展起来，结构相对简单。此时常见的优势资源有文化资源、物质资源、社会资源、劳动资源，特别是政府政策资源，其他的相关资源作用不甚明显，外部资源较少流入。

（二）发展阶段

在文化产业集聚区发展阶段，文化产业集群化程度不断提高，产业规模迅速扩大，大量文化企业及相关机构进驻到集聚区内，资本资源和劳动资源迅速汇集，大量外部资源涌入，集聚效应逐渐显现。地方政府对文化产业集聚区的发展予以更多支持，潜在的投资商、顾客和广大社会公众赋予文化产业集聚区更多的关注，"眼球经济"效应开始出现，核心骨干企业资源和主导性产业链发挥着重要的作用。

（三）成熟阶段

文化产业集聚区在经历了一段快速发展之后，逐渐步入稳定，此时集聚区内的学习机制、共享机制、创新机制日渐成熟，内部的成员企业和机构联系密切，战略联盟逐渐成熟，创新成为集聚区内最主要和最重要的活动。此时资源的流入流出保持在较为稳定的水平之上，资源供需矛盾比较缓和，资源支持体系内多种资源的协同效应达到最大化，它们共同作用于集聚区的发展。文化资源的挖掘、利用和重组达到比较理想的状态，文化资源内在价值也在不断增长；创新人才、创意阶层、高级技术和管理人才在资源支持体系中的作用更加突出，成为文化产业集聚区发展的关键因素；文化产业集聚区更加注重和高校、科研机构的合作，以充盈资源支持体系中的智力资源；政策、法律、资本、服务等资源进一步汇集在文化产业集聚区，成为进一步发展的重要辅助资源。

（四）衰退（转型）阶段

文化产业集聚区在经历了成熟阶段之后将会面临一个发展的瓶颈，要么走向衰退，要么转型升级。这一阶段是文化产业集聚区演进发展的自然过程，受内外多种因素的影响和制约，但从资源支持体系角度来看这是资源供需矛盾的必然结果。尽管文化资源并不存在真正意义上的衰竭，但文化产业集聚区赖以生存的其他资源均有承载限度或阈值；当集聚区发展到一定阶段而超过这个界限时，资源供需矛盾将会爆发，资源赢利能力降低，引发企业迁离、区域内资源流出、外部资源流入减少。此时资源支持体系对文化产业集聚区的支撑力减弱，资源与文化产业集聚区的恶性循环开始，需要政府干预或引导，或者文化产业集聚区主动寻求新的优势资源，实现转型升级，进入资源和集聚区新的良性循环。

三、文化产业集聚区资源支撑力评价

（一）文化产业集聚区资源支撑力的内涵与特征

文化产业集聚区资源支撑力是指在一定的区域经济社会背景和科技条件下，文化产业集聚区的现实资源和潜在资源通过有效配置，以一定的组合结构相互协调、共同作用所形成的对文化产业集聚区发展的支撑力度。这是一个动态的概念，在文化产业集聚区发展演进过程中随内外环境的变化而不断演变，反映了一定时空条件下文化产业集聚区与资源体系之间相互协调的效果。文化产业聚集资源支撑力具有如下特征。

（1）空间性特征。文化产业集聚区具有地理上的集中性或空间呼应关系，空间布局指向明确，因此资源分布和汇集必须以特定的地域空间为载体，资源体系的支撑力也相应地受地理空间的约束而呈现空间性特征。

（2）时间性特征。文化产业集聚区的发展是动态过程，区内外资源在流入、流出中不断地寻求资源体系的均衡状态和协同效应的最大化。不同时间点的资源体系动态地反映了该时间节点资源供需状态对文化产业集聚区发展的支撑力度。

（3）整合性特征。文化产业集聚区是文化产业和区域经济社会综合发展的空间组织形式和生产组织形式，必须依靠区域内外多种资源的协同支持。因此资源支撑力是文化产业集聚区对可资利用的资源体系整合效果的具体体现。

判断资源支撑力可以从资源角度把握文化产业集聚区的发展趋势和潜力，分析文化产业集聚区发展与资源支撑系统的协调性，进而从整体、系统的视角出发明确资源管理的问题、方向和改进路径。

（二）文化产业集聚区资源支撑力的评价指标体系[①]

指标体系的建立是进行预测或评价研究的前提和基础，它是将抽象的研究对象按照其本质属性和特征的某一方面的标识分解成为具有行为化、可操作化的结构，并对指标体系中每一构成元素（即指标）赋予相应权重的结构形式。文化产业集聚区资源支撑力的评价指标体系是指由一系列相对独立而又相互联系、相互补充的各类指标所构成的有机整体（见表5-4）。

---

① 杨昌明，江荣华，查道林，李丹阳. 产业集群资源支持力评价[M]. 武汉：中国地质大学出版社，2008：37-49. 包存宽，王金南，罗宏，刘涛. 政策可持续发展评价[M]. 北京：科学出版社，2009：33-77.

表 5-4　文化产业集聚区资源支撑力评价指标体系框架

目标层	准则层 （一级指标）	要素层 （二级指标）	指标层 （三级指标）
文化产业集聚区资源支撑力	文化资源 A_1	物质文化 A_{11}	传统物质文化 A_{111}
			当代物质文化 A_{112}
		非物质文化 A_{12}	传统非物质文化 A_{121}
			当代非物质文化 A_{122}
	物质资源 A_2	自然资源 A_{21}	土地资源 A_{211}
			水资源 A_{212}
			动植物资源 A_{213}
			能源资源 A_{214}
		区位条件 A_{22}	区位优势 A_{221}
			交通条件 A_{222}
		产业设施和文化企业物质设备 A_{23}	文化产业设施 A_{231}
			企业物质设备 A_{232}
	社会资源 A_3	社会资本 A_{31}	社会及成员间的信任 A_{311}
			共同规范 A_{312}
			社会网络 A_{313}
		公共基础设施 A_{32}	通信设施 A_{321}
			交通设施 A_{322}
			市政建设 A_{323}
		生态环境 A_{33}	环境质量 A_{331}
			生态限制 A_{332}
	服务资源 A_4	公共组织 A_{41}	行业协会 A_{411}
		专业服务机构 A_{42}	会计师、律师事务所 A_{421}
			金融服务机构 A_{422}
			管理咨询公司 A_{423}
		交易市场 A_{43}	产品市场 A_{431}
			要素市场 A_{432}
			专业市场（博览会、展销会） A_{433}
	政治资源 A_5	国家政策与治理 A_{51}	宏观经济政策 A_{511}
			国家级区域发展战略规划、文化产业发展规划 A_{512}
			文化产业相关法律法规 A_{513}
		省市政策与治理 A_{52}	省市文化产业促进政策 A_{521}
			省市相关法规制度 A_{522}
		地方政策与治理 A_{53}	地方文化产业促进政策 A_{531}
			地方相关法规制度 A_{532}

目标层	准则层 （一级指标）	要素层 （二级指标）	指标层 （三级指标）
文化产业集聚区资源支撑力	劳动资源 A_6	人力资源 A_{61}	普通人员（数量和素质）A_{611}
			专业技术人才（数量、素质和创新观念）A_{612}
			企业家资源（数量、素质和企业家精神）A_{613}
		科技资源 A_{62}	科技人员 A_{621}
			科研院所 A_{622}
			专利或专有技术 A_{623}
	资本资源 A_7	境外资本（含港澳台资本）A_{71}	外资比重 A_{711}
			外资增长率 A_{712}
		境内资本 A_{72}	境内资本比重 A_{721}
			境内资本增长率 A_{722}
	企业及市场资源 A_8	企业数量、规模与产业分布 A_{81}	大中型文化企业数量 A_{811}
			上市公司数量 A_{812}
			文化企业分布情况 A_{813}
		市场的开放性及销售网络 A_{82}	产品市场占有率 A_{821}
			产品销售率 A_{822}

文化产业集聚区资源体系要具备描述和评价两种基本功能，其中描述功能是指评价指标体系能标识八大资源子系统的状态，评价功能是指评价指标体系能标明资源系统对文化产业集聚区支持的程度。

在评价指标体系的框架结构中，目标层是支撑力的最高层次，即"文化产业集聚区资源支撑力"。准则层将资源体系分解为文化资源、物质资源、社会资源、服务资源、政策资源、劳动资源、资本资源、企业及市场资源等八大子系统，凝练出 8 个一级指标。要素层进一步将八大资源子系统分解为 20 个二级指标。其中 19 个二级指标根据各文化产业集聚区实际情况又进一步分解为更加具体的三级指标，是为指标层。三级指标涵盖了文化产业集聚区资源体系涉及的各个领域，但指标的遴选应因地制宜。

（三）文化产业集聚区资源支撑力评价方法——模糊综合评价法

由于文化产业聚集资源支撑力是一个综合的、动态的指标，具体评价指标体系中既有可以量化的硬性资源，也有难以量化的软性资源，加上系统内资源体系具有空间性、时间性和整合性特征，总是处于动态的变化过程中，因此构成因素的信息具有不确定性、随机性和模糊性，需要采用模糊综合评价法来建立模糊综合评价模型，来对文化产业集聚区资源支撑力进行量度和评价。模糊综合评价法是一种基于模糊数学的综合评标方法，具有结果清晰、系统性强的特点，能较好地解决模糊的、难以量化的评价问题。可以根据模糊数学的隶属度理论把定性评价转化为定量评价，即用模糊数学对受到多种因素制约的事物或对象做出一个总体的评价。

第三节　文化产业集聚区的投融资管理

投融资问题是影响文化产业集聚区发展壮大的重要因素。文化产业集聚区是文化产业，是国家战略性的新兴产业，在投融资管理方面需要把握自身的阶段性特征和投融资的特殊性要求，构建多元化、高效率的投融资平台，不断优化投融资环境，从而为文化产业集聚区的成长提供坚实的金融支持。

一、文化产业集聚区投融资的特点

（一）投资特点

1. 高风险，高收益

文化产业集聚区的生成与发展不同于单体的文化企业，需要中观和宏观层面的战略策划、规划与开发建设，其从孕育到投产、再到投资回收的过程比单体企业经历的程序更为复杂，周期更长，一定程度上提高了投资风险。

从产品特点和消费特性上来看，文化产品包含了大量的知识、信息、情感的传播，主要是通过体验式消费来满足人们的文化需求，因此对文化产品的评价呈现滞后性，即人们必须在消费完成后才能根据体验的过程和结果来评判文化产品的质量。同时消费者对文化产品的选择、体验、评价受个体因素影响明显，具有鲜明的主观性，使文化产业需求呈现比较突出的随机性和选择性，文化产品的成功与否难以获得经验判断的支持，投资文化产业本身也具有较高风险。世界电影产业最著名的集聚区好莱坞时常经历大成本制作电影却不受市场欢迎的事件，观察家从这类现象中总结了电影生产"不可预知"的特性，代表着文化产业生产的普遍特征。而对于投资文化产业集聚区，则需要把握区域内文化产品供给与文化消费需求的总体均衡，评价难度加大，投资风险系数增加。

高风险也意味着高收益。当前我国文化产业仍处于初级发展阶段，在国民经济中的比重仅有 4.29%（2018 年），与欧美发达国家的发展水平相比，还有着巨大的发展潜力和发展空间。文化产业集聚区是文化产业的有效集聚形态，具有集约化的发展潜力，投资收益也具有良好的预期。

2. 初始投资额度大，资金回收周期长

文化产业集聚区涉及区域产业基础设施建设、产业项目和企业建设、地块开发建设等大规模投资，还需要优先完成公共基础设施建设项目。因此文化产业集聚区生成初期面临一次性大规模的初始投资，规模宏大，配套性强，必须要同时建成一定规模才能发挥集聚区的"场"作用。

从资金流向上来看，文化产业集聚区的投资方向集中，除了向公共基础设施集中以外，

还主要集中于文化产品的生产过程中，但效益的产出往往在文化产品生产全部完成之后，资金回收的周期较长。如对比电视机生产和电影生产，电视机厂家可以先生产一批电视机，销售并产生利润之后再扩大再生产，完成下一批订单生产，从而实现边投资、边收益；电影生产者必须完成电影拍摄和后期制作，这几乎占据电影投资90%的比例，之后的宣传和电影拷贝所占的投资比例其实很小，但电影的投资收益只有在投放市场后才能开始回收，且电影的延伸品回收周期漫长。

3. 投资收益依靠规模经济和长产业链

文化产业集聚区的生成与发展需要大量的公共基础设施的配套建设才能实现，区内的成员企业通常具有高固定成本、低边际成本，甚至零边际成本的特点，这些高额投资的回收都取决于文化产品的供给数量和市场占有率。因此文化产业集聚区的投资收益依靠规模经济支撑。一旦形成规模经济和全产业链，文化产业集聚区的投资收益就会有保证，会吸引更多资金进入文化产业集聚区，在创意生产的催生下逐步实现文化产品供给的多样化、特色化。现代数字信息技术的发展也将使文化产业集聚区的产品供给在消费市场上形成"长尾"，长尾效益显现，为投资收益提供了另一种保障。

（二）融资特点

文化产业集聚区融资具有阶段性特征。

1. 萌生期：内源性融资为主

这一阶段文化产业集聚区处于战略策划、规划建设阶段，创意项目处于策划或研制阶段，文化企业进驻较少，核心企业尚未形成。此时投资风险最高，投资需求大，但投资规模较小，资本化程度较低。这一阶段，文化产业集聚区融资特征是以内源融资为主，外源融资为辅，成员企业主要依靠自有资金来源，辅以关系借贷、天使投资（Angel Investment）和一定的国家财政和税收扶持。其中国家在文化产业集聚区萌生期主要通过政策性贷款、政策性担保、财政贴息、专项扶持资金、政策性投资等方式来鼓励文化企业的进驻，吸引文化企业及相关机构的聚拢，促成文化产业集聚区的萌生。

2. 成长期：权益性融资为主

这一阶段文化产业集聚区初步成型，文化企业不仅在地缘上集中，而且彼此间逐渐建立起相互的信任机制、合作创新机制、知识共享机制，社会资本日渐积累。但此时文化企业的创意或创新产品还处于传播推广阶段，产品尚未批量入世，对投资的需求量极大。但文化产业集聚区的整体品牌影响力和规模经济效益还未显现，集聚区整体和成员企业的无形资产难以评估，流动性风险大，因此商业银行贷款困难。

此时的文化产业集聚区内融资呈现出以权益性融资为主、债务性融资为辅的特点，风险投资成为主要的融资方式。风险投资是对文化产业集聚区集约化发展潜力、整体品牌效益和文化企业赢利、管理能力的投资，一般要通过证券市场和产权交易市场出售股权，或者自行转让股权后，兑现投资的赢利。风险投资看重资本的快速扩张和市场价值的持续提升，是一种可进可退的短期或中短期投资，在文化产业集聚区成长期，尤其在成长期的初期阶段是集聚区内成员企业直接融资的主要方式。进入成长期的中后期，集聚区整体品牌效益开始显现，文化企业初具规模，核心竞争力逐渐显现，文化产品开始获得消费者认可，规模化生产和销售条件具备，投资风险极大程度地被降低。此时商业银行贷款等间接融资渠道开始变得通畅，融资渠道更加多样化，中小企业贷款、风投基金、产业投资基金均为可选择的融资渠道。

3．成熟期：资本市场融资为主

这一阶段，文化产业集聚区的信任机制、合作创新机制、知识共享机制已然成熟，一批成员企业成长、壮大，经营管理趋于成熟，资产利用效率较高。核心企业绩效显著，具有良好的示范和带动作用。整体上企业的资本化程度不断提高，优质企业筹谋或者已经上市。集聚区的公共管理水平提升，区域品牌价值增长，形成鲜明的正向外部经济效益。成熟期的这些特征使文化产业集聚区的融资砝码得以增加，商业银行基于乐观预期乐于向集聚区内成熟的企业和项目、产品提供金融支持，这一融资渠道更为通畅。但随着整个文化产业集聚区的资本化程度不断提高，通过资本市场融资成为了主要的融资渠道，内源融资转变为辅助性渠道。

4．衰退期（转型期）：综合性渠道融资

这一阶段集聚区出现衰退趋势，整体品牌价值减少，竞争力减弱，部分成员企业选择退出（退出集聚区或退出文化产业），整个集聚区面临二次创业的压力，需要重新策划文化产业项目、重塑具有竞争力的产业链和区域品牌，激励成员企业通过资本运营，重组优势资产，实现质的蜕变。因此这一阶段文化产业集聚区融资需求比较强烈，融资行为特点是多管齐下，包括内源融资、资本市场融资、商业银行贷款、政策性融资、风险投资等都是重要的融资渠道。

二、文化产业集聚区投融资体系

（一）两种投资形式

文化产业集聚区投资的基本形式有两种，即产业投资和风险投资。产业投资指对文化产业集聚区内具体的文化企业和经营项目进行投资，在文化产品进入市场流通后，获得投资的超值回报。其投资方式是以货币购买生产要素，从而将货币投入转化为产业资本，形成固定资产、流动资产和无形资产，再通过生产经营活动来实现投资收益。产业投资看重的是文化产业集聚区良好的绩效预期、文化企业和文化产品迅速扩大市场占有率和销售后产生的利润。产业投资者为了保证投资收益，有可能介入被投资企业或项目的经营管理，协助制定发展战略、运营战略和营销战略，评估投资和运营计划的时间进度、销售和财务预测的合理性等。产业投资的主体可以是政府、基金会、机构或企业，投资对象往往是有发展潜力的中小型企业。

风险投资是指由职业金融家投入到新兴的、迅速发展的、具有巨大竞争潜力的企业中的一种权益资本。从投资行为角度上看，风险投资一般把资本投向蕴藏着失败风险的高新技术及其产品的研究开发领域，旨在促使高新技术成果尽快商品化、产业化，以取得高资本收益的一种投资过程。从运作方式上看，是指由专业化管理下的投资中介向特别具有潜能的高新技术企业和创意企业投入风险资本的过程，也是协调风险投资家、技术专家、投资者三者利益共享、风险共担的一种投资方式。

风险投资包括融资、投资、管理、退出四个阶段。如果投资成功，投资人将获得几倍、几十倍，甚至数千倍的高回报（如软银集团孙正义投资阿里巴巴）；如果失败，投进去的钱就算是打水漂，被投资者也不会背上债务，因此这种投资形式对正处于创业期的中小型企业，尤其是高新技术企业而言具有特别的价值。就文化产业集聚区来说，以创意、思想、科技为发展驱动的文化企业是集聚区的主体企业，风险投资对扶持此类企业成长具有重大意义。风险投资者募集风险资本，对文化产业集聚区的成员企业的创新和管理能力进行投资，通过监管与服务帮助被投资企业获得良好的运营绩效、后续融资并实现价值增长，然后通过 IPO、股权转让和破产清算等方式退出所投资的创意企业，实现并分配投资收益。

（二）三种投资模式

1. 政府投资

政府投资是指政府为了实现其职能，满足社会公共需要，实现经济和社会发展战略，投入资金用以转化为实物资产的行为和过程，包括公共事业投资和产业投资两种形式。过去我国文化事业由政府财政包揽，政府投资成为主要模式，并在文化事业向文化产业演进发展的进程中继续保持了其重要投资者的地位。政府投资是国家宏观经济调控的必要手段，在社会投资和资源配置中起着重要的宏观导向作用，其肩负着均衡社会投资、调节投资结构、引导社会投资方向、为民间投资创造良好的投资环境、支持重点项目建设等多项职能。

政府投资能依托政府财政，具有良好的信用，筹措资金方便快捷可靠，将在培育文化产业作为国民经济支柱性产业的战略进程中，发挥重要的基础性、引导性作用，也是文化产业集聚区争取地方政府支持、加大区域重大文化基础设施建设、创造良好公共环境、助力区域综合发展的重要投资模式。但政府投资也有负面影响，如可能对政府财政产生压力，同时不利于形成市场化的竞争机制，运营效率偏低。因此当前政府投资的具体方式也必须开始转变，直接财政拨款开始减少，越来越多地需要通过设立文化产业投资基金来实现对文化产业及具体运营主体（包括文化产业集聚区、文化企业、重点项目等）的扶持性投资。

2. 民间投资

民间投资可从语义上直观理解为"来自民间的投资"，它是相对于国有投资和外商投资而言的，属于投资来源或投资主体的概念。民间投资具有周期性波动、地区发展不均衡、产业结构分布不合理、主要依赖自身积累的特点。一些领域对民间投资设有门槛限定，国家发改委 2011 年颁布《关于鼓励和引导民营企业发展战略性新兴产业的实施意见》，要求加快清理相关领域的准入条件，引导民间资本设立创业投资和产业投资基金，改进对民营企业的融资服务等，以鼓励和引导民营企业发展战略性新兴产业，鼓励民间资本通过设立创业投资和产业投资基金，支持民营企业充分利用新型金融工具融资。2012 年 6 月，文化部颁发文件《关于鼓励和引导民间资本进入文化领域的实施意见》，鼓励和引导民间资本进入文化领域，充分肯定了民间资本的积极作用，特别是放宽对战略性新兴产业的投资准入提供了政策依据。

3．外资投资

外资当前已经是文化产业投融资的主要力量之一，外资投资是指来源于境外企业和私人的资本投资。文化产业集聚区具有集约化效益，运营绩效预期也超过单体文化企业，因此具有吸引外资投资的优势。

（三）构建投融资体系

总体上看，上述投资形式和投资模式并不是彼此对立的，文化产业集聚区会根据不同生命周期的阶段性特征来设计不同的投融资模式和渠道的组合方式，以弥合资金缺口，保障自身发展的资金需求。与此同时，文化产业集聚区还需要协同所在区域政府，共同营造良好的投融资环境，构建有效的投融资体系，其基本构成如图 5-10 所示。

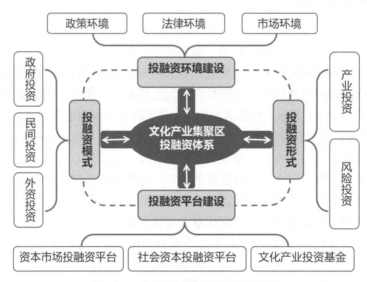

图 5-10　文化产业集聚区投融资体系

三、文化产业集聚区投融资平台建设与管理

（一）资本市场投融资平台

1．促进成员企业上市

文化产业集聚区积极培育和促进成员企业上市，既符合国家的产业政策导向，也符合企业自身成长规律。它不仅是融资手段，可以在更加宽广的范围内吸纳社会闲散资本，获得更加充分的资金支持，同时也可在公众监督之下增加改善经营业绩的压力，促进公司治理水平的提升。

文化产业集聚区的成员企业上市有两种情况：其一，处于成熟期、经营较为稳定的大型文化企业在主板市场上市；其二，上升预期良好的民营文化企业、中小文化企业可以争取在创业板市场或境外市场上市。

在主板市场上市，文化企业有三种方式可资利用：即借壳 A 股上市，以整体上市的方式在 A 股市场进行首次公开募股（Initial Public Offering，IPO），港股市场 IPO[①]。借壳 A 股市场上市是指母公司为了实现整体上市，以资产注入的方式，将整个集团公司的资产注入上市子公司中，适用于不具备直接上市融资条件但又需要在短期内实现上市目的的文化企业，其实施前提是集团公司能够控制一家上市公司，实施关键在于原上市公司的资产剥离和集团公司的新资产注入。

文化企业 A 股市场 IPO 是指文化企业所有业务全部实现上市经营。由于股票市场上一般会出现新股溢价现象，因此 IPO 是企业融资的最佳选择。但由于 IPO 定价程序中主观因素影响较多，同时受行政干预影响，因此风险较大，需要慎重选择定价方式。这种上市方式适用于大型的、经营成熟的文化企业，尤其适用于文化产业集聚区内那些在所属领域具有主导地位的核心企业。

由于香港 H 股直接上市的审批程序较之国内主板市场而言较为简单，因此受国内主板市场上市条件限制而又具有增长潜力的文化企业可以在港股市场申请 IPO。香港是国际金融中心，对于文化企业提升国际知名度、开拓国际市场具有助力作用。

在创业板或境外上市，需要考量文化企业的成长性，主要包括企业的财务状况和潜力、人力资源素质、适应市场和社会关系能力、创新和实际应用能力等四项指标。文化产业集聚区的中小型文化企业可以从集聚区整体的合作创新氛围中获取能力，着重从上述四个方面来提升自身潜力，实现在创业板或境外上市的目的。

2. 完善文化企业债券市场融资平台

在股票融资和债券融资这两种直接融资方式中，债券融资因具有财务上的优势而更受青睐，这些优势分别是：税盾作用、财务杠杆作用、优化资本结构作用。因此对于上市文化企业而言，债券融资往往是优先于股票融资的决策。从长期发展趋势来看，债券融资也在文化企业的直接融资中发挥更加重要的作用，这是因为：债券融资的成本低于权益资本，融资速度较快；债券融资可以有效提高工资资本使用效率；债券融资期限较长，还本付息时间较为固定，有利于文化企业获取长期资金支持，优化公司的整体财务状况，促进公司长远发展[②]。债券融资有两大类，即政府债券（包括中央政府债券和地方政府债券）和公司债券。

目前我国文化产业和金融业的对接已有成效，文化企业可以在中国银行间债券市场[③]

[①] 于平，傅才武. 中国文化创新报告 2011[M]. 北京：社会科学文献出版社，2011：152.

[②] 曹海珍. 中国债券市场发展的理论与实践[M]. 北京：中国金融出版社，2006.

[③] 中国银行间市场交易商协会成立于 2007 年，在中国人民银行及相关监管部门的指导下，不断加大对文化产业的支撑力度，文化企业债券融资规模显著扩大。截至 2011 年底，该协会已累计接受 18 家文化类企业 297 亿元债务融资工具注册，文化企业通过发行债务融资工具获得发展资金。该协会还通过会费减免、注册发行"绿色通道"等多种措施，给予中小文化企业有效支持，先后推动北京石景山区文化创意企业发行 4800 万元中小企业集合票据、支持西安文化和科技中小企业发行 2.21 亿元中小企业集合票据，为中小文化企业开辟了一条规范的市场化融资渠道，有效降低了企业的融资成本。

通过发行短期融资券、中期票据、集合票据等非金融企业债务融资工具等方式获得资金。例如，2011 年以文化科技产业为主导的深圳华强集团成功在中国银行间市场交易商协会注册发行 25 亿元 3 年期中期票据[①]。

但对于大多数文化企业来说，债券市场融资平台还有很多限定，其对文化企业，尤其是中小型文化企业、民营文化企业的金融支持作用尚未充分发挥出来。文化产业集聚区内的融资主体一般以中小企业为主，本身具有轻资产、重知识、重创意的特点，大部分企业规模较小、固定资产不多，无形资产价值评估和信用水平难以得到市场和社会的充分认可，因此债券总体上融资十分困难，需要加快发展企业债券交易市场。

3. 吸引机构投资者

机构投资者主要是指一些金融机构，包括银行、保险公司、投资信托公司、信用合作社、国家或团体设立的退休基金等组织。文化产业集聚区蕴含的创造力、创新性和未来客观的增长潜力恰是机构投资所热衷的。因此文化产业集聚区和（或）文化企业在创业期、成长期可以选择风险投资基金，通过文化与资本共担风险、共同发展来实现双赢。此外私募股权基金逐渐进入文化产业[②]，对文化企业收购、重组有相当的支撑效果，有助于企业扩大规模和实力，是文化产业集聚区和（或）文化企业转型升级期可以选择和吸引的投资机构。

（二）社会资本投融资平台

1. 保险资金

我国未来保险业的发展趋势是承保业务和投资业务并重，保险公司成为既有补偿职能又有融资职能的金融服务企业。由于保险市场能够提供持续而稳定增长的中长期资金，引导保险资金进入文化产业投资可以为文化产业提供长期稳定的资金支持，是金融资本和产业资本的有效结合。我国的文化产业的发展为保险资金拓宽投资渠道、优化投资结构、提高投资收益率提供了良好的机遇，保险资金和文化产业的融合是一个双赢的选择。

保险资金进入文化产业的主要途径有两条：投资文化企业的债权、股权和参与文化产业投资基金。具体操作方式有两种：直接在二级市场买卖股票债权和认购新发行的股票债券。

2. 担保机构

融资性担保是指担保人与银行业金融机构等债权人约定，当被担保人不履行对债权人负有的融资性债务时，由担保人依法承担合同约定的担保责任的行为。融资性担保公司是指依法设立，经营融资性担保业务的有限责任公司和股份有限公司。担保机构有以下三种类型。

（1）政府出资组建信用担保基金，由政策性信用再担保机构管理。这种方式是指政府作

[①] 高国华. 支持文化产业发展需要债券市场形成有效对接[EB/OL].（2011-12-15）[2019-05-19]. http://finance.sina.com.cn/roll/20111215/074510996767.shtml.

[②] 自 2006 年以来我国逐步放宽了对私募股权基金发行的限制，这使得私募股权基金出现了飞跃式的发展。我国首个专注于文化与传媒业投融资的人民币私募股权基金——华人文化产业投资基金已于 2010 年 6 月完成首期 20 亿人民币的资金募集，正式投入运营，拉开了私募股权基金促进文化产业发展的大幕。

为担保基金的出资方，动用财政资金设立担保基金，并在需要时增加财政拨款以保证担保基金的政策运转，并尽可能提供免税等优惠政策，以支持政策性再担保机构的稳定发展。政府只是担保基金的所有者，运营则按照市场化运作方式聘请专业基金经理和专业团队进行管理。

（2）互助性担保机构。一般由当地的工商联合会作为发起人，金融机构积极协助，会员企业互助联合、小额入股，自我服务、自担风险、自我管理，其机构的法律形式为社团法人，而不是企业法人。采用这种方式成立的担保机构不以营利为目的，在政府部门的支持之下享受部分财政拨款和一定程度的免税优惠政策。互助性担保机构的发起人可以是同业中具有权威的公司或个人，吸引尽可能多的同行企业加入，也可以由政府相关部门的负责人发起。组建过程中需要有担保联盟大会，其构成是全体会员企业、政府、银行，担保基金由三方共同出资组建，其组织结构如图5-11①所示。

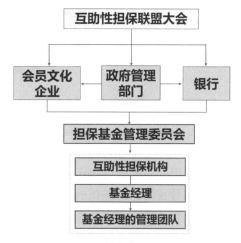

图 5-11　互助性担保联盟组织机构

（3）商业性担保机构。商业性担保机构是营利性组织，一般不享受政府补贴和优惠，自负盈亏、自担风险，完全以利润最大化和风险控制的原则运行，发生亏损需要用自有资金来弥补。这类担保机构一般会关注经营规范、效益良好的成熟企业，其业务模式如图5-12所示。

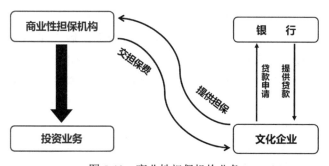

图 5-12　商业性担保机构业务

---

① 于平，傅才武. 中国文化创新报告 2011[M]. 北京：社会科学文献出版社，2011：166.

（三）文化产业投资基金①

文化产业具有高投入、高产出、高风险、专业化的特点，传统的财政投入和银行贷款难以适应这些特点，一般的社会资本由于政策限制、专业经验缺乏也难以介入，资金的供给和需求方的风险偏好存在差异，从而造成了文化产业融资的瓶颈。文化产业投资基金恰是解决这一矛盾的有效方式，其基本模式如图 5-13 所示。

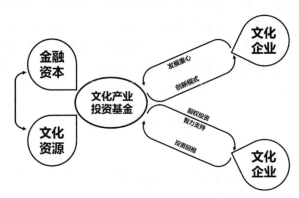

图 5-13　文化产业投资基金

文化产业投资基金是指投资于普通文化企业的风险股权投资基金，它的投资既可以是复权投资，采用资金注入的方式进行，也可以是技术投资，为企业提供经营管理输出。其资本金来源一般是股份制，更多采用的是基金公司运营方式。文化产业投资基金的设立不能离开政府的科学引导、法律的有效规制和市场化的运营机制。我国文化产业投资基金有两种类型：国家文化产业投资基金和地方文化产业投资基金。

国家文化产业投资基金是为了发展全国文化产业而设立的专项投资基金，着重从全国文化产业布局出发，培育大型文化企业和具有国际影响力的大型文化项目。中国文化产业投资基金是目前我国唯一一支获中央批准设立的国家级文化产业投资基金，由财政部、中银国际控股有限公司、中国国际电视总公司以及深圳国际文化产业博览交易会有限公司等联合发起，总规模 200 亿元，首期募集 60 亿元，其中财政部出资 5 亿元，由中国文化产业投资基金管理有限公司管理。该基金在运作过程中还吸纳包括 VC/PE 在内的民间资本的加入。基金项目投资将封闭运行 10 年，前 5 年为投资期，后 5 年为退出期。中国文化产业投资基金主要以股权投资方式投资新闻出版业、广播电影电视、文化艺术、网络文化、文化休闲及其细分文化及相关行业领域，投资对象既有国有控股文化企业，也有其他所有制文化企业，目前已投资企业包括新华网股份有限公司、中国出版传媒股份有限公司、北京中投视讯文化传媒有限公司等。

地方文化产业投资基金在地方政府引导下设立，由地方财政给予注资引导，吸收小额民间资本进入基金，加大对地方中小文化企业的扶持力度。

---

① 于平，傅才武. 中国文化创新报告 2011[M]. 北京：社会科学文献出版社，2011：169-174.

整体上看，文化产业集聚区既可以鼓励成员企业争取文化产业投资基金的投资，也可以整合自身资源和力量，争取地方政府支持，由集聚区核心企业发起或地方政府发起，设立针对集聚区需求的文化产业投资基金，为成员企业获取金融支持创造尽可能优越的条件。

四、文化产业集聚区投融资环境管理

营造良好投融资环境是文化产业集聚区作为一个整体性的、介乎企业和政府之间的中间性组织需要筹谋的基础性运营条件，其营造与维护主要从三个方面入手。

（一）政策环境

政府是政策这一公共产品的供给主体。就文化产业集聚区及其投融资环境的政策管理而言，国家已经出台了专门或相关的政策，这是集聚区建设所依赖的主要政策环境。如 2009 年 4 月，商务部、文化部、新闻出版总署、国家广电总局等四部门与中国进出口银行联合下发《关于金融支持文化出口的指导意见》，2010 年 2 月文化部联合商务部等九部门共同出台《关于进一步推进国家文化出口重点企业和项目目录相关工作的指导意见》，2010 年 12 月保监会与文化部联合出台《关于保险业支持文化产业发展有关工作的通知》，2011 年 4 月文化部下发《文化部关于推进文化企业境内上市有关工作的通知》等。2014 年 2 月，中央全面深化改革领导小组通过了《深化文化体制改革实施方案》，新一轮文化体制改革进入全面实施阶段。同年 3 月国务院出台《关于推进文化创意和设计服务与相关产业融合发展的若干意见》。2019 年 6 月文化和旅游部发布《文化产业促进法（草案征求意见稿）》，从政策引导到法律规范，法案在人才、科技、金融财税等方面都有所涉及，为文化产业发展提供全方位的扶持保障①。这些政策对文化产业及产业集聚区给予了宏观政策层面的支持、引导和协调。各地也纷纷出台配套政策或转向政策来扶持、鼓励文化产业和产业集聚区的发展。文化产业集聚区也可以借助自身力量来影响政策尤其是地方政策的制定，争取更优越的政策环境。

（二）法律环境

良好的法律环境是文化产业集聚区发展的必要条件，既能提供规制和约束，也可以提供保护和激励。

文化部办公厅在 2016 年 1 月 6 日印发了《全国文化市场黑名单管理办法（试行）》，旨在建立文化市场信用监管制度，加强文化市场内容监管，通过黑名单管理，完善守信激励、失信惩戒机制，为文化市场的发展营造出一个良好的信用环境，促进文化市场良性有序的发展。第十二届全国人民代表大会常务委员会第二十四次会议于 2016 年 11 月 7 日通

---

① 李向民，杨昆. 新中国文化产业 70 年史纲[J]. 福建论坛（人文社会科学版），2019，39（10）：69-71.

过了《中华人民共和国电影产业促进法》，第十二届全国人民代表大会常务委员会第二十五次会议于 2016 年 12 月 25 日通过了《中华人民共和国公共文化服务保障法》，这两部法律的实施标志着我国文化产业在立法方面取得了巨大的进步。2018 年 3 月 11 日，《文化产业促进法》被列入全国人民代表大会常务委员会五年立法规划。2019 年 6 月 28 日，7700 多字的《中华人民共和国文化产业促进法（草案征求意见稿）》面向全社会公开征求意见。这一法律对于促进文化产业的发展意义深远。

（三）交易环境

交易环境此处特指文化产权交易平台。文化产权交易的出发点是让资本通过合法的形式和途径进入文化领域。文化企业的资产多为知识产权、版权、专利、创意项目等无形资产，受限于企业规模和资产评估等多方面因素，融资困难是普遍问题。设立文化产权交易所，形成文化产权专门的交易平台，可以提高文化产业资源配置的市场化程度，完善文化产权交易的链条，让银行、担保机构有效规避风险，促进更多的文化产品与社会资本实现有效对接，促进文化产业的繁荣与发展。从交易环境优化的角度来讲，文化产权交易能够促成文化产业和资本的有效对接，实现三个层面的增值：第一，提供良好的市场环境，恢复市场本来面目；第二，发掘品牌等无形资产价值，使文化投资形成较为完善的回报和退出机制；第三，通过市场竞争创造价值。文化产权交易市场还使文化领域的偶然性交易变为常态的市场交易，各种要素聚集起来，产生规模集约效益。

第四节　文化产业集聚区的品牌运营

在现代市场经济环境下，品牌作为一种专有资产发挥着越来越重要的作用。成功的品牌具有巨大的商业价值，是品牌所有者的核心竞争力之一。根据全球最大的综合性品牌咨询公司麦迪逊邦（Interbrand）发布的 2018 年度品牌排行榜中，苹果公司连续 6 年高居榜首，成为"全球最佳品牌"，亚马逊公司紧随其后。[①] Interbrand 公司对各个品牌的评分基于 10 个方面的考量：清晰度、责任感、治理、反应、相关性、参与度、差异性、持续性、真实度和覆盖率。苹果公司在参与度、差异化和持续性方面表现最强，它的品牌价值增长了 16%，达到 2144.8 亿美元；谷歌公司保持了第二名的位置，其品牌价值增长了 10%，逾 1555 亿美元；亚马逊公司的品牌价值增长了 56%，逾 1007.6 亿美元，排在第三名；中国品牌华为公司位列全球第 68 名。传媒品牌迪士尼公司位列全球第 14 名，是文化产业品牌的典范。

正是由于品牌具有的强大威力，品牌化已被纳入企业战略层面而进行统一部署，以便

---

① INTERBRAND. 2018 年全球最佳品牌报告[EB/OL].（2018-10-08）[2019-07-04]. http://www.199it.com/archives/780794.html.

更好地发挥强势品牌的市场价值和扩张功能，并促进品牌资产的有形化。

一、品牌与品牌运营

（一）品牌的内涵与特征

美国营销协会（American Marketing Association）的品牌定义是"一种名称、术语、标记、符号或设计，或是它们的组合运用，其目的是借以辨认某个销售者或某群销售者的产品或服务，并使之同竞争对手的产品和服务区别开来"。菲利普·科特勒、凯文·莱恩·凯勒在《营销管理》一书中提出品牌提供了一组特性，代表着品牌拥有者悉心打造的差别性功能。这些差别可能是功能方面的、理性方面的，或者是有形的——与品牌的产品性能有关；也可能是象征性、感性或者是无形的——与品牌所代表的观念有关[①]。同时品牌也代表着品牌拥有者对消费者的一种承诺。品牌的表现形式十分简单，文字、术语、符号等，如朗朗上口的"可口可乐（Coca-Cola）"，麦当劳随处可见的金色双拱门等，品牌背后蕴含了深厚的商业价值和商业文化。

（1）品牌为品牌拥有者提供了与众不同的特色及为相关产品提供了法律保护。品牌名称可以通过注册商标得到保护，生产过程可以通过专利得到保护，包装可以通过版权得到保护。这些知识产权保证了企业能安全地投资于品牌之中并且从有价值的资产中获益。

（2）品牌代表着巨大的影响消费者行为的有价值、有法律效力的资产，可以被买卖，并且为品牌拥有者提供了未来收益的安全支持[②]。

（3）品牌确定了一个产品的来源或制造者，代表着产品的品质或制造者的经营素质，消除或降低了消费者面临的信息不对称现象，为消费者简化购买决策、降低购买风险提供了保障。

（4）品牌为品牌拥有者获得消费者的忠诚度创造了条件。品牌忠诚度可以为品牌拥有者提供对需求的预测，制造出其他公司进入市场的障碍，同时转化为消费者为品牌支付溢价的意愿——通常是多出 20%～25%。对于竞争者而言，复制甚至是超越产品设计和生产过程可能是容易的，但在模仿某一品牌时由于多年的市场培育而想在消费者心目中改变形象是困难的。因此品牌提供了一种保护竞争优势的强有力的方法。

现代市场上，品牌概念已不仅仅是单指产品或服务，实际上可以被人们在任何地方有选择地使用。它可能是一个有形商品的品牌（iPhone、iPad），一种服务（法国安盛 AXA的金融服务），一家餐厅（肯德基 KFC），一个人（如中国的孔子、德国的歌德），一个地方（好莱坞、梵蒂冈）或者一项权利（特许经营权）。

[①] 菲利普·科特勒，凯文·莱恩·凯勒. 营销管理[M]. 上海：上海人民出版社，2006：304.

[②] KELLER K L. The Brand Report Card[J]. Harvard Business Review, 2000, 78(1): 147-157.

（二）品牌运营

品牌运营是指通过品牌建设赋予产品和服务一种品牌所具有的能力，营造出具有差异化的强势品牌，并充分发挥品牌的扩张功能，促进品牌资产有形化，实现品牌拥有者的长期成长和价值增长。品牌运营包括品牌建设和品牌扩张两大内容。

1. 品牌建设

品牌建设包括选择品牌元素、塑造品牌形象、明确品牌序列、建立品牌资产等内容。通过品牌建设赋予产品或服务一个闪亮的名字，从而使消费者认识到该载体有何作用及为什么要关注它。品牌建设还应包括创建精神结构，使品牌成为品牌拥有者人格化的象征，能帮助消费者获得关于产品和服务的知识，通过这种方式验证他们的决策，并在这个过程中为品牌拥有者提供价值。

品牌元素是指那些能够鉴定并使品牌实现差异化的、可以识别的图案，它们可以为建立更多的品牌资产服务。品牌元素选择需要遵循可记忆、有意义、有亲和力[1]、可转换[2]、可适应[3]、可保护等基本原则。品牌元素选择后，经过针对消费者的联想测试、学习测试、记忆测试、偏好测试等，明确品牌元素的最终方案，并依此确立品牌形象和品牌序列[4]。品牌建立起来后通过全面的营销活动逐渐积累品牌资产。品牌资产是附加在产品和服务上的价值，是与公司的心理价值和财务价值有关的重要无形资产。品牌建设的最终结果是实现品牌资产的积累。

2. 品牌扩张

品牌扩张是指运用品牌及其包含的资本和价值进行推广、发展，以实现品牌在原市场或相关市场的纵深发展以及品牌进入不相关市场的一系列行为。品牌扩张涉及品牌的延伸、品牌资本的运作、品牌市场扩张等内容，具体有品牌转让、品牌授权等活动。

从经济学角度看，品牌无疑是一种稀缺资源，将其与其他资源进行整合能发挥更大的经济效益，因此品牌拥有者在成长过程中可以借助品牌扩张来实现资源的有效配置和收益的稳步增长。这也正是品牌与生俱来的商业价值之一。从消费者的认知心理来看，当品牌成功获得消费者的认可后该品牌将会形成一种"光环效应"，该品牌涉入其他领域时更容易在"爱屋及乌"的消费心理下获得成功。品牌扩张有产品、市场、品牌名称三个维度，任选其一或三管齐下都可实现品牌扩张（见图 5-14）。

---

[1] 有亲和力指品牌在视觉上、口碑上或其他方面能唤起消费者美好的形象化的想象。

[2] 可转换指品牌元素能跨越地理边界和市场细分群体而获得一致的理解和接受，成功例子如 Coca-Cola 在中国市场转化为可口可乐。

[3] 可适应指品牌元素可以在保持消费者认知的一致性前提下进行更新，如贝蒂妙厨的头像被公司翻新多次，始终与当下时代的家庭妇女形象保持一致。

[4] 品牌形象是指一个品牌给人的总体印象，如瑞士军表（Swiss Army）给人的印象是传统可靠。品牌序列是指公司总品牌之下的产品系列品牌，如宝洁公司的全品牌策略下推出了纵向品牌（不同档次的品牌），还有横向品牌（同一档次上不同品牌产品）。

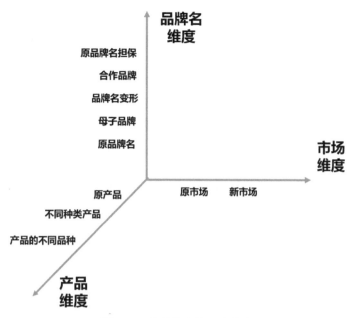

图 5-14　品牌扩张的三个维度

二、文化产业集聚区的品牌形态

文化产业集聚区作为一个整体，其品牌运营不囿于产品和服务，也不限于单一品牌，从集聚区整体层面上看，其品牌具有三种形态。

（一）区域品牌

区域品牌是指以某一地域及其内部的优势产业而合作命名的特定区域品牌形态，蕴含了文化产业集聚区的区域特征和整体形象，以文化产业集聚区的比较优势为核心价值，是该区域内以成员企业为主的利益相关者群体共享的公共品牌。区域品牌也是一个识别系统，包括名称、标记、术语、符号或设计等形象化展示手段和多层次的品牌内涵。

文化产业集聚区的名称是区域品牌识别系统的核心，一般由区域（空间范畴）和特色文化产业构成，如北京中关村、美国好莱坞，能够形成对集聚区内成员企业经营素质和产品服务品质的有效说明和有力保护。在品牌内涵上突出区域自然人文特征，表现为与集聚区核心文化资源优势和产业价值相关联的消费者认知。文化是在特定自然地理和社会环境下人为创造和积累下来的，因此地名或地名的组合本身就彰显了文化产业集聚区所属区域的自然人文特征。如曲江新区直指中国古代西安盛唐文化和古典园林文化，武当·太极湖蕴含武当山太极文化品质和天人合一的文化精神。对于文化产业集聚区而言，这种文化秉性和资源及其具有的文化认知恰是文化资源价值转化为文化生产力的关键所在。

文化产业集聚区区域品牌除具有一般企业或产品品牌具有的可识别性、差异化特征外，还具有以下独特的功能性特征。

1. 非竞争性

文化产业集聚区的区域品牌是成员企业的公共品牌，增加额外的使用者在品牌成本上不会有明显的增加。

2. 非排他性

是指要排除集聚区内任何一个企业使用该品牌，成本很高或者不可能。区域品牌在使用中有注册和未注册两种情况。对于未注册的区域品牌，要排除成员企业使用该品牌既不可能，也无必要。对于注册的区域品牌，又可分为两种情况：第一，集聚区内所有成员企业都可使用该品牌，此时区域品牌具有非排他性；第二是符合特定条件的成员企业，经过注册人准许后可以使用该品牌，此时区域品牌具有弱非排他性，即对于众多符合条件的企业而言没有排他性，但对于不符合条件的企业具有排他性。

3. 外部性

文化产业集聚区内成员企业使用区域品牌的行为具有外部性。当成员企业发展壮大、提升档次时，其企业品牌价值的提高会带动区域品牌价值的提高，此时则出现溢出效应，其他成员企业将因此受益。同理，当有成员企业因经营不善或不诚信经营时，该企业使用区域品牌的行为会导致品牌价值下降，其他成员企业同样会受到牵连。

4. 管理主体非唯一性

区域品牌是区域内多个企业共同拥有的无形资产，其管理主体除了区域产业中的各个企业，还有地方政府、行业协会等中间组织。成功的区域品牌管理实践证明，地方政府在区域品牌建设中的作用无可替代，因为政府在公共政策资源供给、知识产权保护、区域营销等方面的作用是其他组织所无法替代的。

5. 资产性

文化产业集聚区的区域品牌代表了集聚区内文化产业集群化发展的形象，对社会能传递集聚区整体实力和品牌信息，容易形成社会关注焦点，对潜在进驻者和投资者能传递集聚区文化产业结构化特征、产品与服务价值的商业信息，容易鼓舞投资积极性。这些都可以积累形成区域品牌的品牌资产，也是集聚区和成员企业共享的重要的无形资产，可以在集聚区及成员企业争取投融资、运营、上市等经济行为中转化为有形的资产。

6. 规模效益

区域品牌应用于文化产业集聚区整体运营和成员企业单独的运营活动中，由地方政府、成员企业、行业协会等多主体共同打造、共同享有，具有成本分担、风险分散、收益共享的特点，因而显现出规模效益的优势。

（二）企业品牌

企业品牌是指以企业名称作为品牌名称的品牌，它融合了企业的经营理念、企业文化、企业价值观念及对消费者的态度等，是品牌标志所表示的产品、服务或相应企业在买方及相关消费群体心目中的总体形象和由此产生的心理联想。

企业品牌的建立与企业成长进程同步，一旦建立就不会轻易调整。企业品牌的运营是一个漫长的过程，需要把握一致的方向，也需要产品和服务品牌来予以支撑，因此企业品牌在建立初期就应当确立其在专属领域的位置，以便客户和社会大众能形成清晰的认知，并保证与企业在运营中的一系列营销活动方向相一致，能实现品牌资产的积累。

（三）产品品牌

产品品牌是指某一产品、服务所专有的品牌，其包含两层含义：一是产品的名称、术语、标记、符号、设计等方面的组合体；二是代表有关产品的一系列附加值，包含功能和心理两方面的价值，如产品所能代表的效用、功能、品位、形式、价格、便利、服务等消费体验。

企业品牌和产品品牌均属个体品牌，具有竞争性和排他性，是文化产业集聚区内企业参与市场竞争的有效手段和模式。当消费者对这类品牌的忠诚度达到一定程度后，品牌与其背后的企业实体、产品实体能够逐渐分离，并作为产品和服务的载体而独立存在。此时文化企业才能够在品牌运营中进入到品牌扩张阶段，通过品牌的有效延伸和品牌资产交易而实现企业价值的增长。

三、文化产业集聚区品牌运营策略

（一）品牌建设策略

文化产业集聚区三种品牌形态，既有联系又有区别。为了实现集聚区品牌运营，需要构建一个层次清晰、相辅相成的品牌管理和运营体系，以便于实现品牌间的统合与相互助力，强化集聚区内的共享机制，实现集约效益和正向外部经济效益。

1. 发挥区域品牌统合作用

区域品牌是文化产业集聚区内众多成员企业及相关机构共同塑造的展示集聚区整体特征和比较优势的公共品牌，其内涵是区内文化产业核心价值和众多品牌精华的浓缩和提炼。区域品牌在文化产业集聚区品牌的运营，可以强化区域形象、改善投融资环境，为成员企业发展创造便利条件，进而带动企业品牌价值的提升。

2. 发挥企业品牌支撑作用

文化产业集聚区的成长最终是通过文化企业的成长来实现的。企业品牌的成长是文化企业成长的必要条件和成果积累，因此企业品牌在整个文化产业集聚区的品牌体系中具有基础性的支撑作用。优秀的企业品牌除支撑企业自身成长以外，也可以在集聚区区域品牌和其他企业品牌成长中发挥示范效应、展示效应，实现品牌体系价值的普遍增长。

3. 发挥产品品牌渗透作用

文化产品和服务在市场上的知名度、美誉度、忠诚度是文化企业及整个集聚区综合价值的现实表现。产品品牌易于传播推广，又具有独立的人格化特征，可以成为消费者和文化企业，乃至整个文化产业集聚区之间的心理认知和情感连接点，帮助实现文化产品和服务在市场上的渗透。

文化产业集聚区品牌体系存在两种结构模式：依附型和覆盖型。依附型结构指文化产业集聚区内有几个强势企业品牌（或产品品牌），先于区域品牌成长，并在知名度、美誉度等品牌价值指标上优于区域品牌，因此企业品牌成为区域品牌的发展支撑。当区域品牌培育形成后会对企业品牌形成反作用，追加企业品牌的优势。覆盖型结构是指文化产业集聚区的区域品牌先于企业品牌成长，并积累起可资共享的品牌资产。企业品牌（或产品品牌）在区域品牌的带动之下逐渐培育、成长，形成自己独有的竞争力。无论是哪种结构模式，区域品牌、企业品牌和产品品牌之间都是相互依存、相互助力的关系，彼此间良性互动才能共同成长。

（二）品牌资产策略

1．品牌资产创建

文化产业集聚区品牌资产取决于消费者、投资者和社会公众对品牌体系的知识结构，从以下三方面因素着手创建。

第一，重视品牌元素或身份的最初选择。这一因素由各品牌的拥有者在品牌建立初期完成设计和选择，包括品牌名称、网站地址、标识、图案、特征、代言人、形象口号等一系列符号体系。

第二，全面营销活动的设计。根据菲利普·科特勒、凯文·莱恩·凯勒在《营销管理》一书中的基本原理，文化产业集聚区品牌资产创建、积累的最初投入来自于对具体产品或服务、特定企业以及整个文化产业集聚区的营销活动。由于品牌体系的内部结构，营销活动的设计不同于单一品牌的营销设计，需要兼顾公共品牌与个体品牌之间的相互关照，整合营销即具有突出的指导作用。整合营销顾名思义是指将各种营销活动混合搭配，以使单独的和整体的营销效果均能最大化。个性化营销有助于彰显文化产业集聚区的创意特征、迎合消费者的个性化需求。当代互联网平台的发展为文化产业集聚区品牌的个性化营销提供了条件和机会。在网络平台上推行体验营销、一对一营销、许可营销①、参与营销②都是理想的个性化营销设计。

第三，通过其他实体（如人、地方或活动）产生品牌联想。品牌联想是消费者看到一特定品牌时，从他的记忆中所被引发出的对该品牌的一系列想法，包括感觉、经验、评价、品牌定位等。品牌联想可以和那些与品牌合作的其他实体相关联（见图5-15），进而创建品牌资产。

---

① 许可营销是指只有在获得消费者的明确许可之后才进行的营销事件，是品牌拥有者能够用来冲破混乱并且建立消费者忠诚的一种工具。在大型数据库和高级软件的帮助下，品牌拥有者可以储存海量消费者信息并且传达给目标消费者有目的性的、个性化的营销信息。

② 参与营销是指营销者创造条件让消费者通过与企业的共同合作，参与承诺确立、创意设计、产品生产、定价、监督等产品供给环节来寻求最大限度地满足消费者需求。

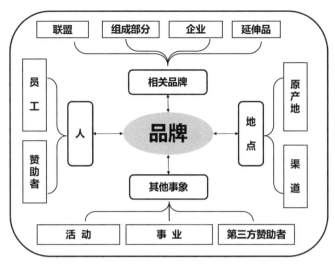

图 5-15　文化产业集聚区的品牌联想①

2．品牌资产评估

文化产业集聚区品牌体系的影响力根植于消费者和投资者的心智之中，取决于他们对营销的反应，所以品牌资产有直接衡量与间接衡量两种基本方法。直接衡量是评价消费者、投资者对文化产业集聚区的各种营销在品牌反应上的实际影响。间接衡量是指通过鉴定和跟踪消费者、投资者品牌的知识结构来确定品牌资产的来源。两种方法相互补充，供品牌营销者同时或交错使用。品牌评估又分为品牌审计（brand audit）和品牌跟踪（brand tracking）两大部分。

品牌审计是以消费者和投资者为关注点而进行的检验，包括确定品牌的健康、发现品牌资产的来源、品牌资产积累和调控的提议等。文化产业集聚区的品牌审计既有公共品牌审计，也有个体品牌审计；从品牌拥有者、消费者、投资者不同的愿景出发理解品牌资产的来源，以确定品牌运营的战略方向，提升品牌运营的绩效。

品牌跟踪即使用定量方法为营销者提供及时的信息，以判断品牌资产的演变趋势和健康程度。

品牌资产的评估包含但不等同于品牌评价。品牌评价是评估品牌整体经济价值的工作，包括品牌收入和品牌力量，是建立在当前品牌价值或品牌期望在将来所达到的现金流量的评估。

3．品牌资产管理

品牌资产是品牌拥有者的持久性资产，品牌拥有者需要对其进行持续的更新、强化才能避免其折旧贬值。品牌资产管理包括品牌强化和品牌复苏。

品牌资产的强化与营销计划的创新相关，需要不断地向消费者和投资者传递：（1）品牌代表的核心价值、产品服务及其为消费者、投资者提供的核心利益；（2）品牌具有独

① 菲利普·科特勒，凯文·莱恩·凯勒. 营销管理[M]. 上海：上海人民出版社，2006：317.

特的品牌联想；（3）品牌如何使产品、企业或集聚区整体优于其他竞争者。

品牌复苏是指让衰退的品牌重新唤起活力。受竞争、新技术等因素的影响，文化产业集聚区或成员企业进入衰退（转型）期，品牌资产面临贬值困境，需要逆转品牌的失败趋势，重新回归品牌的本源价值或放弃原有品牌资产，创建新的品牌资产。两种方法都有助于品牌复苏，帮助渡过品牌运营中的危机时段。

（三）区域品牌的多元主体管理策略

区域品牌是文化产业集聚区的公共品牌，须格外强调区域品牌的管理策略。公共的事物总是面临"公地悲剧"（tragedy of the commons）。公共产品的非排他性会导致市场失灵，出现供给不足的现象。成员企业对区域品牌投资，所获收益具有"溢出效应"，其他企业可以搭便车分享利益，因此企业对区域品牌投资的积极性将受到抑制。区域品牌通过市场方式无法提供或者供给不足，这就要求文化产业集聚区的辖区政府、管理委员会、行业协会等公共组织对区域品牌进行投资与管理。这些公共组织在区域品牌建设与管理中的作用无可替代，既要把握公共政策资源供给、知识产权保护，又要出面组织、调配企业营销的积极性和营销资源，实现文化产业集聚区的整体营销，优化区域品牌的资产创建、积累和管理。成员企业在创建自己的品牌资产时也要关注区域品牌的辐射、带动作用，因此也需要参与到区域品牌的创建与管理中来，以合力实现区域品牌资产的增值，让每个成员企业都可从区域品牌的正向外部性中获利。

习题

1. 简述文化产业集聚区资源支撑力的内涵与特征。
2. 简述文化产业集聚区投资特点和融资特点。
3. 简述文化产业集聚区资源支撑体系的四个阶段。
4. 论述资源与文化产业集聚区的关系。
5. 分析文化产业集聚区的竞争要素。

讨论

以某一著名文化企业为例，讨论其品牌的运营战略的成功与不足之处。

第六章

乡村策划案例：
陈云村台湾风情文化产业集聚区

 本章学习要求和目标

要求：

熟悉乡村文化产业集聚区策划与规划案例的完整流程，归纳总结这一类型集聚区策划的模式与经验。

目标：

围绕策划案例，理解和掌握乡村文化和旅游策划与规划实操的流程。

陈云村是湖北省政府台湾事务办公室（以下简称湖北省台办）的定点扶贫村。自2015年10月以来，湖北省台办选派工作队常年驻村帮扶，多次拨付资金，改善陈云村基础设施条件和村庄环境，帮助村民发展养殖、种植和光伏产业致富增收。2017年陈云村整体脱贫。为巩固脱贫基础，充分发挥当地资源和文化优势，贯彻落实国家乡村振兴战略，发挥蕲春台湾农民创业实验园平台优势，借助湖北省台办帮扶力量，依据《湖北涉台园区管理办法》，经县委、县政府研究决定，报请湖北省台办、湖北省农业厅批准后，以陈云村为核心，联合周边朱四房村、张玉芳村、上朱云村、东山村、龙顶村等策划建设"陈云台湾风情小镇基地"，挖掘民俗文化、农耕文化、中医药文化，集聚发展具有台湾风情元素的精致农业、乡村旅游、民俗旅游、康养度假等产业，打造台胞台资参与美丽乡村建设、合力推进乡村振兴的重要平台。

本章内容依据蕲春台湾农民创业实验园管理委员会办公室委托武汉大学景园规划设计研究院、武汉珞珈宜景园创规划设计有限公司编制的《陈云台湾风情小镇规划（2019—2035年）》改编。

第一节 策 划 背 景

一、区域现状

陈云村位于湖北省黄冈市蕲春县赤东镇东部，地处大别山南麓、长江中游下段北岸，是武汉城市圈的重要组成部分，位于中国"中三角"中心地带，与武汉、南昌、合肥等大中城市同属"1小时城市圈"，京九铁路、沪蓉高速公路、长江黄金水道、大别山腹地公路横贯全境，交通四通八达，来往十分便利。陈云村目前以传统的农业种养为主导产业，无二产，三产处于刚起步状态，结构单一，种养业科技含量较低，外出打工的非农业收入为农户主要的经济收入来源。本项目基于陈云村的发展现状，规划成为陈云台湾风情小镇，通过推动陈云村的特色经济、文化和旅游的发展，促进陈云村脱贫致富。

（一）总量分析

陈云台湾风情小镇所属蕲春县，自2014年以来，旅游人数及收入总体上稳定上升。2018年，蕲春县实现旅游接待约501万人次，同比增长16%，旅游总收入45.23亿元，同比增长55.3%（见图6-1和图6-2）。自2016年蕲春旅游接待人数的增长率开始呈不断下降的趋势，受当地旅游开发层次和产品结构限制因素的影响，后势增长乏力，亟待新的旅游市场激活。

图6-1 2014—2018年蕲春县旅游接待人数和增长率变化

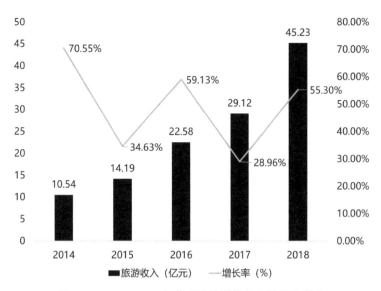

图 6-2 2014—2018 年蕲春县旅游收入和增长率变化

（二）地域分析

在百度指数大数据中以"蕲春县"为关键词进行检索，其关注人群在地域分布上按城市排名，前五名的依次为武汉、黄冈、深圳、上海和北京，尤其以武汉市最为突出；按区域排列，前三名的依次为华中地区、华东地区和华南地区。综合来看，黄冈市所在的华中地区、经济发展较好的华南地区和"北上广"城市圈为蕲春县的关注客源市场，武汉市城市圈是蕲春县旅游发展的最主要客源地。

二、发展优势

（一）政策支持

农业发展、农村建设和农民生活一直都是国家关注的重点，截至 2021 年，中央连续发布了 18 个以"三农"为主题的"一号文件"，彰显了三农在现代化建设中的重中之重地位以及国家解决三农问题的决心。表 6-1 是近年来中央各类政策对美丽乡村建设的有关布署。党的十九大提出实施"乡村振兴战略"，并将其提升到战略高度，从国家到省市县各级政府，从宏观战略引导到具体建设支撑，始终尝试从各层面、多视角来关注和解决"三农问题"。各种政府文件从农村建设的各个方面进行了规划，大力发展第一产业，在稳定发展第一产业的基础上，全面振兴第二产业和第三产业，积极建设社会主义新农村，促进乡村旅游业的发展，全面提升乡村旅游的发展质量和综合效益。蕲春县成为首批"国家中医药健康旅游示范区"创建单位，开创以"李时珍文化旅游区"为龙头，一线串联文化展示、健康体验、医道养生、艾草观光、特色小镇、休闲度假、药膳美食、旅游商品等"八位一体"的旅游发展格局，打造"养生蕲春，中国艾都"品牌。

表 6-1　有关美丽乡村建设的相关政策

视　　角	政 府 文 件	有 关 布 署
乡村振兴战略	2017年党的十九大	正式提出实施"乡村振兴战略"
	2017年中央经济工作会议	走中国特色社会主义乡村振兴道路，提出了乡村振兴"七条路径"，制定了乡村振兴"总路线图"，以及"三步走"时间表
	2018年中央一号文件	聚焦于"乡村振兴战略"，明确了"乡村振兴战略"的总要求、原则、目标、主要任务和规划保障等，为各地编制和实施乡村振兴提供了良好的政策依据和实施路径
	2018年《乡村振兴战略规划（2018—2022年）》	部署一系列重大工程、重大计划、重大行动，是统筹谋划和科学推进"乡村振兴战略"的行动纲领
乡村旅游发展	2018年《促进乡村旅游发展提质升级行动方案（2018—2020年）》	从补齐乡村旅游道路和停车设施建设短板、推进垃圾和污水治理等农村人居环境整治、建立健全住宿餐饮等乡村旅游产品和服务标准、鼓励引导社会资本参与乡村旅游发展建设、加大对乡村旅游发展的配套政策支持等方面加快推进乡村旅游提质扩容
	2018年《关于促进乡村旅游可持续发展的指导意见》	提出促进乡村旅游可持续发展的五项措施，全面提升乡村旅游的发展质量和综合效益
建设及环境整治	2018年《农村人居环境整治三年行动方案》	以农村生活垃圾治理、厕所粪污治理、生活污水治理、村容村貌提升、村庄规划管理等为重点任务，到2020年实现农村人居环境明显改善，村庄环境基本干净整洁有序，村民环境与健康意识普遍增强
	2018年《农村人居环境整治村庄清洁行动方案》	清理农村生活垃圾、清理村内塘沟、清理畜禽养殖粪污等农业生产废弃物、改变影响农村人居环境的不良习惯
	2018年《关于推进农村"厕所革命"专项行动的指导意见》	把农村"厕所革命"作为改善农村人居环境、促进民生事业发展的重要举措
	2018年《住房城乡建设部关于进一步加强村庄建设规划工作的通知》	进一步加强村庄建设规划工作，科学划定村庄类型，因地制宜推进村庄建设规划编制，到2020年，要全面完成县（市）域乡村建设规划编制或修编
	2019年《住房和城乡建设部办公厅关于开展农村住房建设试点工作的通知》	建设一批功能现代、风貌乡土、成本经济、结构安全、绿色环保的宜居型示范农房，改善农民居住条件和居住环境，提升乡村风貌

　　在台湾方面，一批企业家始终坚持一个中国原则，坚持"九二共识"。通过深化两岸经济合作和文化往来，推动两岸同胞共同反对一切分裂国家的活动，共同为实现中华民族伟大复兴而奋斗。秉持"两岸一家亲"理念，扩大两岸经济文化交流合作，策划建设两岸文化产业和旅游产业交流平台，深化两岸交流融合发展，夯实和平统一基础；积极推进两岸经济合作制度化，打造两岸共同市场，为发展增动力，为合作添活力，壮大中华民族经

济；促进两岸同胞共同传承中华优秀传统文化，推动创造性转化、创新性发展。国家政策是本项目强有力的支撑。

（二）机遇分析

近年来，我国全面推进脱贫攻坚战，解决现存的"三农问题"，陈云村作为定点扶贫的对象，也正是赶上了其发展机遇。政府常年的驻村帮扶工作，多次拨付资金，改善其基础设施条件和村庄环境，帮助村民发展养殖、种植和光伏产业增收致富，并于 2017 年实现当地如期整体脱贫。为巩固脱贫基础，依托当地现有资源，结合国家实施"乡村振兴发展战略"，发挥蕲春台湾农民创业实验园平台优势，借助省台办帮扶力量，依据《湖北涉台园区管理办法》，经县委、县政府研究决定，报请省台办、省农业厅批准后，以陈云村为核心，联合周边的朱四房村、张玉芳村、上朱云村、东山村、龙顶村等部分区域建设陈云台湾风情小镇基地，成为蕲春台湾农民创业实验园的"一园四基地（加工基地、种养基地、养殖基地、陈云台湾风情小镇基地）"，并打造成为蕲春乃至全省精准扶贫和"美丽乡村"建设的亮点精品。

（三）区位条件

1. 自然条件

陈云台湾风情小镇地处大别山余脉，区域内山灵水秀，属丘陵地区，村内多低丘岗地，地势呈东西走向，西南、东北略高，中部地势平坦。范围内有龙顶寨山、马背山，山体低缓，但形态错落有致，最高海拔为 110.4 米。加上亚热带季风气候，气候温和，四季分明，日照充足。

2. 人文条件

陈云村历史悠久，已有 600 多年的历史，为江州义门陈后裔，宋嘉祐七年始祖守琉奉旨分庄来蕲春，始迁地湖北省蕲春县河口，建蕲春庄。这也为后来陈云村聚居数千口、"合炊几百年"奠定了基础。

陈云村在传承了优秀的传统文化的同时，还拥有悠久的中药文化；历史上著名的"药圣"李时珍便是生于蕲春，当地自古以来就是我国传统的中药材之乡，中医药文化源远流长。陈云村有着良好的中药材自然生长条件，在《本草纲目》记载的 1892 种药物中，蕲春境内生长着 700 多种；在明代中期就是全国著名的中草药进出港口和商埠，其药材"吞吐量为江淮冠"，现今被列为国家杜仲、厚朴生产基地县，有 170 余个药材种植场，种植面积达 20 万亩（1 亩≈666.7 平方米），蕲艾、夏枯草等蕲春地道的药材被冠名国家地理标志产品。也因为李时珍的缘故，世界各地人民慕名前往。陈云村得天独厚的自然环境与文化底蕴深厚的社会环境，都为其发展台湾风情小镇提供了契机。

三、问题解读

（一）产业经济发展之困

陈云台湾风情小镇内的各个村庄虽然实现了脱贫任务，但村内第一产业原始，第二和第三产业空白。农业产业结构单一，种养业科技含量较低，缺资金、缺技术，致富门路窄，集体经济薄弱。农产品产量低、品相差、价格低，导致农民农业收入低，增收渠道窄，村民就业以农业种植和外出打工为主，家庭收入对外出打工依赖性极强。

（二）社会持续发展之困

小镇村民的主要劳动力人口均外出打工，农活儿主要依靠 50 岁左右的农民完成，除春节期间回归农民较多，大部分时间留守村中的主要是老人与儿童，社区缺少活力。大量流失的青年人群、村庄持续的空心化和老龄化带来了产业发展后劲儿不足，留守儿童看护和老年人养老困难等一系列问题；同时，随着陈云台湾风情小镇的建设，农民土地流转的后续就业、安置问题亟须解决，影响了小镇的可持续发展。

（三）村湾建设提升之困

小镇内的主要村湾聚落为村民自发建设而成，缺乏统一的规划引导，房屋间距很拥挤狭窄，住宅间的小道只能满足步行、自行车通行要求，但满足不了现代居住区消防、救护等车行要求；部分房屋严重破损，难以满足基本的居住需要；基础设施不完善，无统一规划的排污设施，排水不畅。小镇内农宅建筑质量较差，屋面破损严重，多为危房，且农宅建筑形式、材料杂乱无章，乱搭乱建现象严重，缺乏统一规划。

（四）景观风貌改善之困

各村湾面积较大的公共活动空间、农房前后均为水泥铺地硬化，缺乏植被绿化和景观环境打造；部分山体植被稀疏，林相单一，视线可涉及范围内大量坟地裸露，严重影响村庄景观；部分村边缓坡、池塘、道路、河流等水体污染严重，水塘四周无安全防护设施，无大树遮挡，杂草丛生，景观风貌较差；村民的环保意识薄弱，随意焚烧秸秆和垃圾，种植使用化肥和农药，污水乱排乱放，生活垃圾清理不及时，垃圾围村现象严重。

（五）村民素质提升之困

小镇内多为不具备或丧失劳动能力的儿童和老人，村民大多受教育程度较低，文化素养、思想道德、法制观念有待提高，且缺乏职业和技能素养，难以适应新产业、新业态的发展需要；个别村民封建思想严重，制约了其当地经济的发展。

（六）土地高效利用之困

小镇内村民外出务工，大量耕地抛荒现象严重，且缺乏农业新品种、新技术的引进，土地长期处于粗放经营和低效利用状态；缺乏有效的土地规划和保护意识，村民在自留地上建坟，在基本农田上挖塘养殖鱼蟹，挤占大量可利用的耕地和山林地带。

第二节　发　展　目　标

一、总发展目标

陈云台湾风情小镇的发展主线，是以文旅融合助推乡村振兴，创建国家 4A 级旅游景区、省级旅游度假区、国家中医药健康旅游示范基地。以海峡两岸交流合作推进乡村振兴，以便建设成为两岸交流联谊活动的重要平台，创建海峡两岸农业合作试验区、国家级海峡两岸交流基地。陈云台湾风情小镇的总目标分为近期目标、中期目标和远期目标。

二、分期发展目标

（一）近期目标（2019—2023 年）

完成小镇一期项目建设，台湾精致农业种植和民宿休闲旅游投入运营，纳入蕲春国家中医药健康旅游示范区重点项目，积极创建全国农村创业创新园区、国家级美丽乡村、全国乡村旅游重点村，并积极承办鄂台交流系列活动，成为两岸联谊活动的重要平台。

（二）中期目标（2024—2029 年）

完成小镇二期项目建设，健康养生度假、中医药康养等产业全面铺开，积极创建省级特色小镇、国家 4A 级景区，并将其打造成为文旅融合助推乡村振兴的典范。

（三）远期目标（2030—2035 年）

小镇进入全面发展阶段，特色产业业态和旅游产品进一步丰富和提升，使其创建成为省级旅游度假区、国家级特色小镇和国家健康养生基地，其通过海峡两岸交流合作推进乡村振兴的模式成为国家典范，成为海峡两岸农业合作试验区和国家级海峡两岸交流基地。

三、发展意义

我国是农业大国，截至 2018 年年末，中国大陆总人口为 13.9538 亿，其中乡村常住人口为 5.6401 亿，占大陆总人口的 40.42%。我国的农村人口比重仍然很大。解决农村的发展问题，特别是"三农问题"，仍是国家现代化的基本任务。然而包括陈云村在内的多数农村自身经济基础非常薄弱，只依靠传统封闭式的耕种农业仍然不足以带动农村发展。陈云台湾风情小镇的建设可以从根本上解决陈云村经济落后困境，并促进两岸文化交流。

（一）建设海峡两岸交流市场

旅游是海峡两岸人员往来的主要渠道，通过旅游方式，两岸同胞实现了多渠道、大范围、多层次的交流，主要为经济、文化的交流活动，如两岸经贸论坛、两岸农业合作论坛、两岸研学活动等。随着两岸交流逐步增多，规模不断扩大，层次稳步提升，已逐渐成为推动两岸关系良性发展的重要途径。

（二）打造乡村体验市场

伴随着人们生态环保意识的提高，远离快节奏的都市生活，体验返璞归真的乡村式生活，成为越来越多城市居民的诉求。融合了"绿色""健康"理念的特色餐饮型、农业公园型、采摘休闲型、田园风貌型和乡村度假型的乡村体验旅游产品日益被消费者所追捧。我国已建成的 4 万多个旅游景点，一半以上分布在乡村地区，全国乡村体验游目的地每年接待游客量超过 5 亿人次。国庆"十一"和"春节"两个旅游黄金周，全国城市居民出游选择乡村体验游比重约占 70%，乡村体验市场潜力巨大（见表 6-2）。

表 6-2　乡村旅游客源市场特征

性别特征	以男性为主，占比 58.9%
年龄特征	以 31～40 岁的游客为主，占比 30.53%
出行方式	自驾车和公共交通
出游动机	以亲近自然与放松身心为主
同行客群	3～5 人结伴同行的比例高达 63%

（三）构建健康养生市场

随着游客的往来，陈云村旅游行业也要开拓当地的康养市场。人口结构的老龄化与亚健康现象的日渐严重，受全球整体健康理念的革命性影响，将旅游业和"大健康"产业结合的康养旅游，拥有良好的市场环境，是发展空间巨大的蓝海市场。国家高度重视健康发展问题，康养旅游纳入政策支持体系，亚健康人群和老龄人群诉求是行业增长潜力的来源（见表 6-3）。

表 6-3　中国健康养生旅游行业概况

项　　目	发 展 现 状
所属生命周期	初级阶段
产品供给	不足
供给主体	政府、房地产、医疗机构、旅行社、跨行业企业
供给客体	亚健康人群（占比 70%）、老年人群（占比 17%）、疾病人群和部分追求高品质的中产阶级人群（占比 13%）
市场规模	占旅游总体的 1% 左右
细分产品	康养旅游产品、康疗旅游产品、康体旅游产品等
区域格局	长白山康养区域、山东康养区域、长三角康养区域、云贵川康养区域
未来主体市场预判	中医药康养旅游及文化养生旅游

第三节 主题策划

一、发展主题

根据陈云村的发展现状和优劣势分析，本项目的发展主题是通过文化产业集聚，搭建良好两岸关系的社会主义新农村，实现农业结合文旅行业的协同发展。依托陈云台湾风情小镇的原乡田园特色和丰富的自然资源，从特色小镇的产业定位、产品特征和文化意象等元素出发，凝练出陈云台湾风情小镇融合两岸文化、创新精致农业的定位，拟定其主题形象词为："台湾风情，康养小镇"。集自然生态种植、农创产品开发、田园观光休闲、旅居康养度假等功能于一体，构建"台湾风情+美丽乡村+生态社区+特色产业"的发展模式，打造展示浓郁台湾特色的台式农业之精、多元产业之兴、乡村生活之美、本土文化之根和自然田野之趣的台湾风情小镇。

（一）三生一体

坚持生态、生产、生活空间"三生一体、融合发展"的战略定位，按照生产空间集约高效、生活空间宜居适度、生态空间山清水秀的要求，统筹陈云台湾风情小镇的空间资源配置，高效利用乡村生产空间，因地制宜培育致富产业；优化布局乡村生活空间，注重乡土味道，维护村庄自然风貌和人居环境；严格保护乡村生态空间，保护小镇山水林田自然肌理，打造小镇更高质量的产业发展，更加均等的生活服务和更为健康的生态环境。

（二）精致创意

引入台湾精致文创的发展理念，突出自身特色，做出产品个性，文创将农业的产前、产中和产后诸环节连接为完整的产业链条，将农产品与文化、艺术创意结合；同时深挖风土人情，嫁接传统文化。多讲品牌故事，用情感制造溢价，创意产品包装，使其产生更高的附加值，以实现资源优化配置，提升农业的消费价值。

（三）自主营造

充分注重"农民自力设计"能力的培养，关注村民主体，强调"自下而上"和"社区自主"的精神，修复村民归属感并增强村庄自组织能力，加强教育培训并鼓励公众参与，引导居民加入小镇建设、产业发展和景观营造中，释放农村生产力和活力，培育原乡社区的归属感和居住理念，助推"可持续成长、全面参与、责任到人"的乡村社区自主营造模式的稳步进展。

（四）永续环保

秉承永续环保、绿色循环的发展理念，在景观环境塑造、旅游消费体验、农产品生产等各个方面都要注重资源的减量、复旧、有机与再利用，通过有机种植、设施减量、节能减碳、环境保育、环保宣传等举措，真正做到小镇的生态环境和经营持续的平衡发展。

二、主题特色

陈云台湾风情小镇项目的推行虽然是为了拉动陈云村第三产业旅游行业的发展，促进陈云村的经济建设，但该项目的开展，也在客观上促进了海峡两岸的经济文化交流。陈云台湾风情小镇借鉴"台湾文创"的开发理念，以文化创意为核心，引进海峡两岸优秀文创艺术家，将农业生产、包装设计和展示体验融合，创新文创孵化、农品加工、手工制作、文化体验、旅游节庆和会议论坛等业态，实现陈云台湾风情小镇传统产业的转型升级，打造集中开展乡村文创、文创体验和节事活动于一体的乡村文创产业发展的示范区。以开展文创旅游业，精致农业为特色。在促进经济增长的同时，也促进了文化之间的交流，用文化产业拉近了海峡两岸之间的距离。

（一）贯穿台湾风情主线

发掘台湾风情元素，结合湖北蕲春县文脉肌理，导入培育台湾特色种植、建筑符号、民俗民宿、文创理念等风情特色主线，促使陈云台湾风情小镇具有特色产业吸引力、创新产品生命力、品牌形象感召力、整体营销影响力。

（二）主推精致农业实体

依托农业传统技术和科技进步，以生产高品质、高科技含量、高附加值的农产品为目标，以特色化布局、标准化生产、产业化经营为主要抓手，通过发展有机农业、生态观光、田园休闲等新业态，实现高水平、高质量、高效益的精致化农业。

（三）把握农旅融合导向

坚持以农为主，产业优先；以农促旅，农旅一体的发展导向（见表 6-4）。通过共建共享，搭建开放合作、互惠共赢的农旅融合平台，营造"智库引领、政策引导、文旅导入、民众参与"的开发生态圈，实现陈云台湾风情小镇从传统农业种植向"一产+三产"深度融合转变，推动新业态蓬勃发展。

表 6-4　陈云台湾风情小镇产业融合产品一览表（部分策划）

产业融合	产品系列	主要项目
农业 + 休闲	有机农业	青农种植园、蕲艾种植园、五行百草园
	生态观光	浪漫云龙河、花露芳香园、小丛山茶园
	田园休闲	农业课堂、花园餐厅、花卉工坊、植物染 DIY 工坊、田野食堂
	特色美食	特色农家宴、风味台湾宴、中药养生宴、专项调理餐、台湾茶饮

续表

产业融合	产品系列	主要项目
农业 + 康养	旅居养生	乡间度假屋、有熊森林旅宿、黎明光旅宿、本草民宿区、背包客旅宿、高级宿营
	健康服务	南岛服务中心、健康养生社区、中药养生园、养生膳食馆、中医科普馆
	户外康体	山水田绿道、艾心露营地、半岛童乐园
旅游 + 文创	乡村文创	艺术采风作品、农创包装产品、手工艺术作品、手信产品定制
	文创体验	义门陈小巷、陈云村聚落、创意空间、文艺展演、幸福公社、宝岛风味、原乡工坊、趣味 DIY 区、台湾岛意向湖、阿里山书店、鄂台艺创空间、精致农创营地
	节事活动	国际乡村健康养生大会、陈氏恳亲大会、汽车房车露营大会、花世界帐篷音乐节、陈云田园亲子节、台湾美食节、国际健康农产品高峰论坛等

第四节　品牌形象与营销策划

一、主题形象推广

提取代表台湾地区和当地的共性文化元素，通过高辨识度、强设计感、高记忆点的 LOGO 和公共品牌商标设计，展现陈云台湾风情小镇的总体形象。同时，严格陈云台湾风情小镇的公共品牌商标使用和管理流程，全面启用陈云台湾风情小镇的统一标识系统。注重推出的"陈云台湾礼物"系列品牌的包装设计，同时旅游交通工具、旅游户外广告、宣传手册、建筑造型、景区用品等都应该遵从特色个性包装、体现产品主题的原则，强化游客对陈云台湾风情小镇的认知度。

二、项目营销策略

（一）节庆营销

1. 明确节庆活动定位

整合提升陈云台湾风情小镇现有节庆活动，将全年节庆以季节产品特征划分，赋予明确的节庆活动定位，如浪漫田园、律动陈云、艺术乡村、宝岛风情等。旅游季之下又根据定位设置多个子活动项目，每个项目都有明确的发展线索与市场营销对象。

2. 创新节庆活动策划

邀请专业人员策划活动方案，在板块设计和活动安排上，将"食、住、行、游、购、娱"六元素进行有机组合，根据不同的主题设置不同的侧重点融入当代或超时代元素与现代高科技手段，如虚拟现实技术、声光电的创新应用等，使精彩亮点不断呈现，增强陈云台湾风情小镇节庆活动的生命力（见表 6-5）。

表 6-5　陈云台湾风情小镇节庆活动一览（部分策划）

节 庆 定 位	节 庆 活 动	活 动 主 题	时　　间
浪漫田园	花世界帐篷音乐节	花间音乐狂欢	6—7 月
	陈云台湾樱花季	台式风情 浪漫樱花	4 月
	乡村健康养生大会	绿色乡村 健康养生	4—5 月
律动陈云	汽车房车露营大会	让青春永"驻"	5—6 月
	陈氏恳亲大会	义门情系两岸	3—4 月
	陈云田园亲子节	识农教育·亲子娱乐	4—5 月
艺术乡村	艺术采风大会	艺境陈云	8—9 月
	文创产业大会	精致文创 美好生活	10—11 月
宝岛风情	台湾美食节	饕餮盛宴	12—次年 1 月
	国际健康农产品 高峰论坛	绿色健康新风尚	11—次年 2 月

（二）全媒体营销

陈云台湾风情小镇通过传统纸媒广告媒体营销、电商营销和新媒体营销的融合，进一步创新营销模式，通过资源整合、平台整合、信息整合等媒体渠道互补的方式，实现从传统营销向新媒体营销、智慧营销的转变。

1. 纸媒广告营销

通过塑造"陈云台湾风情"品牌，在权威报纸、杂志、期刊上投放介绍陈云台湾风情小镇的评论或软文；面向旅游客源市场，高速公路、高铁站、机场、公交车站等位置精准投放广告宣传，扩大陈云台湾风情小镇的旅游品牌知名度。

2. 电商营销

与携程、驴妈妈、途牛等 OTA（Online Travel Agency，在线旅游代理/在线旅行社）联合开展营销活动，开辟陈云台湾风情小镇旅游介绍的专栏；使陈云台湾风情小镇旅游的民宿、餐饮以及娱乐休闲等旅游接待设施加入携程、途牛等 OTA 的供应商名单中，利用在线旅游服务商的价格优势，定期开展陈云台湾风情小镇的旅游优惠促销和活动推广；对陈云台湾风情小镇的农副产品、文创产品、台湾手信以及旅游纪念品等，积极开拓、开通淘宝、京东、微信等互联网电商平台，兼顾线上线下共同营销。

3. 新媒体营销

建设陈云台湾风情小镇官网，开发智游陈云 APP，并通过陈云微博官方号互动更新、陈云微信公众号创意推文等，定期推送相关资讯，开展线上线下活动，加强与网友的互动交流；同时开展小红书、携程、途牛、去哪儿等 APP 的体验分享、媒体互动分享，与旅游类微博大 V 合作，发布软文，利用其庞大的粉丝群来进行营销推广；在陈云台湾风情小镇举办重大活动期间，可利用斗鱼、抖音、快手等平台，进行网络直播或短视频分享，提升陈云台湾风情小镇的网络参与热度。利用 5G 时代的旅游营销新理念，拓展未来短视频、VR、AR 在旅游营销领域的想象空间；依托高速网络时代下物联网营销更快速、通达率更高、受众面更广的优势，在景点以及上下游产业链等方面，做好内容准备，巧用虚拟现实和增强现实应用场景，借助三维乃至四维视觉营销手段，实现旅游营销颠覆性革新。

第五节　功 能 区 划

陈云台湾风情小镇根据功能分区，进行了特定主题与项目的策划（见表 6-6）。

表 6-6　陈云台湾风情小镇分区重点项目一览表（部分策划）

分　区	主　题	重点项目群
综合服务中心	两岸互动交流，乡村振兴培育	综合服务楼、自主营造馆
海峡梦度假区	乐活山水度假，体味海峡情长	乡栖度假村、陈云乡创营、山水田绿道、半岛童乐园
精致种植田野区	引领精致农业，分享宝岛风情	台湾风情街、美若黎明旅宿、有熊森林旅宿、青农种植园、小丛山茶园、花露芳香园
义门陈民俗区	展现义门文化，传承孝德华章	东佳博学院、义门陈小巷
蕲艾香康乐区	千年蕲药康养，四季游居颐和	蕲艾种植园、艾心露营地、五行百草园、中药养生园

一、综合服务中心

（一）主题

两岸互动交流，乡村振兴培育。

（二）功能定位

打造集旅游综合服务、文化展示交流、对台活动举办、村民自主营造、文化娱乐休闲等功能于一体的综合服务中心。

（三）项目创意

综合服务中心是以自主营造馆和综合服务楼两大建筑为地标。其中综合服务楼依地势选择为"汤匙型"空间结构，与中国四大发明之一的"司南"和星空中大熊星座的北斗七星具有相似的形状，寓意海峡两岸统一的明确方向，人民和谐的一致目标。建筑布局为一主两副三段式折线分布，建筑内设置游客中心、鄂台交流展示馆、会议交流中心等功能区，配套建设文化广场等公共服务设施。自主营造馆是对现有的陈云村村委会址进行改造，借鉴台湾"乡村社区自主营造"的理念，对村民开展农业科技、生产技能、旅游服务、文创制作等课程的教育培训，提高农民的综合素质，引导农民在加入社区营造的过程中，实现文化创意美丽家园的自主营造。

二、海峡梦度假区

（一）主题

乐活山水度假，体味海峡情长。

（二）功能定位

海峡梦度假区是深度台式乡村度假的体验空间，是集乡村文创、田园度假、亚健康调理、银发养生、滨水休闲、亲子娱乐等功能于一体的山水田园度假区。

（三）项目创意

以旅居度假+乡村文创+山水休闲的模式，引进台湾精致文创理念，营造自然质朴、舒适安全的生活环境。以打造全年龄段的乐活休闲度假体验为目标，辟建乡栖度假村，配套服务设施，同时引入亲子娱乐和滨水休闲项目，建设文创集市，打造乡村文化创意和台湾生活美学体验空间，营造健康、自由、文艺的生活体验度假空间。

三、精致种植田野区

（一）主题

引领精致农业，分享宝岛风情。

（二）功能定位

精致种植田野区是台湾精致农业的展示体验空间，以台湾精致农业和有机种植技术为引导，打造集生态观光休闲、台湾创意农业、台湾风情体验、自然科普教育和乡村民宿体验等功能于一体的特色农业体验田野区。

（三）项目创意

将大自然农田园林艺术与台湾人文风情结合起来。从农田的种植到民宿的修建，完美融合人与自然的和谐之美。打造具有台湾特色的台湾风情街，以台湾经典地标景观、台式情怀式的体验消费开发为主题，实现全新台湾观光体验。引进台湾青年农民种植类目，构建寓教于乐的台湾农业科普体验空间。打造小丛山茶园，设置茶室，让游客在品尝乌龙茶、金萱茶、阿里山红茶、青心乌龙、冻顶乌龙、文山包种、东方美人等台湾茶的同时，感受与生活、环境紧密结合的台湾"茶事文化"。花露芳香园，让游客亲自体验 DIY 花艺作品，感受到花文化的独特魅力。

四、义门陈民俗区

（一）主题

展现义门文化，传承孝德华章。

（二）功能定位

以民俗文化体验为主题，打造集新村改造、民俗体验、研学教育等于一体的乡村民俗文化旅游区。

（三）项目创意

依托两岸陈氏宗亲的乡愁记忆纽带——"义门陈"文化，在保护陈云村村落格局和民居生活环境的前提下，进一步梳理其历史文化脉络，打造以东佳博学院、义门陈小巷和陈云村聚落等多元文化体验为特色的义门陈民俗体验区。打造东佳博学院，弘扬义门陈文化，展示义门陈发展历史和佳话。义门陈小巷主要是展示陈氏精神特点，促进两岸文化交流。

五、蕲艾香康乐区

（一）主题

千年蕲药康养，四季游居颐和。

（二）功能定位

该区定位为以中草药种植为主，辅以中医康养、户外露营等功能，打造中医药健康文化产业体验园。

（三）项目创意

蕲艾香康乐区深入挖掘千年蕲艾和李时珍中医药文化精髓，打造集蕲艾种植、科普体验、中医保健、康疗养生等功能于一体的综合性中医药康乐板块。有利于传播中药文化，促进海峡两岸文化交流和进步。

第六节　投资估算与效益分析及实施保障

一、投资估算

本次规划总投资 4.5 亿元，其中重点建设项目约 3.4 亿元，基础及公共服务配套、品牌营销投资、生态环境保护、景观绿化以及村庄改造等投资约 1.1 亿元（分期投资估算一览表省略）。

二、效益分析

（一）综合效益分析

通过陈云台湾风情小镇的建设，实现政治、文化、经济、民生四大综合效益助推区域发展；通过两岸交流、文化创新、经济效益、民生发展的融合，构建两岸民心相通、交流繁荣文化、文化促进产业、产业保障民生的新模式，树立海峡两岸助推乡村振兴的国家示范新模式。

（二）主要赢利点分析

陈云台湾风情小镇的盈利主要分为政策性收益和特色产业经营性收益两大部分；在项目开发的前期，通过积极对接政府政策性资金补贴和土地、税收优惠政策，减轻企业投资建设负担；项目实现运营后，通过农业产品、旅游休闲、文创研发、康养度假、特色饮食、旅游购物、研学教育等特色产业和业态，获得经营性收益，实现滚动开发和持续性的经济收益。

三、先期建设重点

先期建设重点为小镇的基础配套和公共服务设施建设、精致种植田野区主体项目建设、小镇村庄改造、环境整治以及农业种植的调整，基本实现小镇的初步运营。

1. 重点建设项目（见表 6-7）

表 6-7　陈云台湾风情小镇重点建设项目

序　号	项　目	建设内容或重点
1	综合服务楼	建设完成并投入运营
2	自主营造馆	改造完成
3	陈云村聚落	建筑风貌改造完成
4	蕲艾种植园	种植蕲艾并营造景观
5	精致艺术田	精致种植并打造田野艺术舞台

续表

序　号	项　　目	建设内容或重点
6	浪漫云龙河	河道梳理，廊桥、草庐、景亭等建设完成
7	云山水旅宿	建设栋民3宿，并对云山水湖和樱花林进行景观改造，投入运营
8	美若黎明旅宿	建设20栋民宿和阿里山书店，并投入运营
9	有熊森林旅宿	建设高级宿营地和萌宠家园，开始运营
10	青农种植园	果蔬种植
11	台湾风情街	台湾岛意向湖改造完成，对李银老湾的民居进行改造，打造精致农创营地，开始运营
12	小丛山茶园	配合茶叶3年种植期建设观光茶工厂，引导游客参访制茶过程
13	花露芳香园	花卉种植，花园餐厅、花卉工坊等建设完成并投入运营

2. 基础设施及其他（见表6-8）

表6-8　陈云台湾风情小镇基础设施及其他

序　号	项　　目	建设内容或重点
1	道路工程	一、二、三级道路建设完成
2	交通设施	停车场、候车亭建设完成
3	给排水工程	给排水工程建设施工完成
4	清洁能源工程	农村改灶工程完成
5	环卫工程	农村厕所改造、禽畜圈舍改造、垃圾收集处理体系建设完成
6	农业基础设施工程	农田机耕道路改造、水利建设完成
7	环境质量保护	大气、水、土壤、声音等环境治理保护
8	消防工程	消防通道梳理、消防设施建设完成

四、实施保障

（一）政策保障

作为湖北省台办、省农业农村厅、蕲春县联合培育的重点推介项目，目前政府财政资金在陈云台湾风情小镇基础设施建设上已有投资，通过政策吸引后续资金投入，并将对引入该项目的企业在财政、税收、土地等方面予以优惠政策。

（二）资金保障

1. 政府财政资金

陈云台湾风情小镇在发展和建设过程中，紧密对接国家及省市地区发展政策，积极申报省级和国家级海峡两岸合作与交流、美丽乡村、特色小镇、农村四好公路、乡村旅游重点村、文化产业示范基地、现代农业产业园、农业综合开发土地治理等项目，将陈云台湾风情小镇纳入蕲春国家中医药健康旅游示范区重点项目，争取多元资金支持，特别是在基础工程和配套设施、综合环境整治、农业产业融合发展等方面的资金支持和投入,借力国家政策促使陈云台湾风情小镇迅速成长发展。

2. 融资支持

陈云台湾风情小镇具有投资主体多、周期长、涉及项目复杂的特点,应根据自身实际情况,集合若干投资主体,搭建陈云台湾风情小镇企业基金平台,成立项目运营公司,便于统一开发思路,从整体上对小镇进行建设和运营。

(三)开发运营机制

1. 社区参与机制

吸收台湾社区营造经验,成立小镇村民自组织,借助外部力量自下而上带动社区,通过专家技术支持、企业引导协调、政府的建设补助,调动村民积极性,引导村民参与小镇建设和后期管理,促进陈云台湾风情小镇的持续健康发展。

2. 四方联动机制

建立陈云台湾风情小镇"政村产学"四方联动开发机制,台商投资机构作为项目建设和运营主体,省台办、蕲春县上级政府主管部门为小镇提供政策配套,高校及研究机构提供技术支撑和研究示范,陈云村等村庄作为乡村主体参与村庄建设,四方联动,加强海峡两岸交流与合作,促进陈云台湾风情小镇乡村振兴与农旅融合发展。

(四)人才支撑

陈云台湾风情小镇从筹备开发到投资建设、运营管理离不开人才的支撑和保障,尤其是要重视农村骨干人才、台湾青年农民、新乡村主义者这三类人群的培养和扶持。

农村骨干人才:营造良好的就业环境,吸引小镇农民回流,对其加强旅游服务意识、生产经营技能和相关法律规范的培训,培养一批本土农村骨干人才,促进陈云台湾风情小镇经济和社会和谐发展;台湾青年农民:导入台湾青年农民创业者,营造良好的政策、资金、税收和人才保障环境,吸引一批优秀的台湾农业技术人员、农旅项目从业者、文创设计工作者等人才到陈云台湾风情小镇创业,参与到小镇的理念导入和项目落地与经营中;新乡村主义者:畅通人才下乡通道,建立健全人才基础服务保障,吸引一批有情怀的大学生"村官"、新"乡贤"、乡村旅游职业经理人、乡村文创艺术家、建筑及景观设计人员等扎根陈云台湾风情小镇,为小镇建设注入新的活力。

 讨论

简要阐述陈云村台湾风情文化产业集聚区的创新点,并谈一谈带给你的启示。

第七章

遗址策划案例：
武当·太极湖文化产业集聚区

 本章学习要求和目标

要求：

熟悉遗址类文化产业集聚区策划与规划的流程，归纳总结经验。

目标：

通过案例学习与讨论，学生能够在案例的整个流程中归纳总结经验，熟练运用到日后的策划与规划实操环节当中。

继湖北省提出"建设文化强省"的战略目标之后，十堰市亦提出"文化强市"的发展战略，朝着建设鄂豫陕渝毗邻地区中心城市的目标奋进。根据《十堰城市发展规划（修编）》《十堰汉江生态经济带总体规划》《十堰市社会经济发展"十二五"规划纲要》，当地确立以旅游业为突破口，实现该区域的可持续发展的基本思路，致力于打造国际级的文化旅游项目群，进而推动鄂西生态文化旅游圈发展。由武当山旅游经济特区和太极湖集团共同打造、建设的武当·太极湖文化产业集聚区，探索将武当山世界文化遗产资源与特色生态资源在现代文化产业平台上融合发展，既是落实国家"文化强国"战略的具体实践，又能优化全省文化产业结构布局，服务地方规划目标，带动区域经济社会综合发展；现已成为一个集观光、休闲、度假于一体的知名旅游目的地。

本章内容依据武当山太极湖集团委托武汉大学国家文化创新研究中心编制的《武当·太极湖文化产业集聚区（2011—2020年）》改编，立足国际视野，对策划区域围绕"文化遗产和生态资源的保护与提升"这一理念进行了实践创新探索。

第一节　策划缘起

一、战略背景

（一）可持续发展战略与中国发展思路的转换

我国经济自改革开放以来，持续快速增长、总量不断扩大，支撑经济增长的要素条件已发生变化，能源资源约束从紧、环境压力增大、投资带动性趋弱、居民消费比重低、内外需发展失衡和供给结构等突出问题，正在催生新产业的成长和结构性变革。[①]中国发展方式正面临新的挑战，利用中国丰富的文化遗产，发展文化创意产业和旅游产业，契合中国可持续发展战略要求，也是推动中国经济结构转型升级的重要措施。

1. 我国经济增长存在结构性矛盾

改革开放 40 多年来，我国经济总量迅速增长的同时，也出现出一些结构性的矛盾，主要表现为：我国当前经济增长主要依靠要素投入的高增长，而要素的使用效率和技术水平没有相应提高，反而随着要素投入的增加呈现下降趋势，属于粗放型的增长，对经济的长期增长产生了负面的影响和限制，导致生态环境恶化劣化；经济增长越来越受到资源环境承载力的制约，不足以支撑长期稳定的经济增长，必须加快产业结构调整步伐，转变经济增长方式。

2. 发展文化产业是产业结构转型的重要途径

当前文化产业已经纳入国家战略层面，文化产业的发展创造了极大的经济效益和社会效益，逐渐成为我国可持续发展的新动力。文化产业有"无烟产业""朝阳产业"的美誉，大力发展文化产业不但可以缓解日益紧张的资源约束、降低能耗、增加就业、促进社会资本合理流动，而且能够推动产业结构升级。以文化驱动发展旅游休闲、生态农业、工业设计等相关产业，可以全面带动第一产业、第二产业和第三产业，使经济增长方式由粗放型向集约型转化、由高碳型向低碳型转化、由投资拉动型向创意和技术创新型转化，从而实现社会经济文化的可持续发展和和谐发展。

文化产业的发展能有效推动经济增长、缓解资源与环境的压力、创造就业机会、促进社会和谐并增强文化软实力。以科技、创意高度密集的文化产品生产，能够衍生出为之服务的新兴产业，由此拉动产生十分可观的就业机会。而文化产业的繁荣发展将提高智力资源对物质资源的替代程度，既有助于改变目前我国在国际分工中的产业链末端地位，又有助于缓解经济增长与资源、环境之间的矛盾。

[①] 白津夫. 加快发展方式转变的重点与主要任务[J]. 理论参考，2010，9（9）：14-16.

（二）党的十七届六中全会的历史性战略机遇

文化产业集聚区的发展，不仅需要强大的资源支持，亦有赖于良好的外部环境。国际、国内各种因素综合作用形成的战略机遇，能为国家（地区）经济社会发展提供良好的机会和境遇，其中也包括对文化产业集聚区的历史命运产生全局性、长远性、决定性影响（见图7-1）。

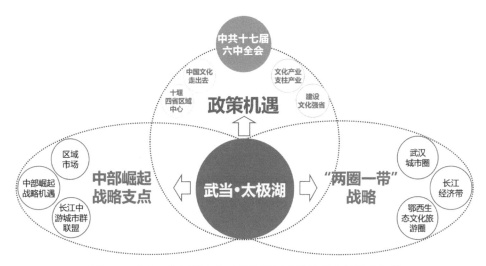

图 7-1　武当·太极湖文化产业集聚区建设的历史性战略机遇

1. 政策机遇

2011 年 10 月，党的十七届六中全会通过《中共中央关于深化文化体制改革推动社会主义文化大发展大繁荣若干重大问题的决定》（以下简称《决定》），从时代要求与战略全局出发，提出了建设社会主义文化强国的战略目标，明确了当前和今后一个时期文化改革发展的具体任务。这为武当·太极湖文化产业集聚区的发展，提供了重大战略契机和政策机遇。武当·太极湖文化产业集聚区的建设契合《决定》推动文化产业实现跨越式发展的基本思路，地处中西部地区的地理区位有利于进一步优化文化产业布局，促进经济欠发达地区的文化产业发展；通过构建结构合理、门类齐全、科技含量高、富有创意、竞争力强的现代文化产业体系，致力于打造具有国际影响力的文化产业区域中心，形成具备太极文化内涵的特色县、特色镇、特色街、特色村等，从而提高文化产业规模化、集约化和专业化水平。武当·太极湖文化产业集聚区利用多渠道、多层次、多形式开展对外文化交流，促进太极文化走出去。

湖北省提出"建设文化强省"的战略目标；十堰市正朝着建设鄂豫陕渝毗邻地区中心城市的目标奋进，提出"文化强市"战略。建设武当·太极湖文化产业集聚区，既是落实国家"文化强国"战略的具体实践，又能优化全省文化产业结构布局，服务地方规划目标，带动区域经济社会综合发展。因此，国家、湖北省、十堰市、武当山旅游经济特区等通过系列配套政策和重要措施的组合实施，能够产生巨大的政策叠加效应和助推作用。

2．成为中部崛起的战略支点

2004年中央在国务院《政府工作报告》中首次明确提出促进"中部地区崛起"战略，中部六省在经济、社会、城乡建设和民生等方面出现了快速、稳定的发展，但从横向看，仍有较大差距，中部地区仍然面临巨大的经济增长压力。

中部地区的崛起需要世界级的城市群作为增长极，以区域内各中心城市共同利益为纽带，建立区域大市场，形成区域协调发展机制，实现中部经济一体化。从历史渊源、发展阶段、经济基础等方面看，长江中游城市群具有建设成为未来中国经济增长极的优质条件。随着武汉城市圈、长株潭城市群和环鄱阳湖生态经济区一体化进程的加快推进，相互联结、交互影响的长江中游城市群，将形成更高层次、更大范围的广阔合作空间。长江中游城市群的健康快速发展，对促进、加快中西部地区发展、加快长江流域开发开放、促进区域经济协调发展具有重要的战略意义。未来长江中游城市群应该也必将是一个多中心、网络化、生态型、现代化的城市群。

在"中部地区崛起"的战略背景下，建设武当·太极湖文化产业集聚区具有非常重要的价值。武当·太极湖文化产业集聚区有条件建设成为我国尤其是中西部地区实现跨越式绿色发展的示范区。以武当·太极湖文化产业集聚区为载体，聚集文化产业政策、资金、人力、社会注意力等资源，促进大武当区域文化产业发展，进而实现引擎功能，成为大武当区域综合发展的增长极，从而成为中部崛起的战略支点。

3．符合"两圈一带"的战略需要

实施"两圈一带"战略是湖北省委、省政府围绕构建促进中部地区崛起重要战略支点目标做出的重大战略部署。"两圈"是指武汉城市圈和鄂西生态文化旅游圈，"一带"指的是长江经济带。"两圈一带"战略是总体性的框架设计，作为一个有机的整体，武汉城市圈是全省经济发展的龙头和核心区域，鄂西生态文化旅游圈是对武汉城市圈的呼应和拓展，而长江经济带是贯穿全省东西的纽带、全省经济发展的主轴，具有肩挑鄂西和鄂东的"扁担功能"，是带动"两圈"、促进经济协调发展的重要空间载体。力求通过圈圈互动，圈带互动，扩大各个区域资源配置空间，创新省域空间协调发展格局。长江经济带将武汉城市圈、鄂西生态文化旅游圈有机串联为一个整体，湖北将形成以武汉为龙头、长江经济带为主轴、武汉城市圈和鄂西生态文化旅游圈为两轮的"两圈一带、双轮驱动"新格局。这种格局将是湖北发展史上从未有过的、全新的局面[①]。

武当·太极湖文化产业集聚区属于鄂西生态文化旅游圈域，自然景观独特、文化底蕴深厚，是鄂西生态文化旅游圈建设的重要增长极，也是"两圈一带"战略实施的重要着力点之一，将极大推动鄂西生态文化旅游圈文化经济社会的整体发展，对湖北省经济社会发展的带动辐射作用也将日益突显。

二、创意源起

武当·太极湖文化产业集聚区具有难得的历史机遇，无论是国家产业政策导向，还是

---

① 吕东升．推动湖北科学发展的大战略——关于"两圈一带"战略的总体解读[J]．湖北社会科学，2009，23（9）：56-62．

区域政策扶持，抑或南水北调工程的发展机遇，都给武当·太极湖文化产业集聚区提供了得天独厚的发展条件，并为其良性发展提供了稳定、可靠的保障。

文化产业集聚区是新时期下文化产业集约化、专业化、国际化的发展趋势导致的必然结果，也有赖于原本的优质文化资源。武当·太极湖文化产业集聚区开发模式构想的提出，既是基于我国文化产业发展实践的经验总结，也是基于文化遗产保护和开发的时代需要。

（一）武当山文化资源价值的延展

武当山东接历史名城襄阳市，西靠车城十堰市城区，南依原始森林神农架林区，北临大型人工淡水湖丹江口水库，是国家级重点风景名胜区、国家地质公园。武当山又名太和山、仙室山，绵亘 800 里，被誉为"自古无双胜境，天下第一仙山"，明成祖时期一度以"太岳"为称，位尊五岳之上，自然风光以雄、险、奇、幽、秀等特色而著称，是闻名遐迩的道教圣地和世界文化遗产"湖北武当山古建筑群"所在地。

武当山拥有悠久的历史文化，优越的地理区位，这使得武当山在湖北鄂西生态文化旅游圈的区域发展中占据了独特的位置。但随着近代以来新式交通工具的发展以及改革开放以后国家发展重心的东移，致使其发展水平与东部沿海发达地区的文化产业相比，存在不小差距。而武当山文化积淀悠久、多样性文化并存，其特有的生态条件、自然资源、文物资源、道教活动资源、民俗资源等具备巨大的产业价值和社会价值，是传承中华优秀传统文化的重要代表之一、文化产业发展的核心资源，吸引和激励着现代人，亟待有序、合理、高规格的开发。

武当山自然资源丰富、文化景观集中，是传承和弘扬中国优秀历史文化的绝好载体，其为现代人提供了感受、体验中华民族独特生产、生活、生存方式的境域。武当山的资源禀赋不仅有利于为区域生态、经济、政治、文化、社会等建设与发展提供源源不断的内生原动力，还有利于增强文化自觉和文化自信，进而提升中华民族文化认同。

武当山的战略区位重要，拥有得天独厚的文化遗产资源禀赋，创新要素集聚，旅游资源丰富，开发潜力巨大。想要续写"武当山·太极湖"大山、大水、大人文的辉煌传奇，必须进行高起点、高品质的战略策划。武当太极湖集团为此开始谋划筹建武当·太极湖文化产业集聚区，积极探索将文化资源转化为产业优势的道路。武当·太极湖文化产业集聚区策划，将有利于抢抓国家战略机遇，在中部地区的经济区建设中实现区域综合发展；有利于进一步集聚创新要素、发展新兴产业、加快区域产业结构升级，有利于进一步完善区域功能、提升地区形象、优化空间布局、促进城乡进一步融合发展；有利于进一步优化区域经济结构，增强辐射带动力。

武当·太极湖文化产业集聚区的策划是以文化资源保护和适度整合开发为基本前提，通过框架完整、内容丰富、视野开阔、立意高远的规划思路，整合武当山地区的文化资源进行有效的战略设计，充分发挥文化资源的经济价值、社会价值，以达到既保护文化景观和文化生态活态传承，又为区域现实经济社会发展服务的目的，是一种文化资源保护与开发并重的运营模式与管理模式。

因此，策划之初，总体目标的阐述必须明确、具体，在重大项目的设计上应进行高起点、高标准的概念性设计，研究、探寻、建立适合国情的文化资源管理保护开发模式，制定有效的保护、开发措施，统筹安排文化资源的保护、传承、发展与创新，充分发挥武当山太极文化资源的优势，拓展太极文化资源开发的新领域。

（二）太极湖商业概念的确定

武当·太极湖项目是 2007 年武当山旅游经济特区政府确定的招商引资项目。2008 年开工以后，国务院出台了扶持旅游产业的意见，后来又把旅游确定为战略支柱型产业。从 2008 年 10 月份开始，金融危机逐渐波及我国实体经济。湖北省的经济发展也面临发展瓶颈，旅游业境况不佳。与周边临近省份相比，湖北缺少类似河南少林寺、湖南张家界、四川九寨沟等响亮的旅游品牌。武当山是湖北省"一江两山"旅游发展战略的重要构成部分，相较于另一"山"——神农架而言更具有文化内涵上突出的优势，所属区域拥有世界文化遗产、丹江口水库和"卡车之都"三张响亮的名片，工业、文化、旅游、生态资源一应俱全。

在文化方面，武当山是全国四大道教圣地之首，也是武术之乡，还是举世闻名的太极拳术祖庭，具有自然观光、文化体验、休闲度假、康体养生等产业化发展潜质。鉴于此，武当·太极湖的商业概念初步确立。

（三）区域条件

武当·太极湖文化产业集聚区依托十堰市和武当山旅游经济特区的基础来发展与建设。世界文化遗产武当山古建筑群、南水北调中线工程调水源头丹江口水库和世界第三大商用车生产商东风商用车公司总部所在地，是十堰市和武当山拥有的世界级资源，并逐步形成"一主四大"多元支柱共同支撑的产业格局，其中尤以汽车为主导的现代制造业、以武当山为龙头的旅游产业发展迅速，为武当·太极湖文化产业的发展构筑了强大的基础平台。

三、现实意义

相比于撒哈拉沙漠、死海、百慕大三角区等，同处于北纬 30 度"人类文明发生黄金线"的鄂西地区自然山水瑰丽秀美，人文景观奇特壮观，生物资源丰富多彩，遗址遗迹保存完好，建筑设施气象万千，是皇天后土"恩赐"给中华民族的"精致礼物"，创造了发展文化旅游产业的优越环境[①]。武当·太极湖文化产业集聚区建设，形成地区乃至全国文化产业高地，实现武当文化资源的合理开发，建立完善的产业链条，并进行资源的整合才能使文化资源转化为产业，进而完成有效布局、优化区域产业结构的目标。

（一）建设武当·太极湖文化产业集聚区有利于促进遗产保护、经济发展与生态环境保护之间矛盾的解决

在我国 40 多年的经济快速发展过程中，人口增加、农业与工业综合开发规模的不断

---

① 傅才武. 武当·太极湖文化产业聚集区：区域综合协调发展的新引擎[N]. 湖北日报，2010-10-14（16）.

扩大使得对资源的利用强度日益扩大，加剧了本已经短缺的资源和脆弱的生态环境所面临的压力，激化了文化遗产保护与土地资源紧张的矛盾。生态环境恶化趋势不从根本上扭转，将成为制约整体可持续发展的突出瓶颈，也无法保障顺利保护历史文化遗产。因此，保护遗产、发展经济与生态环境可持续发展的矛盾必须有解决之道。

结合大武当地区资源、文化、产业经济体系特征和库区移民工程的城镇化建设，发展文化产业既是优化国民经济结构，也是促进大武当地区文化、经济、民生、生态、综合协调发展的解决途径之一。建设武当·太极湖文化产业集聚区是改善生态环境的基本依托，是保护大武当地区文化遗产资源的重要保障，是促进区域经济社会发展的战略举措，有利于破解世界性移民难题，对中部地区稳定与发展也将产生积极影响。

（二）文化产业具备生态保护和富民工程的内在逻辑

以武当·太极湖文化产业集聚区的建设破解世界性移民难题，为水库移民提供就业机会，从而避免生存发展的生态破坏，有效实现文化遗产与文化富民一体化、生态保护与文化富民一体化。

发展文化产业，具备生态保护和富民工程的内在逻辑。文化产业发展的起点与核心都要求遗产保护与生态建设优先，这一基本理念突破了人与自然之间"主体与客体""利用与被利用""控制与被控制"的传统关系模式，是顺应世界发展潮流的绿色发展模式。就发展层面而言，是继粗放式发展阶段之后的新型发展阶段；从经济层面而言，是继农业经济、工业经济、商品经济之后的新型经济发展模式；从文化层面来说，变单一发展模式为现代化的、复合的文化产业体系。移民通过保护环境资源发展文化产业获益，进而为保持收益持续递增，由自发变自觉保护生态环境，形成可持续的内生发展模式。文化资源因经济社会发展而"溢价"、文化资源因融入区域社会发展进程而成为一种结构性力量，武当·太极湖文化产业集聚区的建设有望重建人类社会发展与自然发展的协调统一，实现文化遗产和生态环境的理性统一。

（三）建设武当·太极湖文化产业集聚区、发展文化产业是解决民生难题的重要途径

武当山原有文化内涵代表中国传统文化价值体系，博大深邃的太极文化和灵秀绮丽的仙山圣水，是武当·太极湖文化产业集聚区的源头活水，源远流长，生生不息。

武当·太极湖文化产业集聚区建设，在将文化产业以现代生产方式诠释、演绎的过程中提供大量就业机会。得到受益的社区居民，会自觉激发保护文化遗产资源的热情。建设武当·太极湖文化产业集聚区不仅可以推广传统文化符号，提升武当山水形胜的知名度，还为当地居民、包括水库移民解决实质性的民生问题，有利于促进整个区域经济社会发展。

四、基市思路

武当·太极湖文化产业集聚区建设的基本思路是，秉承优质遗产资源、整合文化要素禀赋，发挥比较优势，吸引技术、信息、管理、资金、人才、政策乃至注意力等软资源的

注入，促进文化遗产与生态资源有效、深度融合，实现文化及相关产业的集聚发展（见图7-2）。

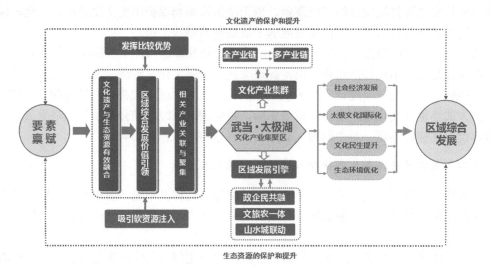

图 7-2　武当·太极湖文化产业集聚区建设思路

　　通过武当·太极湖文化产业集聚区的建设，打造围绕武当太极文化为核心的文化产业集群，运用全产业链模式与多产业链的融合，整合与运作文化产业的上下游资源，发挥聚合效应、实现价值增值。成为区域发展引擎，推动政企民互融、形成文旅农一体发展模式，完成山水城联动。武当·太极湖文化产业集聚区的成功打造将发展社会经济、提升文化民生、优化生态环境，并有效推动太极文化国际化，且良性反馈文化遗产保护与生态保护，为我国中西部欠发达地区提供"经济—生态—民生—社会"综合发展的范本。

第二节　发　展　条　件

一、区域概述

　　武当·太极湖文化产业集聚区位于湖北省西北部十堰市境内，处于鄂西生态文化旅游圈，西靠车城十堰市城区，南依原始森林神农架林区，北临大型人工淡水湖丹江口水库。

　　十堰市是郧阳地区的后继者，成立于1969年，位于中国中央山地秦巴山区汉水谷地，湖北西北部，汉江中上游，跨东经109°29′至111°16′，北纬31°30′至33°16′。全市国土面积2.36万平方千米，中心城区城市建成区面积80平方千米，人口80万。辖两区五县一市（茅箭区、张湾区、郧县、郧西县、竹山县、竹溪县、房县、丹江口市）及十堰经济开发区、武当山旅游经济特区，总人口334万。全市民族构成以汉族为主，兼有部分少数民族，在郧西有唯一一个回族乡。从全国的区域划分上来看，十堰位于华中、西南、西北三大经济板块的结合部，是长江中上游的重要生态屏障，也是鄂、豫、陕、渝毗邻地区唯一的区域性中心城市，起着承东启西、通南达北的区位优势，是鄂西生态文化旅游圈的中心城市之一。十堰市还是全国内陆地区唯一的国家级园林城市，是三峡—神农架—武当山—西安黄金旅游线上的一颗璀璨明珠。[①]

武当·太极湖文化产业集聚区的规划范围东至龙王沟村以东；西至特区西边界；北至特区丹江口水库（太极湖）分界线；南至汉十高速。规划范围总面积 58.67 平方千米。其范围涵盖武当山旅游经济特区北部井沟村、西沟村、柳树沟村 3 个村全部范围，以及龙王沟村、金花树村、遇真宫村、元和观村、杨家畈村、石家庄村、老营宫村 7 个村的部分范围（见图 7-3）。

图 7-3　武当·太极湖文化产业集聚区区位关系示意图

二、资源禀赋

（一）资源列表

巍巍八百里太岳武当，雄镇我国地理中央地带而统摄四方。这座神奇、神秘、神圣的大山，相传自古以来就是真武大帝修真得道的圣地。九州寰宇因水神真武的福佑，得以风调雨顺，幸福安康。

仙山圣水，天地和谐。山之厚重尊严，孕育了武当·太极湖以无穷的内涵魅力，而水之灵秀生动，传承了武当山的千年文脉，拓展了这座神奇、神秘、神圣的大山更加广阔的发展空间。文化富集、生态优良、环境友好的文化生态条件奠定了武当·太极湖文化产业发展的良好基础。

① 百度百科. 十堰[EB/OL]. （2011-03-15）[2012-10-17]. http://baike.baidu.com/view/45681.htm.

从文化符号生产、符号消费的角度，将武当·太极湖及其相关资源划分为观赏性文化资源和体验性文化资源两大类，具体归纳见表 7-1。

表 7-1 武当·太极湖资源禀赋列表

类 别	文化资源		主 要 特 点	资源品质	产业化方向
观赏性文化资源	武当山		道教名山，"世界最美的地方之一"	世界级	文化旅游、休闲度假、体育赛事
	太极湖		亚洲最大人工湖，南水北调水源地	世界级	文化旅游、休闲度假、体育赛事
	武当道教建筑		世界文化遗产，中国古代建筑史的奇迹	世界级	文化旅游
	工业遗产		十堰市"中国卡车之都"	国家级	文化旅游
	通识符号	太极图	中国最具代表性的文化符号之一，道教文化的象征	世界级	文化元素虚拟性文化产业衍生产品
		玄武	中国传统文化代表性的文化符号之一	国家级	
	传奇人物	张三丰	武当道教一代宗师，中国武学史上不世出的奇人	世界级	
		真武大帝	武当山道教最高尊神，民间普遍信仰	国家级	
		永乐大帝	远迈汉唐、毁誉参半的传奇帝王	国家级	
体验性文化资源	太极拳术		太极文化与中华武术的结晶，强身健体，道武合一	世界级	文化养生、文艺表演、会展节庆
	太极养生		太极文化与中华医药学的结晶，调和阴阳，顺其自然	世界级	文化养生、文化旅游、会展节庆
	道教科仪		武当道教音乐是国家级非遗	国家级	文艺表演
	民风民俗		武当山庙会是国家级非遗	国家级	文化旅游、会展节庆、文艺表演
	武当山传说		"武当山传说"是省级非遗	区域性	文艺表演
	武当土特产		武当道茶是中国两大宗教名茶，省级非遗；武当蜜橘、丹江口翘嘴鲌是国家地理标志保护产品	国家级	衍生产品

太极拳术是武当山文化资源禀赋中最具有世界影响力的组成部分。作为中华武术"北崇少林，南尊武当"的两大至尊门庭之一，武当武术是中华文化宝库中的瑰宝。

（二）价值评估

1. 文化价值

武当·太极湖文化产业集聚区依托的文化资源蕴含中华传统文化的核心价值观和核心文化概念。在武当·太极湖文化产业集聚区，具备有形的文化遗产和无形的文化内涵，并以时间序列的完整形态呈现（见图 7-4）。

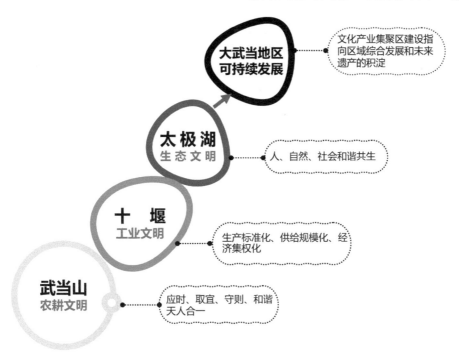

大武当地区
可持续发展 —— 文化产业集聚区建设指向区域综合发展和未来遗产的积淀

太极湖
生态文明 —— 人、自然、社会和谐共生

十 堰
工业文明 —— 生产标准化、供给规模化、经济集权化

武当山
农耕文明 —— 应时、取宜、守则、和谐天人合一

图 7-4　武当·太极湖文化产业集聚区具备的文明形态

集聚区的文化和旅游是以当代人的文化创造和文化消费为支点的，由过去向未来延续发展的遗产价值链，具有历时性特征。从文化内涵看，集聚区借力世界文化遗产、当代工业遗产的文化符号，借助消费者的文化体验，在消费者和社会公众的心智中形成统合完整的区域文化遗产概念，具有共时性特征。从空间结构看，集聚区是山、水、城三足鼎立的对称性结构。

2．商业价值

（1）具有可持续开发的特点，文化消费需求的空间大

大武当地区旅游资源主要集中在山上（北神道段）的道教文化，山下养生度假、水上休闲旅游起步时间不长，太极文化、民俗文化等的挖掘深度明显不足，不仅导致了武当旅游体验的割裂，使人们对大武当多样性的自然人文资源缺乏充分的体验，且大大减少了游客的停留时间。文化消费模式局限于旅游消费，遗产价值开发利用层次尚浅，收益单一。这种近乎遗产资源透支式的消费，对于区域发展的带动作用十分局限，有待提升。

基于武当·太极湖文化产业集聚区的资源禀赋及其分布状况，其理想的发展思路是由目前比较单一的武当山观光旅游，朝着"山上观光，山下体验，水上休闲"的方向变革。这样既有利于从根本上保护武当山文化遗产和太极湖生态环境，又有利于提高游客接待容量和游客的消费效益。投资经营方将会从游客量增加、滞留时间延长中，大幅度提高盈利水平；并激发居民自觉保护与服务武当山、太极湖的热情；有利于武当·太极湖与周围地区建立更为密切的经营联系，合作共赢，促进整个区域经济社会发展。而武当·太极湖文化产业集聚区依托的文化资源具备了资源开发、生产供给和消费体验的完整性。

① 资源开发的完整性。资源开发的完整性是指自然完整和文化完整两个部分（见图 7-5）。自然完整包括自然生态系统的完整以及自然生态过程的完整。武当山与太极湖山水相依，是仙山圣水的完美组合。文化完整既指文化遗产范围上的完整（有形的），又指文化概念上的完整（无形的），以及相应地体现在地理位置上的相互关联性。大武当文化包含道教文化、太极文化（武当武术、太极养生等）、民俗文化、现代科技产业文明等丰富内涵，不仅具有完整的文化特性，还能形成独特的文化供给。

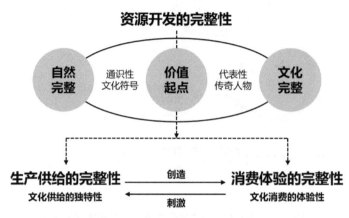

图 7-5 资源开发完整性的解读

② 生产供给的完整性。充分发掘利用多种类型的资源，建设符合文化体验、主题旅游、自助旅游发展方向，全方位满足观光、养身、休闲、会议、度假、探险、娱乐、商业的系列化文化休闲旅游度假服务产业链。完整的文化生产供给可以创造完整的消费体验；具有良好体验性的消费反过来又可以刺激文化生产的进一步供给，形成闭合的良性循环。

③ 消费体验的完整性。包括生产要素的完整性与体验过程的完整性。集聚区的食、住、行、游、购、娱诸要素之间能够完成无缝连接，独特的文化供给能给予消费者全方位的畅爽体验。

（2）世界级的文化资源

武当太极文化底蕴深厚，对中华传统文化的核心气质产生过重要影响，是中华道教文化、太极文化的结晶，在国内外具备巨大吸引力。博大深邃的太极文化体现了中国传统文化一脉相传的人生观、世界观、价值观，是内求性的智慧体系、思想体系，属于中华传统文化核心价值观，具备顶级文化体验的品质。

全世界太极拳爱好者不少于 2 亿人。在海外，太极文化也具备极高的知名度和影响力，是推广和普及最为广泛的中国文化之一，特别是借助太极拳等武术形式，接受程度高。从曾经热映的好莱坞影片《功夫熊猫》即可见一斑。

（三）交通区位

武当·太极湖文化产业集聚区的交通区位优势显著。郑渝高铁、西武高铁和银武高速等交通干线在此汇聚。郑渝高铁一线贯串武当山、神农架、长江三峡，西武高铁是联通武汉与西安的高速交通线，将传统的陆路交通从 10 余小时缩短到 7 个小时，形成独具特色的"武汉—西安"旅游带；银武高速和西安至十堰的高速已全线贯通；围绕武当·太极湖区域，一个以大交通支撑大旅游、大概念带动旅游大产业发展的局面正在快速形成。借助水路、陆路和空中交通，2 小时以内可达宜昌、西安、郑州等地；4 小时以内交通可达武汉，5 小时可达重庆。

三、产业基础

武当·太极湖文化产业集聚区依托十堰市的基础来发展与建设。

1997 年 11 月，十堰市武当山旅游经济特区正式成立。武当山旅游经济特区旅游业强劲增长，经济社会全面发展。2010 年，全年完成国内生产总值 9.61 亿元，同比增长 47.1%；综合财政收入达到 3.2 亿元，同比增长 72.2%；接待旅游人数 230 万人次，门票收入首次过亿元，达到 1.25 亿元。客源市场由传统市场和周边市场向北京、上海、广州、长沙等中远程市场扩展，远程和海外市场游客超过 20%。游客停留时间也由以前的一天延长到现在的 1.5 天或 2 天以上。2011 年接待旅游人次数达 330 万人次，旅游收入达 20 亿元。据预测，未来 5 年武当山的游客量将有更为明显的倍增效应，2012 年将达到 400 万人次，2013年 500 万人次，2015 年有望突破 1000 万人次，旅游收入突破 50 亿元（见图 7-6）。旅游流必将为武当·太极湖文化产业集聚区的可持续发展带来足够的客流、物流、信息流、资金流和人才流。

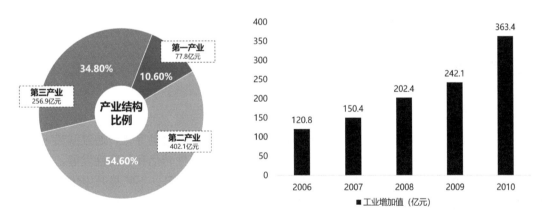

图 7-6　十堰市经济社会发展[①]

"十一五"期间，十堰市的产业结构中，还是以第二产业为主，比例过半，且呈不断增长之势。因此，第三产业的发展尚且存在很大的上升空间（见图 7-7）。

[①] 十堰市统计局. 十堰市 2010 年国民经济和社会发展统计公报[EB/OL]. (2011-04-01) [2012-10-20]. http://www.tjcn.org/tjgb/17hb/19434.html.

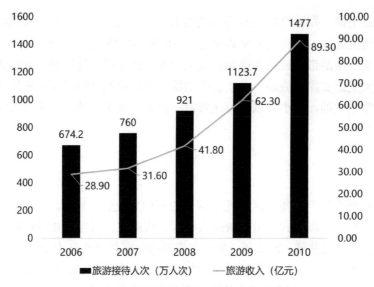

图7-7 "十一五"时期十堰市旅游接待情况

武当·太极湖文化产业集聚区依托十堰市已有的产业基础来发展文化产业。十堰市业已形成的产业格局为武当·太极湖文化产业的发展构筑了强大的基础平台。但是区域短板仍然客观存在，产业发展后劲不强，文化产业发展总体水平偏低，发展方向单一，亟待全面整合优势资源，转化为生产力。

第三节 目标定位

一、战略定位

（一）国际战略定位

立足于建设中华文化走出去的传播高地，积极推动太极文化世界化，通过武当·太极湖文化产业集聚区系统整合、全面推进中华传统文化的创造性转化和创新性发展，推动太极文化在全球的有效传播，促进我国文化自觉和文化自信的提升，不断提升中华文化的国际影响力，发展国家文化软实力，成为中华文化复兴的重要一极。

（二）国内战略定位

立足于文化产业和相关产业协同共生，通过建设武当·太极湖文化产业集聚区，精心培育湖北文化龙头企业，积极打造中部文化产业高地，大力改善区域文化民生，积极建设国家文化产业示范区，坚持国家文化软实力发展和区域综合发展的价值引领，借鉴国内外的案例经验，高起点、高规格地发展独树一帜的文化产业太极湖模式。把武当·太极湖文化产业集聚区建设成为世界太极文化的研发、展示、体验和传播中心，奠定创建未来太极新遗产的基础。

（三）区域战略定位

立足于区域布局的优化、完善，通过建设武当·太极湖文化产业集聚区带动大武当地区的综合发展，打造四省（鄂豫陕渝）区域中心，推动鄂西生态文化旅游圈建设，支持湖北省"两圈一带"战略实施，使武当·太极湖文化产业集聚区成为撬动中部崛起的一个战略支点。

（四）旅游形象战略定位

"问道武当山，养生太极湖"。

武当山作为世界文化遗产，是中国道文化、太极文化的典型代表，能够为中外旅游者提供最深层的文化体验，也是建构特色文化旅游产业链的价值原点。太极湖作为南水北调工程的水源地，其生态资源是最优质的康养资源，能够为现代社会的人们提供一种世外桃源式的旅游养生圣地。武当山与太极湖的有机结合，形成了文化符号与文化消费、文化与旅游价值链的有机连接，历史文化资源渗入到文化体验过程之中，建构起独一无二的文化旅游形象。

二、战略目标

（一）国家文化产业示范园区

1. 创新中国文化产业发展的示范模式

以太极文化和大武当地区的遗产与符号为基础，以文化思想和观念的输出为根本，以价值创新与传播为路径，坚持市场化道路，坚持当代文化旅游消费需求导向，构建文化产业聚集区，打造"太极天堂"特色品牌，整合文化、旅游、土地、信息、资金等资源，延展产业链，建立文化企业和文化项目的协同机制，发展多元化的文化产业板块和复合型文化产品结构，辐射引领大武当地区，形成文化与经济、文化与生态、文化与民生协同共进的区域综合发展模式，打造中部文化产业航母（见图7-8）。

（1）理念维度：顶级文化品质+价值创新与传播+区域综合发展

① 顶级文化体验品质。"太极"既是阐明宇宙从无极而太极，以至万物化生过程的哲学概念，又是"天人合一""内外相谐""合和达道"中华传统文化精神的集中表现，深刻影响着中华文化流变，是中国人民为世界文化思想体系贡献的、价值突出的文化思想和价值观念。太极文化是中华民族充分肯定自身文化价值、坚信自身文化生命力的重要基石，是在全球化的世界里输出中华传统文化思想和价值观念、树立中华民族文化精神、强化中国文化软实力的重要平台。

集聚区的山水形胜与太极文化天然相连，太极文化内涵附着在武当道教、道教古建筑群、太极拳等多样化的文化遗产和文化符号中，成为太极文化思想和观念输出的重要基地。

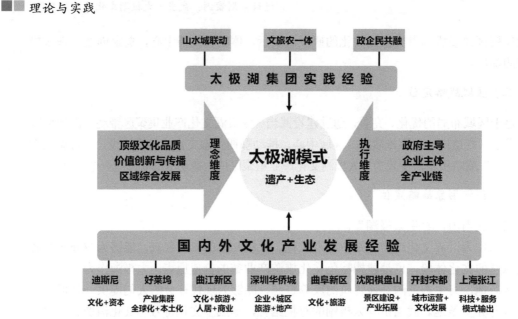

图 7-8 武当·太极湖文化产业集聚区的发展模式示意图

武当·太极湖文化产业集聚区以山水形胜为载体，以太极文化为主题，以武当道教、太极拳术、太极养生为主体，以大武当区域其他文化遗产为延展，形成顶级文化体验品质。其外向表征是以"太极天堂"为品牌的太极文化产业全产业链、冠名为"太极生态博物馆"的移民社区。

② 价值创新与传播。文化是在历史传承中不断获取新的生命力。太极文化是中国传统文化的精髓，也需要面向未来，在当代实现创造性的转换与发展。

武当·太极湖文化产业集聚区以太极文化遗产和文化符号的内涵与价值挖掘为源头，坚持学术保护性研究和当代创造性转换相结合，用现代的方式诠释和演绎太极文化，实现太极文化的价值创新与全球传播。

武当·太极湖文化产业集聚区通过学术研究、创意生产、文化营销、持续关注、参与体验等手段整合资源，构筑太极文化价值中枢，坚持文化产业反哺文化事业，文化事业强化文化价值，形成文化遗产价值创新、传播、传承的良性循环。

③ 区域综合发展。武当·太极湖文化产业集聚区植根于欠发达地区、生态功能限制区，以文化产业为引擎，以区域综合发展为基本的价值取向，关注文化与经济、文化与生态、文化与民生的协同共进，统筹城乡发展，以文化产业促进区域国民经济体系的转型升级。

（2）执行维度：政府主导+企业主体+全产业链

① 政府主导。以文化产业政策为引导，依托政府公共服务，服从政府公共管理。

② 企业主体。以太极湖文化投资集团为运营主体，坚持市场化运作机制，大融资、大投入、大策划，立足市场，整合资源，创意精品，落地运营，服务社会。

③ 全产业链。立足于集聚区与太极文化的天然渊源，以文化符号的保护性研究和市场价值挖掘为源头，以文化产业价值链为轴线，以当代文化消费需求为导向，聚合文化产

业项目，构建集聚区文化产业项目之间的协同机制，完善以太极文化体验产品为主体的产品结构，确保太极文化消费体验的本真性，创造集聚区在文化产业内的行业领导力和产业竞争优势，促成文化遗产价值、文化创意策划、文化产品消费体验、文化产业金融的聚集融合，形成区域发展的战略引擎。

2. 中华文明世界旅游体验区

武当·太极湖文化产业集聚区具备形态完整的文化资源，横跨史前文明、农耕文明、工业文明和新时代的生态文明。

位于郧县的史前文明遗址见证了人类祖先最早的足迹。位于武当山的丰富遗存反映了中华农耕文明建立在农业立国、自给自足的物质生活方式之上，应时、取宜、守则、和谐，孕育了家国同构的宗法制度和天人合一、厚德载物的文化精神。十堰——中国著名的汽车城是工业文明的极好注脚，以规模化大工业生产带动区域经济增长的工业社会文明，在这里得到淋漓尽致的展现。而武当山和太极湖所承载的太极文化所倡导的生态文明观念，以人—自然—社会和谐共生为宗旨，以建立可持续的生产方式和消费方式为内涵，引导人们树立持续和谐和包容性的发展观。

文明的更迭沉淀了丰富的文化遗产。武当·太极湖汇集了中华农耕文明典范、当代中国工业文明代表和生态文明建设的践行基地，提供了具有阶段性特征的文明类型发展片段，借助后现代理念实现对传统发展模式的超越，是世界游客体验中华文明的理想空间。打造具有世界影响力的中华文明体验区，必须要从市场需求的角度来凝练建设方向。根据文化旅游者的特征，可以分为目标明确的深度体验者、乐于意外发现的中度体验者和侧重新颖性的观光体验者。武当·太极湖文化产业集聚区立足打造太极天堂旅游目的地。通过将太极文化的遗产故事化、太极文化故事形象化、太极文化意境具象化，为游客提供多元化的体验内容、互动化的旅游方式，奠定"中国第一太极文化品牌"的主流地位（见图7-9）。

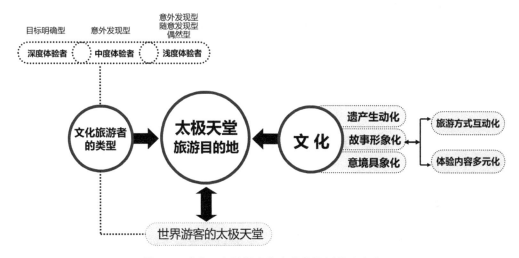

图7-9　武当·太极湖文化产业集聚区战略方向

在文化产业规模上"十二五"末期达到年旅游人次 1000 万，年均增长率超过 30%；年旅游总收入约 100 亿元，年财政总收入增加约 5 亿元；增加服务业就业人数约 5 万人、区域服务总就业人口增加到约 10 万人（见图 7-10）。

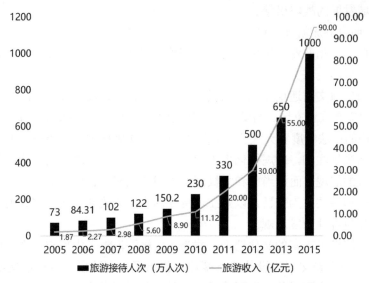

图 7-10　武当·太极湖文化产业集聚区旅游接待规模预测

（二）国际性太极文化交流基地

太极文化在世界范围内传播广泛、深入人心，太极相关书籍被翻译成多种语言，在世界范围内广泛传播，特别是太极拳的保健作用得到全世界的广泛认可。武当·太极文化产业集聚区秉承国际视野，积极开展宽渠道、高层次、新形式的对外文化交流，打造具有国际影响力的文化产业区域中心。

借助于太极文化资源建立中国文化对外传播交流的渠道，推动从中国语境的"中国语言、中国符号"到西方逻辑下的"中国符号、国际语言"，再到体现中国文化自信的"中国语言、国际符号"语境转变，通过发展特色文化产业商业渠道，形成东西方文化无障碍沟通与对话的窗口、世界范围内的太极文化交流中心。

第四节　模式创新

一、文化发展模式

文旅农一体化区域发展模式（见图 7-11），是以区域综合价值为核心观念，以文化为导向、以旅游为抓手、以改善民生，解决"三农"为目的的模式创新。其中，文化是灵魂、是主题、是旗帜；旅游是形式、是载体、是产业动力；农民是主体、是关键，也是服务的提供者和受益者。以文化为灵魂，以文化彰显个性，以文化构建品牌，以文化开拓市场，旅游才能更有生命力、影响力和吸引力。以旅兴农，以农促旅，以景观的概念建设农村，以旅游的理念经营农业，以人才的观念培育农民。通过农业产业化，以及延伸的旅游产业、休闲产业等关联产业的发展，促进农民就业，促使农民、农业、农村转型、升级、发展，保障农业增收、农民致富、农村发展。[①]

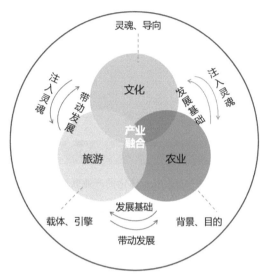

图 7-11　文旅农一体化区域发展模式

以文旅农一体化的产业联动形式，高度重视文化产业的巨大促进作用（见图 7-12）。以文化产业为主导，促进旅游产业、养生产业、工业产业、农业产业和服务产业等关联产业的发展；由旅游产业搭建起来的市场平台，不仅能带动餐饮、住宿、交通、观光、商品、娱乐产业等关联产业，还可以开拓文化和旅游消费市场，用文化支撑文化旅游、养生旅游、工业旅游、乡村休闲、度假旅游等具有更高的文化创意附加值与更大的利润空间的衍生产业，将文化资源潜力价值转化为现实生产力；与此同时，带动金融、信息、教育和新闻传媒等配套产业的联动发展，推动各种产业之间相互交叉、相互渗透、相互介入，融合互动，促进区域综合价值实现。

文化产业集聚区是各种生产要素的联结点，是文化产业及其关联带动的多产业和多种社会资源的聚集平台，以文化产业聚集区的建设来搭建区域经济、文化、社会、生态等多维价值协同共生的枢纽，实现区域综合价值（见图 7-13）。

以文化为内核和导向，以旅游为载体和抓手，大力发展文化、养生、度假、乡村特色产业等，实现文旅农一体化的区域发展模式。以文化遗产资源为价值原点和发展轴心；一端连接投资者，一端连接文化和旅游消费者，中间融合社区参与主体，以改善民生为具体目标，实现区域宜居、宜游、宜业的多元化功能建设目标。

---

① 李佐军. 环丹江口区域发展战略研究[M]. 北京：中共中央党校出版社，2012：35.

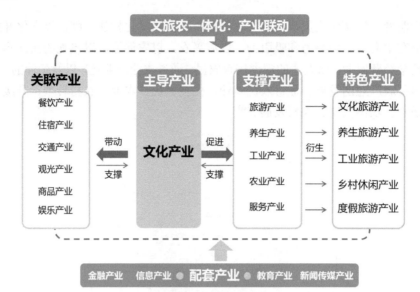

图 7-12　文旅农一体化的产业联动模型

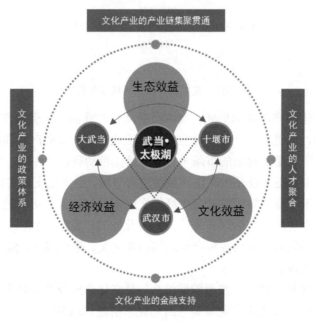

图 7-13　文化产业集聚区的关系节点

二、文化传播模式

武当文化和太极文化具有跨文化对话与交流的潜在能力，能够引导其他层面的文化交流和文化传播。

武当太极文化位于中华文化核心层面，其传播的实质内容是"天人合一""人与自然和谐"的哲学理念和价值观，具有文化产业全价值链的建构能力。

这一过程体现为：构建武当太极文化的特殊符号体系，通过学术研究、价值挖掘和生产要素的聚合，将文化价值符号转换为文化产品，进入文化市场和文化消费领域，借助文化市场的渠道拓展太极文化和价值观的传播交流，最终形成文化影响力和文化魅力（见图7-14）。

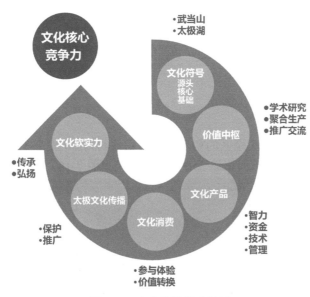

图 7-14　文化传播模式创新

三、文化赢利模式

武当·太极湖文化产业集聚区的赢利模式，不同于一般物质生产领域的产品生产和销售过程，它主体上体现为"创意"将文化遗产资源和生态资源转换成产品和资本、资本反哺文化遗产和生态资源保护的创新过程（见图7-15）。

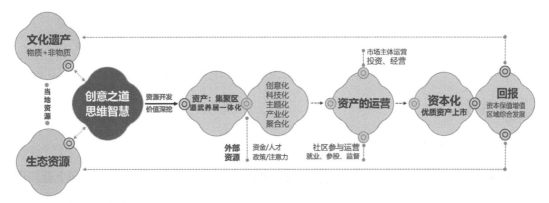

图 7-15　文化赢利模式创新

以武当·太极湖文化产业集聚区作为基础平台，借助于高水平的创意策划，形成文化遗产资源、生态资源与科技、资金、人才及政策深度融合的资产运营机制。同时，发挥集聚区中的不同市场主体（企业群）的资源聚合能力、动员能力和集聚区的业务提携能力，借助于资本市场，实现文化生态资源所承载的经济价值和社会价值的"倍增"，最终以一个更高的螺旋式发展基础上反馈文化遗产保护与生态保护，形成特色文化生态资源—文化资本—文化产业—文化生态资源保护的良性循环。

第五节　空间规划构想

一、规划范围

武当·太极湖文化产业集聚区的初步规划面积大约为 80 平方千米，含 3 大区域、21 个组团、180 多个项目，建筑面积逾 350 万平方米（见图 7-16）。

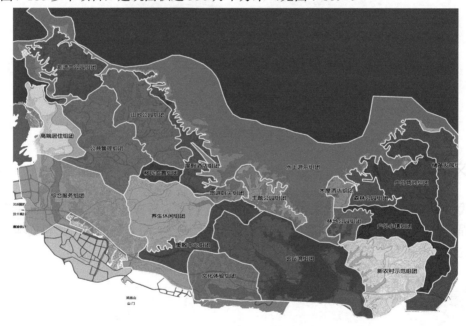

图 7-16　武当·太极湖文化产业集聚区的空间范围

二、空间呼应

（一）文化价值的空间呼应

从纵向上看，文化的发展贯穿社会发展全部历程，具有历时性特征；从横向上看，历史上的任何社会文化形态都必须在现实生活场景中体现，又具有共时性特征。大武当地区文化遗产资源的保护开发与现代社会生产生活方式的融合共生，成为武当·太极湖文化产业集聚区建设的基本道路（见图7-17）。

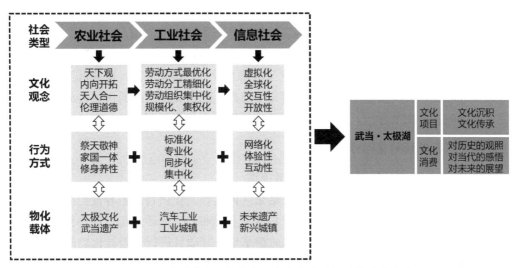

图 7-17　文化遗产资源保护与现代生产生活场景的融合共生

武当·太极湖文化产业集聚区的建设，在内涵上包括了人类文明社会的基本形态，满足了具有时间序列延展的遗产价值链，多样化的文化遗产符号，山、水、城兼具的空间结构，形成文化遗产的对称性布局，能够满足文化消费者观照传统文化、体悟当代文化、展望未来文化的多元化文化消费需求。

1. 武当山与太极湖：文化内涵的时空呼应

武当山作为世界文化遗产是太极文化、武当道教等多种传统文化的凝结，太极湖是武当文化遗产价值的延展，二者在文化内涵上形成时空呼应，成为集聚区建构的两个相辅相成的"两翼"：武当山是集聚区建构的价值来源，太极湖是武当文化遗产资源和生态资源转换成商业价值的枢纽，两者相辅相成（见图7-18）。

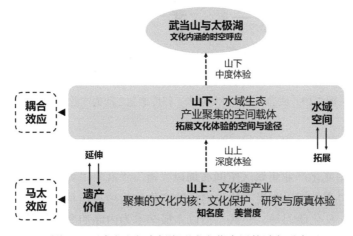

图 7-18　武当山与太极湖形成文化内涵的时空呼应

借助空间区域内的特有资源禀赋，武当·太极湖文化产业集聚区可形成大武当文化差异性的空间布局。山上武当、水域武当和滨湖武当，形成多维立体性空间结构，形成"山上、水域、滨湖"文化旅游功能空间的联动和整个集聚区内的"山、水、城"联动。

2．武当山道教古建与故宫：文化影响力的呼应融合

武当山道教古建筑群源自明成祖朱棣（永乐大帝）"北建故宫，南建武当"，武当山与故宫南北呼应，共同构成中华特色农耕文明遗产。武当文化遗产的价值内涵，与故宫的世界文化影响力，南北呼应，赋予了聚集区的特殊的文化资源禀赋。

（二）产业功能的空间呼应

1．产业项目的差异化布局以促进业务提携

武当·太极湖文化产业集聚区不仅在集聚区内实行文化项目的差异性空间布局，还与鄂西生态文化旅游圈域内已有的产业项目构成差异化布局。如环丹江口经济协作区、十堰新城（工业遗产基地）、郧县（汉江文化旅游基地）等项目进行了差异化功能定位，形成互相联动的功能圈结构。

2．国际文化产业体系内的竞合

武当武术、少林功夫、印度瑜伽各自融合其哲学、宗教和身心和谐之道，形成内外兼修的知识体系，各有千秋。武当武术以太极拳为代表，具有普遍推广价值。而少林功夫和印度瑜伽在产业化、市场化、国际化推广思路和方式上值得借鉴。武当武术和少林功夫的历史渊源和文化关联为集聚区提供了文化价值对话和文化产业竞合的有力支撑（见图 7-19）。

图 7-19　武当武术、少林功夫、印度瑜伽之间的产业竞合关联

三、功能分区

武当·太极湖文化产业集聚区空间布局以"道""武""养""居"为主题，划分不同的功能空间。"道"指以太极文化为内涵的文化体验项目，具体形式有文化旅游、文艺表演、会展节庆、文化研习等。"武"指以太极拳术为内涵的文化体验项目，"养"指以太极养生为内涵的文化体验项目，"居"指以山水人居为内涵的生活组团及产业配套，具

体形式有高端生活组团、移民安置、新农村建设等。

四、建设原则

武当·太极湖文化产业集聚区建设项目以文化产品为依托，以文化体验为途径，促进文化消费与旅游消费深度融合。聚集区空间布局遵循以下原则。

（一）功能引领空间区划，主题统合建筑组群

以文化消费和文化体验为标准，区分文化产业项目功能，要按功能聚合项目、区划聚集区空间，形成道（太极文化）、武（太极拳术）、养（太极养生）、居（移民安置）四大区域，并以之作为空间布局的基础。同时与十堰汽车工业基地、外围文化场馆等场地形成文化内涵上的空间呼应关系，共同创造产业价值。聚集区内部的实体建构分别依附于道、武、养、居四大功能主题，以建筑组群形式承载项目功能和文化消费活动。

（二）形式融合文化符号，风格强化文化意象

集聚区实体建构在建筑、雕塑等造型环节要充分吸收中华传统文化观念和文化符号，尤其是与太极湖形成文化内涵价值呼应的武当、少林、故宫等实体蕴含的观念和符号，用当代的技术、材料、创意来构建统一的聚集区建筑风格，以此塑造太极文化意象。

（三）景观汇聚环境特征，园艺呼应生态价值

集聚区位于鄂西北地区，景观、园艺构建要因地制宜，依山而建、依湖而建，契合并优化自然环境，传承永乐大帝修建武当宫观时秉持的原则"其山本身分毫不要修动"，最大限度保留、提升聚集区的生态和文化价值。

（四）服务彰显以人为本，技术保障智能管理

集聚区构建要立足于市场需求，在太极文化意象中关注当代文化消费者的现实需要，以服务彰显以人为本的价值理念，以技术保障消费者的体验需求。建设文化消费者的服务中心，引入智能化管理系统，保障文化消费者的体验品质和消费安全，推广文化和旅游消费的数字化、开放式、互动式管理。

第六节 产 业 策 划

一、产业链设计

（一）全产业链模式

武当·太极湖文化产业集聚区围绕文化产业的各种业态构建全产业链，以太极文化的

通识性符号和代表性传奇人物为价值起点，进行系统创意；从核心产业着眼，贯通太极文化的聚合生产、体验消费、价值输出以及民生改善等各个环节，构建虚实相生、业态交融、文旅农合一的全产业链，形成多业共生、互为依托的产业体系。通过横向延伸和纵向拉伸产业链的价值链条，以获得更大的增值成长空间。

（二）全产业链+多产业链的有效融合

依托大武当地区得天独厚的自然生态、人文历史资源，加快建设国家级文化产业平台，使之成为项目集聚、资金集聚、人才集聚、信息集聚的增长极，并发挥典型示范作用；通过重点培育和发展实力雄厚、关联性大、带动性强的大型文化企业和企业集团，发挥其在文化产业集群中的资源整合和带头示范作用，推进主导产业的延伸并与关联产业的连接（见图7-20）。

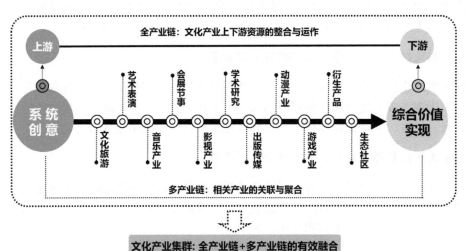

图7-20　武当·太极湖文化产业集群示意图

依托全产业链上游核心——系统创意，打造产品关联度好、带动性强的优势企业和优势产品"链核"，在特定时空内能创造出上下游紧密关联的全新产业链和价值链。在武当·太极湖文化产业集群中，全产业链链条上的"链核"每个相对独立而完整、"合而不同"[①]，同时又形成与相关产业的关联与聚合。这种关联即是形成集聚区产业集群的基础。

二、产业构建

（一）文化旅游产业

1. 发展思路

挖掘武当文化、太极文化和养生文化，提升现有旅游产业业态，延伸旅游产业链条，

[①] 王滨. 当代文化产业发展背景下的产业链、产业集群文化与招商引资[J]. 艺术百家，2011，27（5）：99.

形成内涵更为丰富、形式更为立体、盈利多元化的文化旅游景观集群，实现山水人文资源互融，打造集观光、休闲、养生于一体的国际一流旅游目的地，成为鄂西生态文化旅游圈的核心板块。

运用现代数字信息科技手段，创造特色鲜明的太极文化景观意象和独具魅力的文化旅游产品体系，营造浓厚的太极文化氛围，通过符号化的展示和原真性的体验，提升旅游者的深层文化体验，形成规模效应。

按主题乐园集群模式，构建主题鲜明、相对独立而又相互依存的组团，给予游客完整的消费体验。在传统武当山游线基础上进行延展，集聚区拓展新的游线为：各入口—集散中心—文化广场—遇真宫—博物馆—玄岳门—快艇游湖返回集散中心—武当功夫城—休闲养生区—太极实景秀。

2．基本内容

（1）组团建设。主要包括新遗产公园团、文化体验组团、休闲养生组团等。

（2）项目建设。重点建设太极传奇主题公园、武当功夫城、太极文化中心、太极文化博物馆、太极养生谷、太极观和太极古镇等项目（见图7-21）。

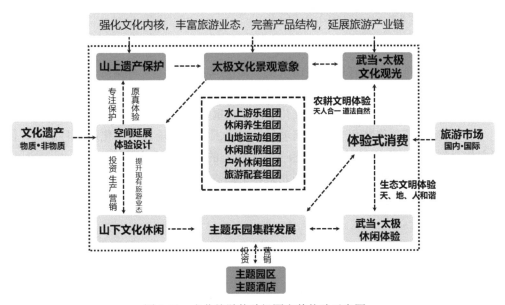

图 7-21　文化旅游体验组团完整体验示意图

（二）演艺产业

1．发展思路

组建太极湖演艺集团，与国际、国内知名文艺演出机构合作开发，创作、打造一批经典剧目，利用太极剧场、武当功夫城、武当艺术馆、太极传奇景区等文化场馆设施和自然山水形胜进行演出。

以原创作品的生产为突破口，参与国际文化竞争；开发《天下太极出武当》舞台剧、

《太极传奇》实景演出，形成多元推进演艺创作的机制和专业化、市场化、品牌化、国际化的演艺产业平台，不断推向国际市场，逐步建立国际太极文化传播与交流的全球网络。

2．基本内容

艺术表演产品，按照演出场地可分为广场演出、剧院演出和实景演出；按照演出形式分为驻演系统、外演系统和巡演系统（见图7-22）。

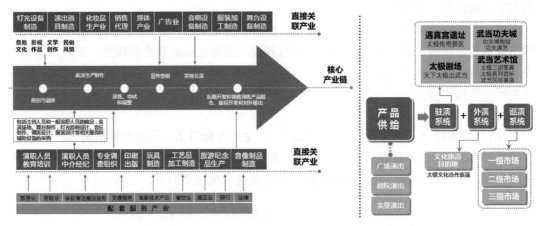

图7-22　武当·太极湖演艺业生产流程与产业体系

（1）驻演系统。重点打造大型山水实景演出《太极传奇》，推出"武当之夜"的剧院版《太极武当·武乐盛典》、大型舞台剧《天下太极出武当》《太极琴侠》等，在武当功夫城打造功夫博物馆，开展武当民俗文化表演；在重要景点开展旅游节目表演或节庆表演。

（2）外演系统。将特色文艺表演项目推向全国演艺市场。在文化旅游目的地，围绕太极文化合作表演，全方位构建以太极文化为核心的多层次演艺系统。

（3）外地巡演。推动经典剧目到北京、上海、港澳台地区及日本、韩国、东南亚、欧美等海内外文化市场巡演，开展文化传播与交流。划分一级市场、二级市场和三级市场，分批推进（见表7-2）。

表7-2　武当·太极湖文化产业集聚区目标市场分类

市 场 类 型	地 理 范 围		
	省　内	省　外	境　外
一级市场	武汉、宜昌、十堰	北京、上海、广州	
二级市场	省内其他区域	郑州、西安、重庆	东亚、欧美、东南亚
三级市场		国内其他区域	世界其他区域

努力构建太极湖音乐体系，以道教音乐的发掘保护研究为基础，进行创意开发。与国际、国内顶尖团队完成线上、线下的音乐产品供给，逐步建立道教音乐传播与交流的全球网络。并进一步生产衍生品，推进道教音乐进入日常音乐消费环节，推出太极音乐节、太极音乐公园和道教科仪社区等（见图7-23）。

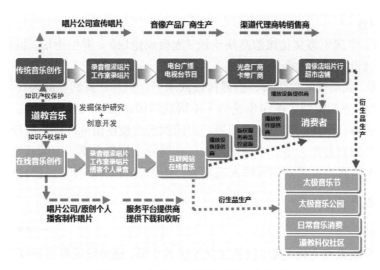

图 7-23 武当·太极湖音乐产业体系

（三）会展节事

1. 发展思路

以武当国际会议中心为平台，配套建设酒店、餐饮、商务、娱乐等服务设施，积极创办和承办各种国际性、全国性和地区性展会，扩大武当·太极湖会展节庆的品牌影响力和产业辐射作用，成为全国性区域会展中心。

策划实施系列文化艺术活动、体育休闲赛事，形成武当·太极湖"会、节、赛"体系，确保"年年有会展，月月有节事"，重点打造《太极湖论坛》《世界养生大会》《世界武林大会》等，打造世界级会展节庆品牌（见图7-24）。

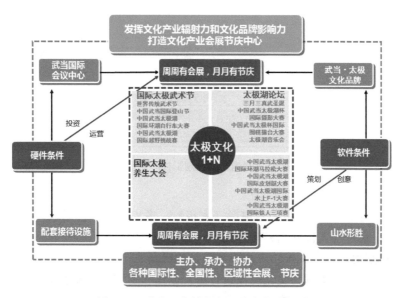

图 7-24 武当·太极湖会展节事产业体系

2．基本内容

（1）会议。中国生态文化旅游高端论坛《太极湖论坛》、养生论坛《世界养生大会》、武术奥林匹克《世界武林大会》等。

（2）节庆。武当国际养生节、世界传统武术节、三月三真武圣诞等。

（3）赛事。分期策划实施印象武当·中国武当国际摄影大赛（展）、中国武当太极杯国际围棋擂台赛、中国武当国际登山赛、中国武当太极湖国际环湖马拉松大赛、中国武当太极湖国际环湖自行车大赛、中国武当太极湖国际皮划艇大赛、中国武当太极湖国际水上 F-1 大赛、中国武当太极湖国际铁人三项赛、中国武当太极湖国际越野挑战赛等。

（四）影视产业

1．发展思路

筹拍系列反映太极文化、武当特色文化的影视作品，逐步发展形成影视创作生产基地、影视风险投融资基地、影视作品拍摄基地。

与广播影视机构和地方政府合作，结合聚集区自然文化景观的营造，规划建设一批影视拍摄外景地，并以此发展影视旅游，发挥影视产业的外溢效应（见图 7-25）。

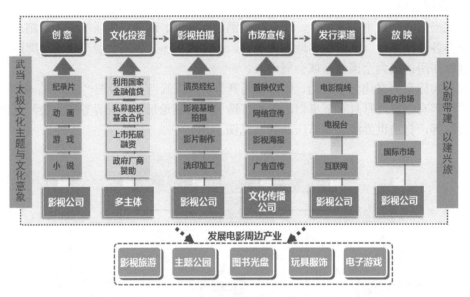

图 7-25　武当·太极湖影视产业示意图

2．基本内容

（1）广电作品。筹拍太极艺术电影《太极》、多集人文电视纪录片《问道武当》、多集人文电视纪录片《太极武当》等。

（2）影视基地。建设武侠功夫片影视作品拍摄基地。

以武当·太极文化主题与文化意象进行影视创作和制作，形成以剧带建、以建兴旅，进而发展周边产业，带动影视旅游、主题公演建设、图书光盘发行、玩具服饰与电子游戏等衍生产品等相关产业。

（五）出版传媒

1．发展思路

深入探索文化资源向传媒出版业转化的渠道和机制，邀请权威学者、知名作家、一流传媒企业加盟，打造反映太极、武当山历史文化主题的系列书籍、音像、网络小说等，形成特色和竞争优势，助推武当·太极湖品牌。

加快演艺、影视、旅游产品的数字化、网络化开发，以数字化技术结合传统平面媒体、互联网媒体、影视媒体，营造网络、广播、报纸等媒介传播系统，广泛推介武当·太极湖文化产品（见图7-26）。

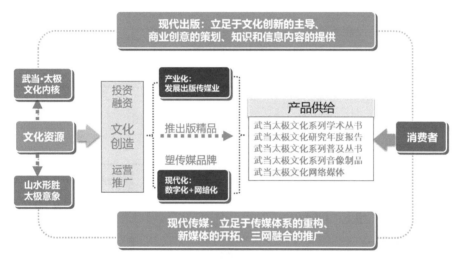

图7-26　武当·太极湖出版传媒产业示意图

2．基本内容

（1）图书音像。推出武当太极文化系列学术丛书、武当太极文化研究年度报告、武当太极文化系列音像制品等。

（2）网络建设。积极推进武当太极文化网络媒体建设。

（六）动漫游戏产业

1．发展思路

与优秀网络游戏开发商（代理商）、动漫公司合作，立足于武当·太极文化元素，策划将虚拟的环境、情节和真实的景观、场景、扮演的角色结合起来，开发拥有自主知识产权的网络游戏、动漫作品，并为影视广电、图书报刊等传统媒体和互联网络、移动电视、数字电视、网络电视、手机终端、电子产品等新兴媒体提供内容服务，增强太极湖的知名度和吸引力。

利用网游动漫特有的升级和序列性，推进虚拟和现实之间的转换，传播武当太极文化品牌；结合聚集区全产业链的规模优势、文化产业集群的综合优势，多层次、深度开发动漫衍生品（见图 7-27 和图 7-28）。

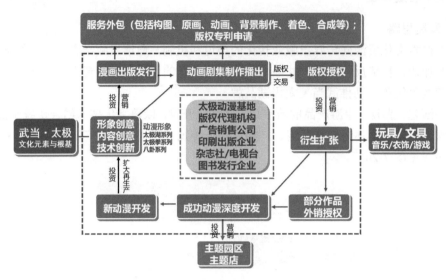

图 7-27 武当·太极湖动漫产业示意图

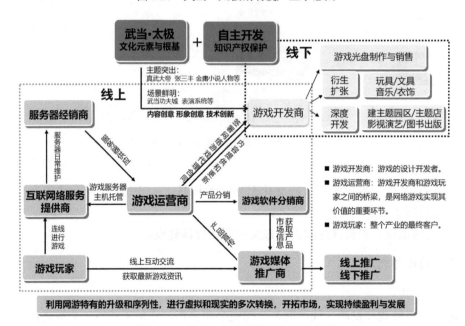

图 7-28 武当·太极湖游戏产业示意图

2. 基本内容

（1）网络游戏。以真武大帝、张三丰、金庸小说人物等为主题的网络游戏、网页游戏等。

（2）动漫作品。以张三丰、永乐大帝等为主角的动漫节目等。

（七）衍生产品

1．发展思路

建立创意研发机构总部、相关文化产品制作基地，融合武当太极文化、地域文化与现代工艺，生产富有武当太极文化特色的精致产品；联合外围相关设计制作群、外协机构群等，合作开发各类文化神韵与时尚元素有机结合的衍生产品，以品牌授权、版权交易等形式，拓展国内外消费市场，开辟文化艺术品产业化的新道路。

集聚区设立专门空间场所，为文化艺术品、旅游纪念品、地方土特产等的生产及交易提供优越的平台与载体，带动地方特色产业发展（见图7-29）。

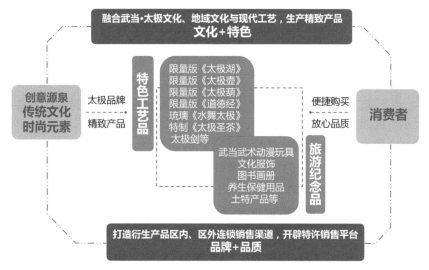

图 7-29　武当·太极湖衍生产品产业示意图

2．基本内容

（1）太极系列。限量版《太极湖》、限量版《太极壶》、限量版《太极葫》、限量版《道德经》、琉璃《水舞太极》、特制《太极圣茶》、太极剑等。

（2）汉水民俗文化系列。反映汉水流域民俗文化的特色工艺品、旅游纪念品。

（3）土特产品。大武当地区出产的道茶、柑橘、水产鱼鲜、中草药、养生保健用品等。

（八）生态社区

1．发展思路

建设太极文化生态社区，打造开放的平台。依托深厚的武当民俗文化与特色产业，大力开展乡村旅游、民宿旅游与休闲旅游，成为聚集区文化产业发展的有机组成部分，积极探索文化旅游与乡村振兴相辅相成的道路。

文化产业与新农村建设有机结合，大力发展农、渔、林、副特色产业，打造乡村新型多业态集聚区，进一步加快经济转型升级（见图7-30）。

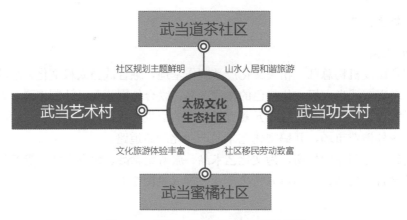

图 7-30　武当·太极湖生态社区示意图

2．基本内容

（1）武当道茶社区。以道茶的生产过程规划社区生产结构和空间形态，集道茶种植、加工、研究、展示于一体。村落景观化，以武当道茶的风土人情、民俗文化为旅游吸引物，开发农耕展示、民间技艺、时令民俗、民间歌舞等旅游活动；打造武当道茶品牌，满足社区移民特色产业致富、旅游者观光体验道茶文化的需求。

（2）武当艺术村。以艺术为主题，吸引世界各地、各类艺术家进驻，集艺术创作、交流对话、互动展示于一体。围绕太极艺术，构建艺术服务产业链。设立村落艺术基金，建立对话世界特色乡村的艺术交流机制。

（3）武当功夫村。以太极拳术平民化为主题，规划社区生产结构和空间形态，集太极拳术大众研习、展示于一体，集中展示大武当地区的特色民俗、仪式活动，将太极拳推广和太极拳体验作为社区移民主要生产活动，满足旅游者学习体验太极文化的需求。

（4）武当蜜橘社区。以柑橘为主题规划社区生产结构和空间形态，从事柑橘种植、初加工、销售等生产活动和柑橘采摘旅游体验项目生产。以太极湖水域和河塘湖滩构建立体山地农业，同时开展橘园观赏采摘等农耕文化体验活动，满足旅游者休闲度假及农耕文化体验的需求。

依托生态社区建村，以 3 个新农村建设点为空间场域，融移民工程、文化生态建设、社区发展于一体，将文化传承、生态保护、生产结构转型和居民日常生产、生活相结合，打造主题突出、特色鲜明、相辅相成、现代宜居的文化生态社区，优化社区产业结构，改善居民生活品质，完善移民社区在文化产业、旅游产业链上的配套服务功能。

第七节　项目策划

项目规划旨在凝练优质创意并落实到具体的地理空间上，形成特色项目，转化为现实的生产力，成为支撑集聚区核心产业发展的杠杆。因此，项目规划是最终落实集聚区创意和战略目标的手段，也是集聚区规划的重点和难点。结合得天独厚的人文资源和生态资源禀赋，整合文化、艺术、创意、旅游、商业资源，形成一批有创意、有价值和有效益的文化产业特色项目，是集聚区规划的核心价值所在（见表7-3）。

表7-3 武当·太极湖文化产业集聚区项目一览表

特 色 项 目	太极 实景秀	武当 功夫城	太极 养生谷	太极 小镇	水上游乐中心
特点	国际平台化的 实景秀演出	国内首家功夫 主题公园	国内首个太极 养生度假区	世界文化遗产体验 和休闲度假消费地	世界级湖泊水上 休闲度假体验地

规划期内，以《太极实景秀》《武当功夫城》《太极养生谷》三大项目为龙头和骨架，搭建特色项目主体框架，项目实景布局如图7-31所示。

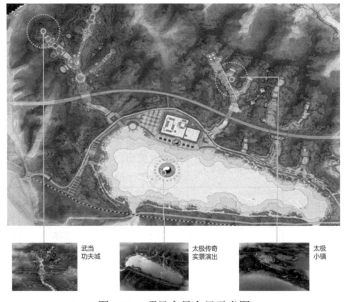

图7-31 项目实景布局示意图

一、大型山水实景演出——《太极传奇》

位于文化体验组团的《太极传奇》主题公园。《太极传奇》大型山水实景演出以武当太极祖庭的历史积淀为文化依托，以阴阳太极精神为文化意境，以中国和谐智慧价值为文化精神，利用遇真宫遗址公园山水相依、藏风聚气、得天独厚的自然环境，引进好莱坞当代国际顶级制作团队，通过国际化时尚流行视听语言的文化诠释力，打造一台内涵深厚、特色鲜明、手法新奇、效果震撼并在国内外具有标志性地位的中国文化山水实景视听盛宴。在当代实景演出激烈竞争的大环境下，它要求必须是全球顶级编导制作团队的鸿篇巨著，必须超越当前国内景区山水实景秀的一般水准和模式。

（一）创意依据

——大型实景秀是具有标志性、震撼力和吸附力的核心文化产业项目。

——《印象·刘三姐》等实景秀，依托名山、名水、名人，通过大投入，获得大收益。

——东南西北都有经典名秀，唯独中部没有。

武当太极湖具有打造《太极传奇》的潜力优势。《太极传奇》大型山水实景演出立足传达武当太极祖庭的文化意蕴，再造文化"新金顶"，与武当山的精华和象征——山上金顶世界文化遗产形成空间的呼应、有形与无形的呼应。

（二）案例分析

分析研究国内外经典秀的得失优劣（见表 7-4 和表 7-5），加以创新。其中，可以借鉴"印象系列"的山水实景秀、"阿依达"以遗址为背景的表现手法；借助高科技实现可旋转座席的观看方式；颠覆"印象系列"的人海战术，转向"高科技+艺术化+小人群"；引进国际性创作阵容，打造一个世界级的全新经典。

表 7-4　国外经典秀

名　　称	主　　题	视　　野	背　　景	地　点	依托景区
法国红磨坊	体现一种奔放与狂欢	国际视野：演员来自世界各地，55%的观众是外国人	改编自印象派大师奥古斯特·雷诺阿的名作《红磨坊》，在红磨坊歌舞厅演出	法国巴黎	巴黎北部蒙马特高地的红磨坊本身已经成为一个景点
《卡门》	演绎下层社会的生活	国际视野：多国元素，全球巡演	基于小说《卡门》	大本营是巴黎喜歌剧院	以歌剧本身作为吸引点，不依托于景区，全世界都有演绎
阿依达	忠诚与背叛，爱情与战争的人类永恒	国际视野：埃及、法国、意大利合作经典	开罗的吉萨金字塔群	埃及开罗	吉萨金字塔群
奥地利音乐剧《茜茜公主》	用歌声和舞蹈去阐述茜茜公主的故事	国际视野：传奇人物、世界乐团、全球巡演	以茜茜公主的故事为背景	起源地在奥地利维也纳	以音乐剧本身作为吸引点，依托维也纳城市背景，全世界都有演绎
太阳马戏团的"0"秀	杂技与水体验的结合	国际视野：世界一流水平、世界最著名的秀之一	美国拉斯维加斯贝拉焦酒店	美国拉斯维加斯	文艺演出与赌场业态相融合，依托赌场炫耀性消费场景
福克斯白老虎兄弟	借助动物来演绎魔幻世界	国际视野：国际水准，全球巡演	拉斯维加斯的海市蜃楼酒店	美国拉斯维加斯	特色演艺与赌场业态相融合，依托赌场炫耀性消费场景

表 7-5　国内经典秀

剧目	投资金额/亿元	主题	实景	资源等级	导演	视野	演出内容
印象·刘三姐	2.5	壮族歌仙刘三姐的传说，漓江山水	阳朔漓江十二座山峰	名人、名水、名山	张艺谋王潮歌樊跃	国际	将刘三姐的经典山歌、民族风情、漓江渔火等元素创新组合，融入桂林山水，是全世界第一部全新概念的"山水实景演出"
印象·西湖	1	体现西湖畔的历史人文和自然美景	西湖	名水	张艺谋王潮歌樊跃	国内	以西湖浓厚的历史人文和秀丽的自然风光为创作源泉，借助高科技手法再造"西湖雨"，再现雨中西湖和西湖之雨的自然神韵
印象·丽江	2.5	人与自然的亲密关系	玉龙雪山	世界遗产、历史文化名城	张艺谋王潮歌樊跃	国内	演绎人与山、人与生活、人与祖先的对话，体现人与自然的紧密关系以及人类心中的神圣王国
印象·海南岛	1.8	体现海岛风情	南海之滨的海滩	国际旅游岛、海景	张艺谋王潮歌樊跃	国内	演绎海岛风情、休闲文化和浪漫椰城，传递新型旅游文化形象
印象·大红袍	1.5	体现茶文化	武夷山	世界遗产、名山	张艺谋王潮歌樊跃	国内	展现武夷山夜色之美、茶文化体验
禅宗少林音乐大典	3.5	体现少林禅武文化	嵩山	名山	谭盾	国内	展示、阐释少林禅武文化
大宋·东京梦华	1.35	北宋京都的盛世繁华	开封清明上河园	名城	梅帅元	国内	再现了北宋京都汴梁的盛世繁荣
中华泰山·封禅大典	3	展现了泰山五朝帝王封禅场景	泰山	世界遗产、名山	梅帅元	国内	再现古代帝王封禅场景
希夷之大理	2	以传说来渲染大理的美	大理北门水库	名城	陈凯歌	国内	源于大理古老传说"望夫云"，历史故事演绎大理之美

（三）表现形式

《太极传奇》基于武当太极文化，拟选址遇真宫作为《太极传奇》实景演出地，用高科技手段和国际化的视野，实现中西合璧，打造顶级品质的实景秀典范。

二、武当功夫城

位于文化体验组团。在武当山下、太极湖畔规划打造全球首个太极功夫主题乐园。它以仙山武当的深厚太极文化为依托，以高科技手段和艺术创新演绎东方功夫，续写太极文化新的传奇。《武当功夫城》主要有三个独立但又内涵相连的主题游乐体验区：修行谷、侠客江湖与宗师幻境，武当功夫城集功夫文化体验、4D 影院、实景网游互动体验、功夫主题娱乐园于一体的太极文化公园（见图 7-32）。几条幽邃的山谷自广场蜿蜒而出，分别通向三个独立而别具匠心的主题游乐体验区，堪称"太极版的迪士尼"乐园。

①功夫城入口广场
②形象雕塑
③入口牌坊
④景观大道
⑤票务中心
⑥门前广场
⑦功夫城大门
⑧侠客广场
⑨功夫主题雕塑
⑩山水景观
⑪集散广场
⑫侠客行表演

图 7-32　武当功夫城规划平面图

这里有美轮美奂的太极泉，庄重典雅的太和树屋茶楼，小朋友喜欢的麦兜功夫学校，刺激好玩儿的美猴王黑暗之旅，感悟灵动山水的"飞越武当山"体验项目，气势恢宏的太极宗师张三丰实景功夫表演。

三、太极养生谷

位于养生体验组团。秉承武当太极祖庭历史悠久的养生文化传统，规划建设以老子学院为核心的道家文化研究中心和养生文化交流平台，以健康银行为标志的现代养生管理和研发中心。规划建设基于药馨花海和山水环境的自然健康景观，致力打造中国养生硅谷和世界级健康休闲大本营。

四、太极小镇

位于养生体验组团。围绕太极文化，打造功能多元化的太极养生度假中心，囊括养生修身养性等多功能的体验项目，包括太极功法美容、中医调理、太极文化俱乐部、太极拳法健身、太极心法修炼、太极音乐疗养等。

五、水上游乐中心

依托太极湖独特的山水资源，规划游艇休闲项目，包括游艇沿线观光，豪华游轮湖泊度假体验；构建水上游乐场，丰富娱乐项目，例如水上滑道、水上体能竞技池等。

六、项目意义

（一）项目价值的外溢

规划落地文化和旅游核心项目，可以推进集聚区所承载的旅游价值、文化价值、品牌价值和区域价值的综合体现（见图7-33）。

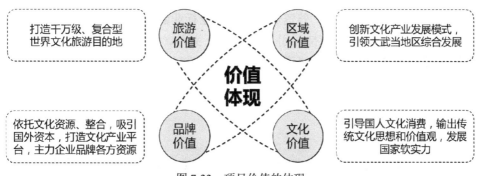

图7-33　项目价值的体现

旅游价值体现在打造千万量级、复合型世界文化旅游目的地；区域价值体现在创新文化产业发展模式、引领大武当地区综合发展；依托文化资源，整合、吸引国外资本，打造文化产业平台，突显品牌价值；围绕"天下太极出武当"，打造具有原创性和独特性的太极文化品牌。文化价值则通过引导国人文化消费、推进中华优秀传统文化的创造性转化和创新性发展，提升国家文化软实力。

（二）项目功能聚合创新

首先，提供游客文化体验差异化互补。以丰富的产业供给满足多元化游客的差异化需求;以太极文化为内核,以武当文化遗产为依托,突出文化产品的太极意象。山上体验注重传统文化遗产的原真性,山下体验注重传统文化的现代适用性。

其次,打造文化与科技融合的"智慧产业"。积极运用现代科技手段来改造传统文化业态,催生新兴文化业态。采用一体化信息平台保障游客畅爽体验。

再次,以实践创新响应区域发展整合创新。形成政府主导、市场主体、资本运营、协同共进的战略联盟,以大武当区域发展带动环丹江口区域合作,实现跨越行政分割的区域资源整合开发与运营,共同打造全国文化产业发展的战略高地。

第八节 支 撑 体 系

一、政策支撑体系

贯彻落实国家关于加快推进文化产业发展的决策部署,落实湖北省委省政府《关于推动文化大发展大繁荣的若干意见》以及《湖北省社会资本投资文化产业指导目录》《关于扶持文化产业发展的若干意见》等文件,要有针对性地利用这些政策手段支持聚集区发展,为集聚区的发展提供良好的政策环境。

(一)投资政策

落实国家关于非公有资本、外资进入文化产业行业的有关规定,营造良好的创业环境和平等竞争机会,鼓励、支持、引导国内外有实力、知名品牌的文化产业资本以参股、控股、兼并或独资等形式有序进入聚集区,形成以资本为纽带、技术为支撑、创意内容为核心的一体化和多元化的文化企业集团,鼓励兴办政策允许的、适合聚集区发展需要的各类文化企业。

(二)土地政策

按照国家相关规定,为文化产业集聚区及其核心企业优先供地和优惠供地。按照"项目带土地"的原则,将聚集区文化产业重点项目用地优先纳入各级土地利用总体规划和土地利用年度计划,优先保障项目用地计划指标,并经市区政府同意,可按国家有关规定分期缴纳土地出让金。

(三)投融资政策

努力扩展聚集区投融资渠道。积极搭建集聚区投融资平台,多层次、多渠道组织举办文化产业招商博览会,引进一批文化战略投资者。逐步建立和改进文化企业无形资产的评估和抵押办法,促进商业银行和政策性银行为聚集区提供综合授信支持和全面金融服务。

（四）财税政策

加大财政税收扶持力度，提供创业期的免费政策、技术引进创新与文化产业园区的"二减一免"政策。对于聚集区举办的国际或国家级大型节庆会展、体育赛事和经典演出，给予奖励或补助。鼓励各类文化产品和服务出口，积极支持和推荐有关企业列入全国重点文化出口企业名录。

二、金融支撑体系

优化资本运营+产业运营模式。统筹太极文化、武当遗产、品牌资产等无形资产，评估文化资产和社会资产的价值，提升投资者信心；以自筹资金为基础，吸引文化产业投资基金和私募投资，汇集社会资本和商业资本。整合优势资产，打造文化产业上市公司，实现资本市场的融资（见图 7-34）。

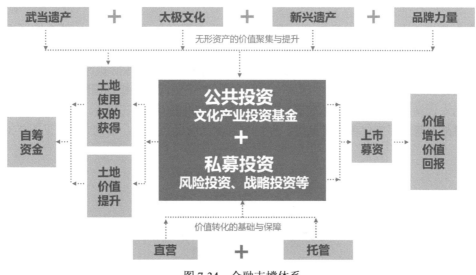

图 7-34 金融支撑体系

三、运营支撑体系

（1）管理共生。"企业+政府"双重管理，采用股份制上市公司的市场化运作、政府监管的运营方式。

（2）区域共生。"引擎+支撑"，山、水、城相连，聚集区引擎驱动，区域产业集聚发展，互为支撑，共享利益。

（3）产业共生。"文旅农"产业高度融合互动、联袂发展，最大限度地发挥文化产业的带动力。

（4）文化共生。"传统+现代"连接古今，体验文化，感悟过去和未来。达到价值融合、共时体验（见图 7-35）。

图 7-35　运营支撑体系

四、品牌支撑体系

全力打造"太极天堂"目的地品牌，以其作为集聚区内"母品牌"，统合辖区内文化企业和文化项目子品牌，衍生出太极湖论坛、太极传奇、太极湖音乐会、太极书院、世界养生大会、世界武林大会、三月三真武圣诞、印象武当·中国武当国际摄影大赛（展）、中国武当太极杯国际围棋擂台大赛、中国武当国际登山赛、中国武当太极湖国际环湖马拉松大赛、中国武当太极湖国际环湖自行车大赛、中国武当太极湖国际铁人三项赛、中国武当太极湖国际越野挑战赛等诸多文化项目子品牌，促进多层次品牌融合共生，协同共进（见图 7-36）。

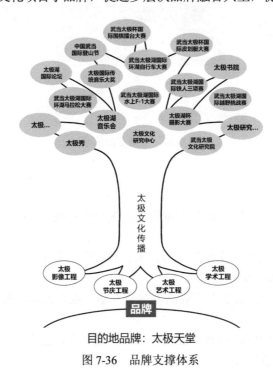

目的地品牌：太极天堂

图 7-36　品牌支撑体系

五、传播支撑体系

传播渠道是维系武当·太极湖文化产业集聚区的重要命脉，高效率的传播是保证核心竞争力并放大价值的重要渠道。

武当·太极湖文化产业集聚区紧扣太极文化内核，打造内向型和外向型两种传播支撑体系。借助于名人推广、学术推广、主流媒体推广、活动推广等渠道，促成东方传统写意文化与好莱坞现代时尚创新精神进行跨界沟通，将中国传统文化之道融入全球文明多元化发展的洪流。通过传播渠道的建设，完成武当太极文化向世界的传播过程（见图7-37）。

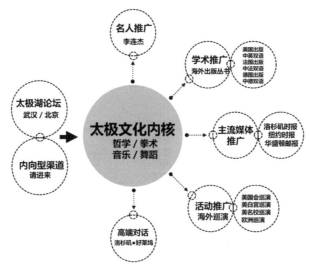

图 7-37 传播支撑体系

六、技术支撑体系

武当·太极湖文化产业集聚区要积极推进文化与科技深度融合，力求以最先进的技术保障文化消费畅爽体验，即提供特色文化产品，完成智慧旅游。以文化体验现代化、游客管理智能化和文化表现科技化作为技术支撑体系的核心理念，打造产品供给科技平台云、综合管理平台和公共技术支撑平台（见图7-38）。

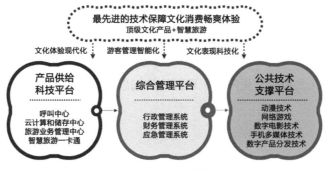

图 7-38 技术支撑体系

建设集聚区行政管理系统、财务管理系统和应急管理系统等综合管理平台，建设包括动漫技术、网络游戏、数字电影技术、手机多媒体技术和数字产品分发技术等公共技术支撑平台，为集聚区成员企业提供创意研发的技术支撑，为消费者的畅爽体验提供技术保障。

七、学术和智库支撑体系

筹划建立太极文化研究中心、太极文化基金会等，深入开展对太极文化的整理和研究，凝练武当元素，弘扬太极文化，坚持学术品质，对标国际水准，为武当·太极湖可持续发展提供学术支撑和智力保障（见图7-39）。

图 7-39　学术支撑体系

与国内外著名学术机构签署合作协议，突破国界局限、区域局限、文化背景局限、体制局限，吸引和招揽相关领域的顶级智脑，建立政、产、学、研交融的学术研究机制，积极开展太极文化的研究和普及，着力太极文化世界行，完成太极文化与国际研究平台的对接。

 讨论

简要阐述武当·太极湖文化产业集聚区的策划思路与规划布局，并结合实例谈一谈带来哪些启示。

第八章

城市规划案例：
武昌·长江文化创意设计产业园发展规划

 本章学习要求和目标

要求：

熟悉城市文化产业集聚区规划流程，归纳总结知识点，形成学生个人知识和经验。

目标：

通过案例学习与讨论，学生能够在案例的整个流程中归纳总结经验，转化为个人的知识与能力，熟练运用到日后的策划与规划的实操环节中。

武昌·长江文化创意设计产业园是湖北省、武汉市和武昌区三级政府重点扶持、打造的特色文化产业园区。2012 年成立武昌文化旅游有限责任公司，启动文化资源的整合与开发；2014 年成立区文化旅游产业发展委员会，统筹协调各方力量推进武昌·长江文化创意设计产业园的各项建设。多年来，武昌区主打文化创意设计产业，突出多种融合发展，在企业数量、质量、经济总量、潜力上都走在了湖北省的前列。2015 年年初，武昌·长江文化创意设计产业园成功获批为第五批国家级文化产业试验园区，同时也是湖北省首家被命名授牌的国家级文化产业试验园区。2020 年 12 月 29 日，武昌·长江文化创意设计产业园成功入选文化和旅游部公布的第二批国家级文化产业示范园区创建名单。

本章内容依据武汉市武昌区政府委托武汉大学文化发展研究院编制的《武昌·长江文化创意设计产业园发展规划（2014—2025 年）》（修编）改编。

第一节 规 划 总 则

一、规划缘起

《武昌·长江文化创意设计产业园发展规划》（2012—2020 年）于 2012 年 12 月编制完成并实施。该规划文本确定了武昌"一轴三区"的总体空间布局；提出了推动武昌建设成荆楚文化窗口、湖北文化支点和全市精神文化高地，推动古城复兴，达成古城城区功能转型升级的战略目标；明确了重点项目建设和政策保障措施，为武昌·长江文化创意设计产业园的发展奠定了基本的发展框架。

2012 年以来，武昌·长江文化创意设计产业园在规划指导下发展十分迅速，原规划已不适应新时期发展需求；园区产业结构、管理和运营模式都发生了新的变化，对园区发展规划提出更高要求。2013 年国家长江经济带战略的提出与实施，2014 年国务院《关于推进文化创意和设计服务与相关产业融合发展的若干意见》出台，都为武昌·长江文化创意设计产业园的发展带来了新的机遇。因此，为适应产业发展新形势，开展《武昌·长江文化创意设计产业园发展规划》修编工作。

二、规划范围

武昌·长江文化创意设计产业园区规划的总体空间结构为"一心两轴四区"，即以武昌·长江文化创意设计产业园区总部基地为中心，长江—沙湖—楚河—东湖为生态水轴，中南路—中北路为设计文轴，连接东湖西岸传媒设计产业集聚区、世界工程设计产业集聚区、武昌古城艺术设计产业集聚区、楚河汉街创意生活体验区，规划范围总面积 151 公顷。其中东湖西岸传媒设计产业集聚区面积 44 公顷，世界工程设计产业集聚区面积 28 公顷，武昌古城艺术设计产业集聚区面积 45 公顷，楚河汉街创意生活体验区面积 34 公顷。

三、规划期限

本规划期限为 2014 年—2025 年，以 2014 年为规划基年，其中近期为 2014 年—2016 年，中期为 2017 年—2020 年，远期为 2021 年—2025 年。

四、规划背景

（一）国家文化大发展大繁荣

2012 年 11 月，党的十八大报告指出，"全面建成小康社会，实现中华民族伟大复兴，必须推动社会主义文化大发展大繁荣""促进文化和科技融合，发展新型文化业态，提高文化产业规模化、集约化、专业化水平"。发展文化产业，增强全民族文化创造活力，提高国家文化软实力，增强中华文化国际影响力，成为党的十八大以后国家文化建设的重要方向。

2014 年，一系列文化产业发展的配套政策出台。2014 年 3 月 14 日，国务院出台《关于推进文化创意和设计服务与相关产业融合发展的若干意见》，标志着文化创意和设计服务与相关产业融合发展成为国家战略，对推动国民经济转型升级和文化产业科学发展具有重要的指导意义。

同期，中国社科院发布的《文化蓝皮书：中国文化产业发展报告（2014）》指出，我国文化产业发展也正进入阶段性"换挡"期，以市场取向的改革正在释放发展红利：以激发全民族文化创造活力为中心环节，从内容原创环节入手，需要进一步打通和理顺文化产业的价值链；建立符合现代文化市场体系要求的现代文化管理体制；完善现代文化市场体系的各项制度并及时转换政策体系。中国文化产业发展的新形势要求武昌·长江文化创意设计产业园区的发展必须与时俱进，提速升级。这为武昌·长江文化创意设计产业园区的发展带来了新的机遇与挑战。

（二）湖北建设长江经济带的文化高地

李克强总理在 2014 年《政府工作报告》中提出要以建设长江经济带作为推动发展的战略支撑，长江经济带建设成为国家今后 10 年发展战略的重心。长江经济带横跨中国东中西三大区域，长江经济带战略是我国发展的重要战略转向，是具有全球影响力的内河经济带、东中西互动合作的协调发展带、沿海沿江沿边全面推进的对内对外开放带，具有实现产业经济沿江梯度转移，促进我国经济社会区域综合协调发展的重大战略意义。

湖北省 2009 年提出"两圈一带"（武汉城市圈、鄂西生态文化旅游圈、长江经济带）的发展战略，湖北长江经济带是"两圈一带"战略中的核心组成部分；同时，武汉作为长江中游的特大城市，是长江文明的缩影和长江经济带中的重要文化符号，具有引领长江经济带的核心作用。在湖北长江经济带的建设过程中，必须依托湖北特有的文化地缘优势，通过长江文明建立长江经济带的精神文化高地。

武昌区坐拥长江中心位置，"长江第一桥""长江第一隧"都位于此，武汉市具有建成长江文明传承创新中心的潜力，也能够建成这一传承创新中心的核心支撑城市。

（三）武汉建设国家中心城市的战略要求

2011 年 12 月，武汉市第十二次党代会确立了建设国家中心城市、复兴大武汉的奋斗目标，明确提出以打造"文化五城"、建设文化强市作为文化建设的中心任务。2012 年10 月，武汉市相继出台了《文化产业振兴计划（2012—2016 年）》和《关于加快文化产业发展的若干政策》，以振兴武汉文化产业作为加快建设国家文化中心城市的战略引擎。武昌·长江文化创意设计产业园的建设与发展将服务于武汉市的公共文化、文化产业和文化市场建设，同时助力武汉市建设国家中心城市和实现 2049 年远景战略目标。

（四）武昌区复兴千年历史文化名城

武昌区历史悠久，人文底蕴深厚，文化是武昌区的第一资源和独特优势，也是推动武昌区发展的第一动力和第一品牌，武汉市"十二五"文化发展规划明确提出要将武昌区打造成"文化创意城"。近年来，武昌区按照"明确定位、发挥优势、整合资源、集群发展"的总体要求和"全市第一、中部领先、全国一流"的工作目标，大力调整产业结构、整合文化资源、布局产业业态、建设产业园区、培育文化企业，推动文化产业成为武昌区经济发展的重要增长极，呈现出增长速度持续加快、发展活力不断增强、产业集聚效应突出等趋势。

（五）园区推进产业融合发展的战略导向

武昌·长江文化创意设计产业园自 2012 年创建以来，目前已初步形成创意设计产业（包括工程设计、艺术设计、传媒设计、创意体验等）的龙头聚集效应。为进一步落实国务院 2014 年出台的《关于推进文化创意和设计服务与相关产业融合发展的若干意见》，武昌·长江文化创意设计产业园以产业融合为发展导向，积极推动文化创意、设计服务与相关产业的融合发展，大力培育产业集聚。到 2013 年武昌区文化产业实现增加值 45 亿元，占全区 GDP 的 6.3%，税收过千万元的文化企业超过 20 家，有 3 家文化企业税收过亿元。主导产业优势明显，特色鲜明。

五、战略目标

（一）国际战略目标

结合武汉市发展远景战略，武昌·长江文化创意设计产业园发展整合文化创意资源，推动武汉市整体文化实力和创新能力提升，全面配合申报联合国教科文组织"世界设计之都"，助力武汉市建设世界性城市。

（二）国内战略目标

进一步巩固和加强武昌·长江文化创意设计产业园在全国的领先地位，以产业特色、产业集聚、园区规模和产业融合发展形成品牌效应，在全国范围内形成鲜明的比较优势和品牌形象，建成国家文化产业发展基地，现代化区域性国际文化交流中心，成为湖北省建设长江经济带文化高地的战略支点，武汉市建设国家中心城市的亮丽名片。

（三）区域战略目标

通过合理规划、集聚发展，结合武昌区作为"江城武汉"核心文化区的特点，将武昌·长江文化创意设计产业园融入武昌文化城区，促进文化创意设计服务与相关产业融合，搭建区域运营总部平台，推动武汉市产业经济结构调整，实现经济发展方式的转型升级，提升城市文化形象、丰富城市文化内涵，带动青年就业和创业，促进武昌区域"五位一体"协调发展。

六、规划依据

（1）国务院《关于推进文化创意和设计服务与相关产业融合发展的若干意见》，2014年3月。

（2）《武汉建设国家中心城市规划纲要》，2012年10月。

（3）《武汉市文化产业振兴计划（2012—2016年）》，2012年10月。

（4）《武汉市关于加快文化产业发展的若干政策》，2012年10月。

（5）中共湖北省委办公厅、湖北省政府办公厅《湖北"十二五"文化改革发展规划纲要》，2012年5月。

（6）中共中央办公厅、国务院办公厅《国家"十二五"时期文化改革发展规划纲要》，2012年2月。

（7）文化部《文化部"十二五"时期文化产业倍增计划》，2012年2月。

（8）中国共产党十七届六中全会《中共中央关于深化文化体制改革推动社会主义文化大发展大繁荣若干重大问题的决定》，2011年10月。

（9）湖北省发展和改革委员会、湖北省旅游局《湖北省旅游业发展"十二五"规划纲要》，2011年6月。

（10）湖北省发展和改革委员会《湖北省国民经济和社会发展第十二个五年规划纲要》，2011年4月。

（11）中华人民共和国第十一届全国人民代表大会第四次会议《中华人民共和国国民经济和社会发展第十二个五年规划纲要》，2011年3月。

第二节　发展基础

一、文化资源

（一）文化资源特征

1. 历史资源厚重

武昌·长江文化创意设计产业园所在的武昌区有1790年的历史沉淀和文化积累，它因长期处于湖北乃至长江中游的区域政治文化中心而闻名遐迩，是悠久璀璨的楚文化发源地之一，也是充满浪漫诗意的黄鹤古楼文化的所在地。敢为天下先的辛亥首义文化闻名世界，叱咤风云的革命历史文化传颂至今；宗教文化荟萃于斯而根深叶茂，惟楚有才的学府文化熏陶着古今文人墨客，山水交融的园林文化加深了南来北往人们的归属感。在蛇山头，崔颢题诗，李白搁笔，岳飞挥就《满江红》；农民运动讲习所、中共五大会址奠定红色革命之基，昙华林为东西方文明交相辉映之地。武昌区作为武汉市城市文化和城市精神的发源地，是武汉市城市文化之根，也是武昌·长江文化创意设计产业园发展的重要文化资源基础。

2．文化遗产丰富

武昌区文化积淀深厚，历史遗迹丰富，主要集中在古城。截至 2013 年，武昌区历史遗迹遗存 117 处，各级文物保护单位有 59 处，拥有黄鹤楼等 5A 及 4A 级景区 6 处，其中近、现代重要史迹及代表性建筑 30 处，古建筑 9 处，石刻 1 处，古遗址 4 处，古墓葬 1处。全国文保单位达到 4 处，省保单位达到 22 处，市文保单位达到 21 处，区文保单位达到 10 处，历史街区达到 2 条，一级优秀历史保护建筑 3 处，二级优秀历史保护建筑 19 处。武昌区同时还有丰富的非物质文化遗产资源。目前纳入省、市非物质文化遗产项目包括"黄鹤楼传说""惟楚有才"传说、人物透雕工艺、篾扎风筝工艺、武汉"热干面"、马应龙制药传统、汉绣，正在申报市非物质文化遗产项目的有武当纯阳拳、孟宗哭竹、迎"馆星"、冲菩萨、甘蔗节等。

3．公共资源集中

武昌区作为省会之区，是湖北省的政治、经济、文化和信息中心，聚集了省级宣传文化和新闻出版等省级文化主管部门，聚集了湖北日报传媒集团、湖北省广电总台、知音传媒集团等重点文化企业，聚集了湖北美术学院、武汉音乐学院等多所艺术院校，集聚了省博物馆、省艺术馆、省美术馆、省群艺馆、省图书馆、省美术院、省文联、市革命博物馆等省市级文化机构。

4．智力资源突出

武昌区还是全国名列前茅的智力密集区，区内有包括武汉大学在内的 13 所高等院校，有中科院武汉分院、湖北省社科院等 93 个市级以上科研机构，有 94 所中小学和 88 所幼儿园，有中铁第四勘察设计院、中南电力设计院、中南建筑设计院等 321 家创意设计机构，还有大型国企及 1200 多家民营科技企业，共同支撑起武昌区的高新科技发展。武昌区的人才资源十分丰富，包括 22 名两院院士在内的教科文卫人员多达 10 万余人，其中创意设计产业从业人员逾万人。高智力高素质人才的文化消费观念超前，有显现和潜在的精神文化消费需求，具有巨大的文化消费潜力。

（二）文化价值评估

1．文化传承价值

武昌区城市文化是武昌·长江文化创意设计产业园的重要组成部分。武昌作为荆楚文化的渊薮，辛亥首义之地，有着深厚的人文传统和文化底蕴，至今仍保存了大量历代文物古迹，集中展示着古代城镇的发展进程和历史风貌，承载着武汉这座千年古城的历史记忆。武汉有 3500 多年的建城历史，武昌也有 1700 多年的城市发展历程。武汉自古有"江城"美誉，近代工商业兴起、辛亥首义，《长江日报》、长江人民艺术剧院、长江水利委员会、长江第一桥、长江第一隧等，太多的城市文化符号与长江相关。近现代武昌工商业的发达也为今天设计产业发展奠定了基础，武昌无论是从文化层面，还是从空间层面，无论从建城历史，还是文化遗存，都足以成为承载长江文明传承创新的中心。武昌·长江文化创意设计产业园的发展与湖北构建中部崛起支点战略和武汉国家中心城市建设相结合，高举"长江文化"旗帜，积极响应国家重大战略布局。

2．产业联动价值

武昌·长江文化创意产业园的整体规划与布局，对提升区域文化产业发展层次，打造高端文化产业品牌和知名龙头企业，推动中小企业集聚和孵化等均具有重要价值。园区以资源整合和产业链汇聚形成集聚发展效应，利用园区所在地武昌区的丰厚历史文化资源、政策公共资源、创意设计资源和学术资源等，通过产业联盟、实体运营机构等协会与组织，推进文化创意、设计服务与相关产业的融合发展，提升园区文化创意设计产业的竞争力和影响力，发挥园区的集群化效益，带动区域整体文化产业发展，以文化产业发展推进区域经济结构转型升级。

3．社会发展价值

武昌·长江文化创意产业园所在地武昌区文化底蕴深厚，通过对文化资源的挖掘、利用与再创造，能够赋予武昌这座古城更加鲜明的品牌形象与更加丰富的文化生活，建设高水平的基本公共文化服务网络，带动青年人创业和就业，优化生态宜居环境，提升城市居民的幸福指数，促进社会良性发展。

二、地理区位

（一）地理区位

武汉位于湖北省东部，江汉平原东部，地处亚热带北沿，属亚热带湿润季风气候，雨量充沛，日照充足，四季分明，总体气候环境良好，水热资源充沛，最适宜人类生存发展，是中国乃至世界自然禀赋优越、发展潜力巨大的地域。武汉地处中国第一、世界第三大河长江与其最长支流汉水交会处，被称为"千湖之城"，湿地广阔，成为"第一资源——淡水"富集区。淡水作为不可替代的第一资源，在 21 世纪国家和城市发展中具有重要战略地位。美国著名学者麦金利·康韦在《未来学家》杂志 1999 年 6—7 月号发表《未来的超级城市》一文，预言武汉将进入"21 世纪全球十大超级城市"之列，武汉因"淡水资源丰富、腹地市场广阔、科教实力雄厚"而名列全球"第二超级城市"，另一座上榜的中国城市为上海。从地理区位上来说，武汉具有成为国家中心城市和世界城市的优越条件，能够在未来的发展中发挥这种区位资源优势。

（二）交通区位

武汉为南北交通枢纽，素有"九省通衢"之称。当代随着高铁时代的到来，武汉交通区位优势更加显著，综合交通枢纽地位进一步提升。武汉"1+8"城市圈逐渐成形，武汉与周边的城际铁路网已经形成，机场、港口建设进入新阶段，武汉作为中部最大的综合交流枢纽格局正在形成，将使武汉文化的吸引力更强，辐射力更大，影响力更广。

武昌作为武汉江南核心区（见图 8-1），地处武汉市的南大门，具有湖北省地理要冲和华中交通枢纽的重要地位。近年武昌区城市路网和快速交通体系进一步健全，轨道交通2号线、4号线一期已全线贯通，7号线已正式开工建设，4号线二期于2014年年底完工通车。八一路隧道竣工通车，鹦鹉洲长江大桥、长江大道改造建设加快推进，雄楚大街快速化改造全面启动。截至2015年，武昌区将全面实现与周边城区和各条高速、火车站、机场的快速连通。

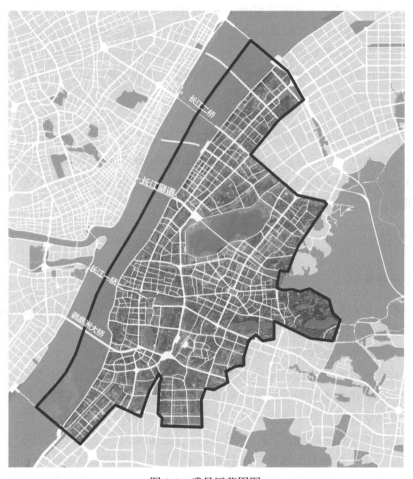

图 8-1　武昌区范围图

三、产业成就

（一）经济文化建设状况

1. 经济实力稳步增长

多年来武昌区立足资源禀赋，发挥比较优势，大力发展总部经济和现代服务业。2013年完成地区生产总值 710 亿元，增长 11%；实现全口径财政收入 133.26 亿元，增长 18%，地方公共财政收入 57.93 亿元，增长 19%，收入规模连续 9 年居武汉市中心城区首位，居民人均可支配收入达到 31 145 元，增长 14%。

2．文化建设成绩突出

武昌是全国旅游标准化建设试点区之一，全省唯一的"扫黄打非"示范区，全市唯一的省级公共文化服务示范区的创建区；省级文化部门和文化场馆最为集中，区域内历史遗迹遗存全市最多，文化旅游景点规格全市最高、数量最多，群文创作实力全市领先，40 余项作品荣获全国"群星奖"、湖北省"五个一工程奖"等大奖。

3．文明建设成果丰硕

武昌是"湖北省文明城区"，全区共有 500 余个文明单位、100 余个文明社区、30 余万个文明家庭、1860 支吴天祥小组志愿服务队，有志愿者 11.7 万人。先后涌现出"全国道德模范"吴天祥、方俊明等，"全国道德模范提名奖"5 人共 6 人次，上榜"中国好人"7 人；吴天祥小组志愿者联合会被评为"全国优秀志愿服务组织"，水果湖文明示范区成为"全省精神文明创建的示范窗口"。

（二）文化产业发展成就

1．文化产业支柱地位初步确立

武昌文化市场培育良好，文化产业门类齐全，形成了图书报刊业、设计业、旅游业、培训业、影视业、艺术品业、文化娱乐业等 7 个重点行业，涉及新闻出版发行、电视电影、科研设计、文化传播、教育培训等 16 个小类。文化产业作为全区经济发展的重要增长极，呈现出增长速度持续加快、发展活力不断增强、产业集聚效应突出等趋势。2008 年武昌区获得"全国文化产业工作先进集体"荣誉称号（湖北省县市区唯一）。截至 2013 年武昌区文化企业 5314 家，文化产业生产总值 150 亿元，实现增加值 45 亿元，占全区 GDP 的6.3%，税收总额 18.3 亿元。其中长江·武昌文化创意设计产业园共有文化企业 1632 家，生产总值 120 亿元，增加值 36 亿元，税收总额 14.6 亿元。

2．文化产业格局已成规模

近几年，武昌区根据其文化资源的现状及其相互关联、相互支撑的特点，深度挖掘与整合文化资源，培育武昌独特的文化竞争力和生命力，实现历史文化传承、文化产业集聚、时尚文化服务的三大功能，让武昌成为独具魅力的艺术城市、全省全市的文化支点。目前，园区已建立结构合理、门类齐全、科技含量高、富有创意、竞争力强的现代文化产业体系，形成了工程设计、出版传媒、艺术设计、文化旅游四大产业集群，龙头聚集效应初步显现。工程设计领域以中铁第四勘测设计院、中南电力设计院、中南建筑设计院、中煤国际工程集团武汉设计研究院等为代表，产业优势十分明显。艺术设计领域以湖北美术学院、昙华林艺术街区为载体，形成产业集聚。出版传媒领域以湖北日报传媒集团、湖北知音传媒集团等为代表；产业发展特色明显。文化旅游领域以黄鹤楼、首义广场、楚河汉街、户部巷等代表，形成独特的旅游魅力。

3．工程设计产业表现突出

在武昌区文化产业发展的四大板块中，工程设计产业领域具有巨大优势。截至 2013

年年底，武昌区共有设计企业 2526 家，纳税 7.85 亿元，占文化产业税收总额 53.06%。工程设计领域以中铁第四勘测设计院、中南电力设计院、中南建筑设计院、中煤国际工程集团武汉设计研究院、湖北省水利水电勘测设计院等为代表，不仅工程建筑勘察设计业务覆盖全国，而且有很高的创意设计水平。其中工程设计综合甲级资质企业 3 家，占全市一半，全国约 70% 的高铁设计、70% 的超高压输变电设计和 70% 的深基坑设计来自武昌。两年一届的中国武汉设计双年展，已成为中国工程设计领域具有世界影响的国际博览会。

4. 艺术设计产业形势良好

湖北美术学院和昙华林艺术村近年来形成了以艺术设计为重点的产业发展方向。昙华林艺术村经过近两年不懈的品牌打造，目前已成功跻身"全省三大美术街"行列，村内入驻的文化企业有"融园""三汉雕塑工作室""杨小婷汉绣研究室""尚艺坊""汉绣坊""半亩园""徐世鸣艺术馆"等 20 余家；连续三年举办了"春天走进昙华林"系列文化活动 30 余场，产生了很好的社会影响力。

5. 出版传媒产业发展迅猛

园区所在的武昌区目前共有出版传媒企业 1126 家，知音传媒、湖北日报传媒、湖北广电等 7 家省级大型文化企业资产总额逾 200 亿元，在东湖西岸、沙湖南岸形成明显的产业集聚，形成了以出版、传媒、演艺、创意、博览为代表的高端高度市场化的产业集群。其中知音集团拥有 3 本百万大刊，《知音漫客》是全国排名第一、世界排名第二的漫画期刊。湖北日报传媒集团有两份百万报刊，实现了多元化发展。由湖北日报传媒集团打造的楚天 181 文化创意产业园，已吸引中央电视台、美嘉电视购物、《中国日报（英文版）》、《环球时报》、腾讯大楚网等 40 余家文化企业入驻，被评选为湖北省第二批文化产业示范基地。湖北广电、"三网"集团等企业在中部甚至全国均有一定影响。

6. 文化旅游产业实力雄厚

园区所在的武昌区拥有黄鹤楼、东湖、长江大桥、辛亥首义园、户部巷、昙华林、宝通寺、楚河汉街、湖北省博物馆等优质文化旅游资源，共有 66 个景点，6 大特色街区。全区共有 4518 家文化旅游企业，是全市文化旅游企业数量最多、等级最高、人气最旺、产值最大、增长最快的城区。

四、发展问题

武昌·长江文化创意设计产业园的文化产业在迅速发展的过程中，也暴露出一些产业发展面临的问题，主要包括如下。

（一）空间分布相对分散

武昌·长江文化创意设计产业园在发展过程中由于城市被江湖隔断的地理格局，造成相关企业空间分布相对分散的整体格局。其中，工程设计企业散布在杨园、中南路、紫阳等不同区域，在一定程度上制约了工程设计产业形成完整的产业竞争力和对外品牌形象；而武昌古城土地利用较零散，高质量的公共空间明显不足，特色街区虽多，但业态相对低端，产业带动力有限，管理成本较大。武昌区文化创意设计企业空间分布相对分散，在一定程度上制约了园区文化创意设计产业整体竞争力的提升，以及品牌特色和对外形象的传播。

（二）资源整合尚待优化

武昌·长江文化创意设计产业园在发展过程中，由于初期的相对独立发展和总部运营平台协调能力不足等原因，文化创意设计企业之间、文化创意设计企业与区域文化资源、文化创意设计产业与相关产业资源整合不足，缺乏有效的整合机制，资源优势还未充分形成竞争优势。

（三）品牌影响亟待提升

武昌·长江文化创意设计产业园虽然已经形成了一定规模的产业集聚，涌现出一批具有影响力的品牌与企业，但总体除了"中国设计双年展"等少数展会外，园区文化创意设计产业的知名度、美誉度较低，缺乏在全国乃至世界叫得响的文化品牌，其整体品牌形象亟待提升，龙头企业和品牌的引领作用有待加强。

（四）产业联动有待加强

武昌·长江文化创意设计产业园分为工程设计、艺术设计、传媒设计和创意消费等产业门类，在文化创意设计产业的外围还存在文化旅游、科技研发、教育培训、商贸商服等产业，由于缺乏有效的产业联动与整合平台，园区文化创意设计产业内部及与相关联产业直接的产业联动还有待加强，有待集聚形成主导产业、支持产业、配套产业、衍生产业组成的产业结构体系。

（五）配套机制需要改善

区域产业的发展有赖于完善的配套机制。武昌·长江文化创意设计产业园在发展过程中，统筹协调文创产业发展的体制机制虽初步形成，但各项政策仍需进一步落实，主要包括产业资源的整合平台、投融资政策、人力资源政策、龙头企业培育政策、中小企业孵化政策、创意研发的激励政策等，还需要进一步强化与完善，为园区的文创产业发展搭建强有力的政策保障平台。

第三节　发展战略

一、发展理念

武昌·长江文化创意设计产业园发展的总体思路为：高举传承和发展长江文明旗帜，主打文化创意设计产业，突出多种融合发展，实现产业园区融入文化城区，以文化产业经营城市，推动城市空间结构和布局优化，从产业园区走向创意社区和文化城区。推动园区发展与武昌城区发展相融合，促进产业园区的文化生产功能与武昌城区的文化消费、文化体验紧密结合，形成文化生产、展示、消费、体验一体化的产业格局。

二、发展思路

武昌·长江文化创意设计产业园的规划与发展以"产城融合"为核心指导原则，包括产业融合、空间融合、平台融合与产销融合（见图8-2）。

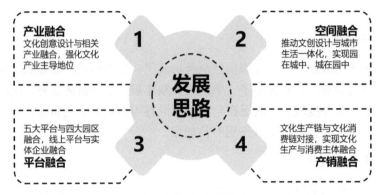

产业融合
文化创意设计与相关产业融合，强化文化产业主导地位

1

发展思路

2

空间融合
推动文创设计与城市生活一体化，实现园在城中、城在园中

五大平台与四大园区融合，线上平台与实体企业融合
平台融合

3

4

文化生产链与文化消费链对接，实现文化生产与消费主体融合
产销融合

图 8-2　产业发展思路

（一）产业融合

促进文化创意设计产业与武昌及武汉的相关产业融合，提升武汉市现代服务业整体发展实力。根据国务院《关于推进文化创意和设计服务与相关产业融合发展的若干意见》，大力推进武昌·长江文化创意设计产业园工程设计、艺术设计、传媒设计、设计消费等产业的内部融合，同时促进文化创意设计产业与文化旅游、科技研发、休闲娱乐、商贸物流等产业的深度融合，形成园区以文化创意设计产业为龙头的文化产业集群。

（二）空间融合

促进武汉的历史文化空间、创意设计空间、消费体验空间相融合，以城市为背景，推动文化创意设计与城市生活一体化，实现"园在城中、城在园中"的整体发展格局。根据武昌区的文化资源底蕴和文化产业发展特色，顺应文化创意设计企业空间散点分布的特点，将武昌·长江文化创意设计产业园逐步融入武昌文化城区，形成城区、园区互融的局面，武昌城区即是产业园区，产业园区即是武昌城区的"产城融合"发展格局。

（三）平台融合

促进武昌·长江文化创意设计产业园的五大平台与四大园区融合对接，实现线上平台与实体企业运营融合。全面整合政府、企业优势资源，拓宽融资渠道，建立健全以市场为基础、以企业为主体、以政府为保障的文化产业促进体系，设立武昌·长江文化创意设计产业园的总部运营平台，将金融服务平台、技术服务平台、展示推广平台、文化交流平台、企业孵化平台等五大平台功能进行融合，全方位为企业成长和产业发展服务。

（四）产销融合

促进文化生产环节和文化消费环节全面实现对接，实现文化生产主体和文化消费主体在园区平台上互动融合。文化创意设计产业园区同时也是文化创意设计的体验与消费区，通过促进文化创意设计生产与文化创意设计消费的两端连接，实现文化生产—文化生活—文化消费—文化体验的一体化发展格局。

三、实施路径

（一）园区产业融合联动

根据武昌城市特色、资源优势和产业基础，构建文化产业重点门类突出、相关产业联动发展的格局。抓住湖北构建中部崛起战略支点和武汉建设国家中心城市的历史机遇，以打造国家级文化产业园区为发展愿景，进一步推进文化创意设计及其相关产业在园区的汇聚与融合，打造五大优势产业，在全省和全国形成代表性和示范性。

（二）龙头企业引领聚合

立足园区工程设计、艺术设计、传媒设计和时尚设计产业的基础优势，通过公共研发平台建设、企业联动、产学研合作等多种形式，提升企业自主创新能力和核心竞争力，形成一批具有国际竞争力的龙头企业，通过龙头企业来引领产业园企业发展，构建武昌设计产业集群的竞争优势。

（三）重点项目带动提升

根据武昌·长江文化创意设计产业园"一心两轴四区"的产业特征与空间布局，集中力量建设一批精品文化工程，以重大项目为带动，推动产业园在产业特色、产业竞争力、空间优化、品牌塑造等方面实现较大提升。

（四）品牌塑造高端影响

逐步积累形成武昌·长江文化创意设计产业园的产业特色和品牌特色，主办具有全国性和国际影响的节事会展活动，形成产业园的特色品牌，塑造全国乃至世界范围内的高端影响力，带动产业园各产业门类的全面发展和提升。

（五）产业政策全面保障

完善产业政策，为武昌·长江文化创意设计产业园提供全面的政策保障。政府协助建立金融服务平台、技术服务平台、展示推广平台、文化交流平台、企业孵化平台等五大平台，进一步整合政府、企业优势资源，拓宽融资渠道，吸引培育高端人才，建立健全以市场为基础、以企业为主体、以政府为保障的文化产业促进体系。

四、发展目标

（一）分期发展

近期：2014—2016 年为夯实基础阶段；中期：2017—2020 年为全面提升阶段；远期：2021—2025 年为升级完善阶段。

（二）具体目标

1．经济目标

打造千亿级产业园区，截至 2025 年，武昌·长江文化创意设计产业园的工程设计、艺术设计、传媒设计、时尚设计等形成的产业集群年产值突破 1000 亿元。进一步提升文化产业在武昌区产业结构中的比重，到 2025 年，武昌·长江文化创意设计产业园带动武昌区文化产业增加值年均增长不低于 18%，占全区 GDP 比重到 2025 年达到 15%，文化产业的贡献率达到 20%。

2．产业目标

进一步做强文化市场主体，培育壮大一批拥有原创品牌，具备世界级影响力的骨干文化企业，形成以工程设计、艺术设计、传媒设计、时尚设计等文创设计产业为龙头，融合城区文化旅游、科技研发、教育培训、商贸商服等产业的现代文化创意产业体系，对传统产业、新兴产业以及其他相关产业发展带动作用显著增强，促进青年文化创意人才创业就业，增强对武汉市经济社会发展的带动作用。

3．品牌目标

以长江文明品牌带动系列项目建设，推进武汉市成为现代化区域性国际文化交流中心；大力建设"世界设计之都"，成为国家级文创产业发展基地。到 2025 年，培育 30 家拥有自主知识产权和国际竞争力的龙头文化创意设计企业，8～10 家上市文化创意设计企业，8～10 个国际著名设计品牌，打造 2～3 项具有国际影响的文化节事活动（见图 8-3）。

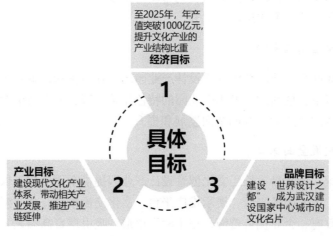

图 8-3　产业发展具体目标

第四节　空　间　布　局

一、总体空间布局

　　武昌·长江文化创意设计产业园规划总体空间结构为"一心两轴四区"（见图8-4）。一心即武昌·长江文化创意设计产业园总部中心，两轴为生态水轴（长江—沙湖—楚河—东湖）和设计文轴（中南路—中北路），四区为东湖西岸传媒设计产业集聚区、世界工程设计产业集聚区、武昌古城艺术设计产业集聚区和楚河汉街创意生活体验区。

图 8-4　武昌·长江文化创意设计产业园总体空间布局

　　规划范围总面积 151 公顷，其中东湖西岸传媒设计产业集聚区面积 44 公顷，世界工程设计产业集聚区面积 28 公顷（含武昌·长江文化创意设计产业园总部中心），武昌古城艺术设计产业集聚区面积 45 公顷，楚河汉街创意生活体验区面积 34 公顷。

二、武昌·长江文化创意设计产业园总部中心

（一）规划范围

　　武昌·长江文化创意设计产业园总部中心拟规划选址位于武昌区中南二路，世界工程

设计产业集聚区范围内。

（二）产业定位

武昌·长江文化创意设计产业园总部中心定位为总部运营中心，为散点分布的园区文创设计企业提供综合管理平台和服务保障。同时，采用"总部经济"的发展思路，规划建设世界工程设计产业总部大厦，吸引全世界工程设计企业将其总部或分支机构在此落户。

（三）发展重点

规划建设世界工程设计产业总部大厦，规划建筑面积3万平方米，依托产业园区目前工程设计产业的发展优势，充分发挥武汉市的区位优势条件，吸引全世界工程设计资源汇聚，形成武昌工程设计企业集聚优势。

在总部大厦中设置园区的五大运营平台，包括金融服务平台、技术服务平台、展示推广平台、文化交流平台、企业孵化平台，建成办公区、企业服务中心、综合展示中心、会议中心等设施，拟规划面积3000平方米，其中一期在建面积1000平方米，将其打造成为分成四大主体功能区的武昌·长江文化创意设计产业园的总部中心。

三、东湖西岸传媒设计产业集聚区

（一）规划范围

东湖西岸传媒设计产业集聚区位于武昌区东湖西岸东湖路两侧、黄鹂路以北、徐东大街以南区域，规划面积44公顷（见图8-5）。

（二）产业定位

在该区域以发展文化传媒创意与传播，主要产业业态包括文艺创作、演艺、广播、电视电影制作、音像制作、动漫制作、新闻出版、艺术品交易、网络服

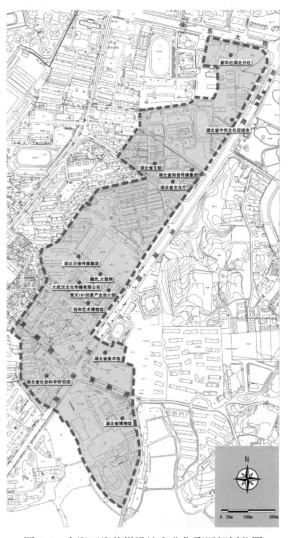

图8-5　东湖西岸传媒设计产业集聚区规划范围

务等。

（三）企业现状

目前已经集聚了一批优秀的传媒、设计和文化企事业单位，包括：新华社湖北分社、湖北省文联、湖北省文化厅、湖北日报传媒集团、湖北知音传媒集团、楚天181创意产业设计园、大武汉文化传媒有限公司、腾讯·大楚网、佳和艺术博物馆、湖北省博物馆、湖北省美术馆、湖北省社科院、湖北省中华文化促进会等，产业集聚基础和态势良好。

（四）发展重点

形成以传媒设计产业为主的文化产业集聚态势，把东湖西岸文化传媒产业集聚区建设成为"武汉·中国文谷"核心区。

四、世界工程设计产业集聚区

（一）规划范围

世界工程设计产业集聚区位于武昌区中南路、民主路、中南二路两侧区域，规划面积28公顷（见图8-6），此外还包括杨园的中铁第四勘察设计院、徐东的武汉东创研发设计创意园、首义路的中船重工七一九研究所、静安路的5.5产业园等散点分布。

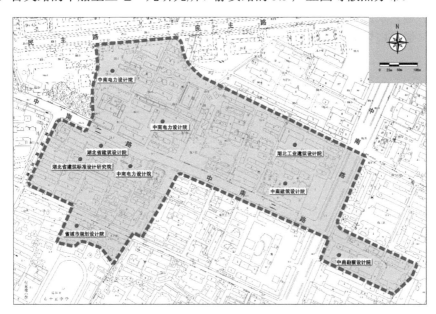

图8-6 世界工程设计产业集聚区规划范围

（二）产业定位

立足于武汉，辐射全国，走向世界，大力发展设计服务业，重点发展工程勘察设计、工业设计、建筑设计、电力设计，鼓励并引导企业开展建材、船舶、轻工、家居装饰、环境艺术等新型设计业务，形成全球性产业影响力。

（三）企业现状

目前，世界工程设计产业集聚区内的工程设计企事业机构包括：中南电力设计院、中南建筑设计院、湖北省建筑设计院、中南勘察设计院、湖北省城市规划设计院、湖北省建筑标准设计研究院等，以及位于杨园的中铁第四勘察设计院，位于徐东的武汉东创研发设计创意园，位于首义路的中船重工七一九研究所、中国轻工业武汉设计工程有限公司，位于静安路的 5.5 创意产业园的散点分布企业。

（四）发展重点

在世界工程设计产业集聚区内，集聚了一批具有全国乃至世界影响力的工程设计企业，拟规划建设中国船舶设计研究中心、设计创意产业基地、建筑科研设计中心、知识产权交易中心、设计产品研发实验园和孵化楼宇，形成在世界范围内更加具有影响力的"世界工程设计之都"。

五、武昌古城艺术设计产业集聚区

（一）规划范围

武昌古城艺术设计产业集聚区位于武昌区古城民主路以北、临江大道以东、中山路以西和以南区域，规划面积 45 公顷（见图 8-7）。

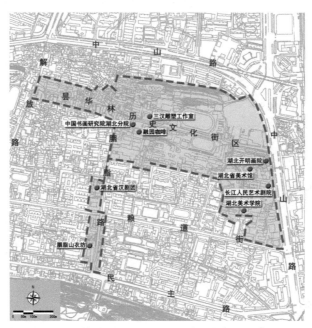

图 8-7　武昌古城艺术设计产业集聚区规划范围

（二）产业定位

本区域重点发展以艺术设计产业为主，结合历史文化街区和文化旅游线路，汇聚艺术设计、艺术休闲、艺术品交易和文化旅游设计等业态。

（三）企业现状

该集聚区目前已经形成了以湖北美术学院和昙华林历史文化街区为核心的艺术设计机构的集聚，主要包括湖北美术学院、湖北省美术馆、长江人民艺术剧院、中国书画研究院湖北分院、湖北开明画院、三汉雕塑工作室、胭脂山衣坊、湖北省汉剧团、融园咖啡等企事业机构。

（四）发展重点

本集聚区努力打造以昙华林为核心的古城历史文化街区，依托一批艺术设计企业和工作室，形成艺术生态环境；促进文创设计与旅游休闲结合，形成集文化创作、文化消费于一体的文化街区。

六、楚河汉街创意生活体验区

（一）规划范围

楚河汉街创意生活体验区位于武昌区楚汉路以南、白鹭街—公正路以北、水果湖以西、沙湖以东区域，规划面积 34 公顷（见图 8-8）。

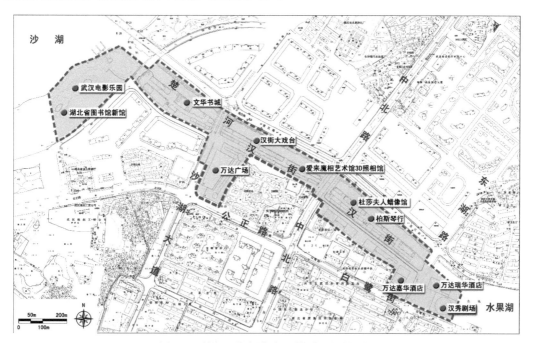

图 8-8　楚河汉街创意生活体验区规划范围

（二）产业定位

以文化消费为引导，建设以当代国际文化品牌集聚为主的创意生活体验和时尚文化消费体验综合体，形成武昌·长江文化创意设计产业园和武汉市江南片区中连接文化生产的文化消费体验区域。

（三）企业现状

楚河汉街创意生活体验区以万达集团投资兴建的楚河汉街为主体，汇聚了楚河汉街、汉秀剧场、武汉电影乐园、杜莎夫人蜡像馆、文华书城、汉街大戏台、万达广场、湖北省图书馆新馆、柏斯琴行、爱来魔相艺术馆 3D 照相馆、万达嘉华酒店、万达瑞华酒店等一批文化消费和文化体验机构，形成了文化时尚品牌消费的影响力高地。

（四）发展重点

在楚河汉街创意生活体验区，以万达集团投资项目为主体，通过联通东湖、沙湖的楚河为纽带，打造一批当代时尚品牌文化的体验区，配套国际一线品牌连锁店，形成具有浓郁时代特色的以文化消费为主的创意生活体验区。

第五节 产业结构

武昌·长江文化创意设计产业园的主导产业是文创设计产业，包括工程设计产业、艺术设计产业、传媒设计产业和创意体验产业，配套产业包括文化旅游产业、科技研发产业、教育培训产业、商贸商服产业等。在限定园区空间内主导产业和配套产业、关联产业之间的互动融合，形成企业集中布局、产业集群发展、资源集约利用、功能集合构建的园区产业结构（见图 8-9）。

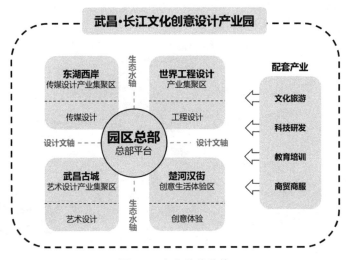

图 8-9 产业总体结构

一、主导产业

（一）工程设计产业

1. 发展目标

截至 2025 年，工程设计产业生产总值突破 500 亿元，以工程设计产业为龙头，推动相关产业的融合与发展，推动武汉建设成为世界设计之都。

2. 发展思路

积极整合优势资源，以自主创新所形成的知识产权为核心，以高科技为手段，依托重大项目、凸显文化创意内涵，进一步从政策导向和资金投入上支持现代创意设计产业的战略支柱地位。

通过工程设计产业联盟整合建筑、交通、勘测等产业技术创新资源，引导各类创意要素汇聚，提高产业创新能力；利用中国工程设计双年展等平台，进一步扩大工程设计品牌的影响力。鼓励龙头优势企业通过知识产权转让、技术服务和直接投建项目等方式，积极参与国际竞争与合作，拓展海外市场，提升国际影响力和竞争力；以优化人才结构配置为主线，围绕创意人才的培养、引进、评价、使用、选拔、激励等关键环节，完善政策，创新机制，吸纳优秀人才向园区聚集。

3. 产业体系

武昌·长江文化创意设计产业园工程设计产业重点发展工程勘察设计、工业设计、建筑设计、交通设计、电力设计、船舶设计、城市规划设计、风景园林设计、数字遥感设计、工程咨询等行业，打造与高端制造业相配套的生产性服务业集群体系（见图 8-10）。

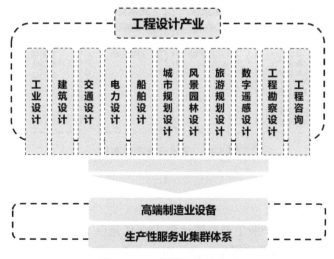

图 8-10　工程设计产业布局

（二）艺术设计产业

1. 发展目标

截至 2025 年，艺术设计产业生产总值达 200 亿元以上，增加值年增长率不低于 18%，初步形成以绘画、书法、雕塑、工艺美术、室内设计、平面设计、时尚设计、服装设计、广告创意设计等为主体的艺术品产业链，形成以艺术品原创交易为特色的产业园区，建成全国重要的艺术品原创、展示、交易中心。

2. 发展思路

推进文物艺术品市场改造升级，培育若干艺术品展示与交易基地，形成立足湖北、辐射中部的文化艺术品展示交易集散地。依托湖北美术学院及其他在汉高校艺术院系，培养艺术创作、经营、鉴定、评估、评论等方面专业人才。引进国内外艺术大师、知名艺术品企业来汉开设工作室。鼓励开发具有武汉文化特色的文化艺术品，提高文物复制技术和水准，开拓文物艺术品市场。鼓励工艺美术技艺创新，兴办艺术品营销实体，支持传统工艺美术面向市场开展规模经营，发展面向国际市场的服务外包。以艺术创作者为中心，整合经纪人、艺术工作室、基金公司、拍卖行等要素，构建成熟的艺术品市场体系。

3. 产业体系

产业园艺术设计产业重点发展绘画、书法、雕塑、工艺美术、室内设计、时尚设计、服装设计、广告创意设计等艺术行业；打造以长江流域文化艺术品展示中心为载体的艺术会展业；以昙华林历史文化街区为载体，融合各式艺术沙龙、咖啡馆、精品店、体验店等，打造艺术品消费链条，最终形成艺术创作、交易与消费体验一体的艺术产业链条（见图 8-11）。

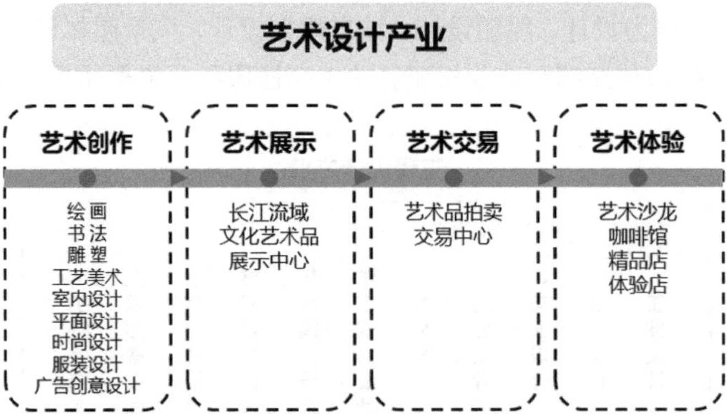

图 8-11　艺术设计产业布局

（三）传媒设计产业

1. 发展目标

至 2025 年，传媒设计产业生产总值达到 150 亿元以上，进一步推动传媒出版企业在东湖西岸聚集，推动园区重点传媒出版企业知音集团、湖北广电集团成功上市，将东湖西岸传媒设计产业园建设成为湖北省文化传媒创意产业发展中心、中部地区最重要的文化传媒创意产业集群。

2．发展思路

优化传媒出版产业布局，加快产业由传统形式向数字化升级。以楚天181文化传媒创意产业园二期工程、知音集团产业园区、湖北省博物馆楚文化展示场馆、湖北省艺术馆等重点项目建设为契机，提高对周边地区的辐射力和产业综合竞争力。

顺应全媒体时代传统出版传媒业的数字化转型趋势，通过加快构建数字内容平台，实施数字化战略，形成数字化传媒新业态；以精品打造为抓手，实施精品战略，推动园区传媒出版企业升级，形成品牌影响力。

3．产业体系

武昌·长江文化创意设计产业园传媒设计产业以文化出版传媒产业为基础，形成现代出版和现代传媒两大产业体系。现代出版以"文化创新+商业创意+知识传播"为特征，现代传媒以"数字化+网络化+多媒体"为特征，形成现代出版和现代传媒融合创新发展的新格局（见图8-12）。

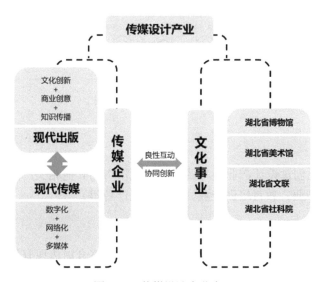

图8-12　传媒设计产业布局

（四）创意体验产业

1．发展目标

截至2025年，创意体验产业增加值达到150亿元以上，进一步推动以楚河汉街为主要载体的创意体验和创意消费，建成产业园工程设计、艺术设计、传媒设计等生产型服务业的消费体验展示区，成为中部地区最前卫时尚的创意体验消费中心。

2．发展思路

以楚河汉街商业街区为平台，吸引国际一线品牌实体店入驻，形成文创体验商业氛围。推进文创体验与文化旅游融合。完善旅游服务设施，配套打造主题活动，形成对市内外的旅游消费群体的吸引力。推进文创体验与休闲娱乐融合，支持打造汉秀剧场、电影乐园、杜莎夫人蜡像馆等休闲娱乐活动场所，形成对创意体验消费的"场"效应。

3. 产业体系

产业园创意体验产业以工程设计、艺术设计、传媒设计等生产型服务业为基础，推动创意体验和商业街区、文化旅游和休闲娱乐等业态融合，形成文创体验消费的商业场景（见图8-13）。

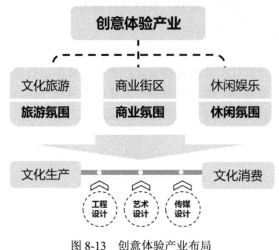

图 8-13 创意体验产业布局

二、配套产业

武昌·长江文化创意设计产业园与武昌区及武汉市的其他相关产业联动，包括文化旅游产业、科技研发产业、教育培训产业、商贸商服产业等。

（一）文化旅游产业

以武昌·长江文化创意设计产业园为中心，进一步整合周边现有历史文化资源，扶持独具武昌历史文化特色的文化旅游项目。优化和完善城市街区风情、都市场景、滨江休闲、人文历史、购物美食等旅游产品，不断提升黄鹤楼、东湖、楚河汉街、昙华林、辛亥革命纪念馆、长春观、宝通禅寺、农讲所、辛亥革命博物馆、省博物馆、武昌江滩等文化旅游品牌的产业价值，延伸文化旅游产业链。

新建和修缮一批星级宾馆，构建"一大主题（都市文化体验）、四大支撑（滨江滨湖文化休闲游、都市文化体验游、商贸会展休闲游、江城动感娱乐游）、两大品牌（武昌古城、楚河汉街）"的文化旅游产品支撑体系，加强与周边区域联动，促进文化与旅游的融合。

（二）科技研发产业

武昌·长江文化创意设计产业园毗邻武汉大学、华中科技大学、中科院及一批专业技术研究院所，这些机构集中了武汉市的主要城市创意阶层，每年产生大量的创新观念和科技专利。武汉通过强化产业园区与城市创意阶层的联结，促进新观念和专利技术与各个设计产业、文化产业和旅游产业的对接，形成文化与科技的融合互补。

（三）教育培训产业

武昌·长江文化创意设计产业园依托武昌区及武汉市的各类优质教育培训资源，如武汉大学、湖北美术学院、武汉音乐学院以及各种艺术培训机构，推进文化创意设计与各种文化创意培训相结合：一方面延伸文化创意设计的产业链条，另一方面为园区有关企业培训更多优秀的文化创意人才。

（四）商贸商服产业

武昌·长江文化创意设计产业园周边商贸服务业发达，包括中商集团、武商集团、中百集团、万达百货、新世界百货、大洋百货、群光广场等大型商业集团和商业广场。推进产业园的文化创意设计产业与商贸商服产业的结合，通过文化创意设计促进商贸商服产业发展，同时借助商贸商服渠道对接文化消费市场。

三、重点项目

1. 武汉工程设计联盟大厦

武昌·长江文化创意设计产业园总部中心规划建设武汉工程设计联盟大厦。拟选址于武昌区中南二路，项目规划用地面积 4.2 公顷，规划总建筑面积约为 21 万平方米。依托产业园区目前工程设计产业的发展优势，充分发挥武汉市的区位优势，吸引全世界工程设计企业将其总部或分支机构在此落户。同时，在武汉工程设计联盟大厦建成包括金融服务平台、技术服务平台、展示推广平台、文化交流平台、企业孵化平台的产业园总部运营平台。

2. 世界工程设计博物馆

整合武汉乃至全国工程设计历史资源，搜集全球工程设计领域经典案例，以文献、图片、模型和数字媒体进行展示，打造全球范围内工程设计领域分享、交流、学习的综合平台，成为世界工程设计的顶级殿堂。

3. 世界工程设计产业高峰论坛

依托武汉工程设计产业的现有基础，借助"中国武汉设计双年展"业已形成的影响力，启动筹办世界工程设计产业高峰论坛，汇聚全球最新的工程设计思想与案例，将其打造成为全球工程设计领域顶尖的论坛与展会。

4. 全球工程设计素材云数据中心

整合全球工程设计最新案例成果与设计素材，依托大数据平台技术，建成全球工程设计素材云数据中心，为全球工程设计及相关企业、机构提供设计素材的云数据服务，巩固产业园区工程设计产业的世界领先优势。

5. 世界纪录片交易博览会

针对国际纪录片市场的蓬勃发展趋势，依托东湖西岸传媒设计产业集聚区的现有基础，打造世界纪录片交易博览会，整合全国和全球相关资源，将该展会建设成为世界纪录片的"奥斯卡"。

6. 武昌古城复兴改造

依托辛亥首义文化园区、都府堤—红巷红色文化区、昙华林历史文化区、长街—户步巷汉味风情文化区、长春观—宝通寺宗教文化区五大版块，复兴武昌古城千年历史风情，构筑"双脊五片筑名城"的武昌古城特色景观与空间架构。

7. 昙华林国际当代艺术展

依托湖北美术学院及相关机构，以在国内外的知名校友为主组织策展团队，整合已有的各种艺术展，选取"当代艺术"作为重要方向，突出中西方、南北方美术界的互动交流，整体策划包装成为"昙华林国际艺术展"，形成国内当代艺术展的中部高地。

8. 昙华林核心区改造

昙华林核心区面积 104 公顷，汇聚优秀历史建筑 49 栋。在改造方向上重点打造特色艺术体验区：以花园山—胭脂路为界，将昙华林分为东区和西区两个部分，西区以艺术旅游观光为主，东区以艺术休闲度假为主。西区主要依托昙华林正街，向两翼纵深拓展，形成三条步行街，一线以前店后厂为特色，引入小尺度体验型商业，重点发展创意商品零售业和休闲餐饮业；二线以商业为主，以艺术家工作室为辅；三线为自然生长成的艺术家工作室。东区重点推进大型公建单位外迁，扩展公共空间，引入休闲、娱乐业态，点状布置中小型艺术及展览场馆，主打艺术消费、商务消费和休闲消费。

9. 长江艺术设计云数据中心

规划建设有关长江流域文化艺术设计大型艺术设计素材数据库，多方面体现长江流域文明发展成就，成为面向园区企业和社会公众的公共数据信息平台。

10. 汉街国际时尚周

依托楚河汉街形成的时尚文化和时尚消费街区所形成的氛围，筹办每年一届的汉街国际时尚周，将全球最新的服装、服饰、化妆品、娱乐产品、生活用品、饮食文化创意进行展示，将其打造成为中部地区最大的时尚产品展示盛筵。

11. 汉秀剧场

汉秀剧场是专为"汉秀"所建的表演场所，位于武汉市武昌区楚河汉街的东端，总建筑面积 8.6 万平方米，建筑总高度 59.8 米，设有 2000 个座位。"汉秀"是万达集团与弗兰克·德贡娱乐集团合作，斥巨资倾力打造的世界顶级舞台秀，汉秀剧场以中西合璧的方式，对娱乐文化作了最新的演绎，既传承中国荆楚文化的精髓，又借助全球流行的秀文化作为演出形式，将其建设成世界领先的舞台表演剧场之一，以及武汉市的新名片。

12. 武汉万达电影乐园

武汉万达电影乐园总建筑面积 10 万平方米，是万达集团斥巨资，在楚河汉街西端建造的室内电影主题乐园。电影乐园建筑创意设计灵感来源于楚汉文化精髓"编钟"，由担任过北京夏季奥运会、伦敦夏季奥运会、广州亚运会等开幕式艺术总监的马克·菲舍尔（Mark Fisher）设计。设有 5D 剧场、4D 剧场、互动剧场、太空剧场、飞行剧场、体验剧场 6 个高科技主题娱乐项目，主要体现为数字科技与电影科技的融合，将会带给每一位游客全新的体验。

13. 楚天 181 文化创意产业园

楚天 181 文化创意产业园位于武昌区东湖路 181 号，项目用地面积 21 286 平方米，建筑总面积 29 000 平方米，其被打造成为东湖西岸具有浓郁特色、集文化创意企业聚集区、产品展示发布区、文化休闲体验区、文化创意产品集市为一体的文化创意产业园。

14. 知音动漫及新媒体研发基地

知音动漫及新媒体研发基地位于知音传媒集团院内，规划建筑面积 2.3 万平方米，其被建设成为动漫及新媒体研发基地。

15. 铁四院总部设计大楼

中铁第四勘察设计院有限公司（简称铁四院）总部设计大楼位于铁四院用地范围内，规划用地面积 31 314 平方米，总建筑面积 94 921 平方米，成为铁四院的总部运营中心。

16. 二航院科研楼

中交第二航务工程勘察设计院（简称二航院）科研楼位于武昌区民主路，项目占地面积 10 872 平方米，总建筑面积 54 906 平方米，其被建设成为二航院教育科研基地。

第六节 平 台 建 设

武昌·长江文化创意设计产业园在发展的过程中，为解决前文分析中提到的空间分布相对分散、资源整合尚待优化、品牌影响亟待提升、产业联动有待加强、配套机制需要改善等五大问题，需要构建武昌·长江文化创意设计产业园总部中心，建设完善金融服务平台、技术服务平台、展示推广平台、文化交流平台、企业孵化平台等五大平台（见图 8-14）。

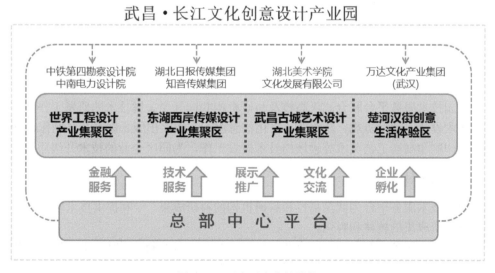

图 8-14 五大平台支撑结构

一、金融服务平台

为园区企业搭建金融服务平台，积极开发适合园区文化产业特点的信贷产品，推动文化产业与金融服务业的对接，提高金融业对文化产业的支持力度。

（一）积极拓宽融资渠道

发挥资本信贷的市场作用，积极开展信贷筹资、民间资本投资、上市融资等多种融资方式，试点设立文化发展基金、创业投资引导基金、艺术创作基金等资金支持方式，引入风险投资资本、商业担保、知识产权质押和其他投融资方式。鼓励金融机构加大对文化产业的信贷支持，创新贷款融资模式、信贷产品和服务方式。鼓励风险资本对文化创意企业进行投资，探索建立战略投资者有效退出机制。支持符合条件的文化企业上市融资和通过债券市场融资。鼓励有实力的企业、团体、个人依法发起组建各类文化产业投资公司和文化产业投资基金。

（二）完善财政投入机制

优化政府公共财政的资助方向和支持重点，由对文化单位和从业人员的一般性投入，转变为向文化项目投入为主，为市场发展前景好、科技含量高、带动作用强的文化产业项目提供经费和政策资助，发挥财政引导资金在文化企业发展初期的支持作用，设立与文化产业发展相关的专项科技研发奖励资金。

二、技术服务平台

为园区企业搭建技术服务平台，在园区运营公司设立专门的技术服务部门，为园区内相关创意设计、文化软件、动漫游戏、新媒体及文化信息服务、数字出版、影视演艺制作、文化旅游、非物质文化遗产开发、高端印刷和高端工艺美术等领域的文化企业提供专业的技术服务工作。

（一）技术研发

产业园技术服务平台联合武汉高校及科研机构共同开展关键技术的研发工作，如工程设计、艺术设计、动漫游戏、新媒体、文化信息服务、数字出版、影视演艺制作、创意体验、高端印刷和高端工艺美术等领域的技术研发工作，为园区企业的技术升级服务。

（二）技术转移

产业园技术服务平台为武汉高校和科研机构的科研成果、专利提供技术转移和交易平台，推进科研成果的转移和孵化。

产业园技术服务平台保护园区企业的知识产权和技术专利，同时提供知识产权和技术专利交易转化的平台，实现对知识产权在应用中的保护。

（三）数据及设备共享

产业园技术服务平台为园区企业，尤其是小微企业提供相关数据和设备的共享服务，建成世界工程设计素材云数据中心和长江艺术设计云数据中心，降低公共技术和设备的使用成本，促进园区企业特别是中小企业的共同成长。

三、展示推广平台

产业园为园区企业搭建综合展示推广平台，建立专门的产业展区和企业展区，由专职部门负责园区的宣传、展示、推广和对外交流。

（一）展厅展示

拟选择在园区总部或功能集聚区建立园区展厅，设置展示空间。展示内容涵盖"一心两轴四区"的产业模型、园区主导产业介绍、园区重点企业介绍、园区特色介绍等方面。同时设置多功能视频展厅，放映园区宣传片，通过视频的方式进行直观展示。

（二）网络展示

建设武昌·长江文化创意设计产业园官方网站，开通官方微博、官方微信等网络宣传平台，集中展示园区的机构、政策、活动、策划、展览、展示、交流推广等信息。

四、文化交流平台

产业园为园区企业提供文化交流平台，创造与国内外同行进行文化交流的空间与机会，激发文化创意设计的思维空间。

（一）展会活动

产业园筹备开展世界工程设计产业高峰论坛、世界期刊博览会、世界纪录片交易博览会等国际性展会活动，搭建国际交流平台，扩大园区文化创意设计产业的国际影响力。

（二）文化活动

产业园筹备开展昙华林国际当代艺术展、汉街国际时尚周等文化活动，搭建国际文化影响力平台，彰显园区文化创意魅力，提升园区文化创意活力。

五、企业孵化平台

产业园为园区创业企业和小微企业提供企业孵化平台，为初创企业提供生产研发空间以及基础设施服务，降低创业成本并提高效率，提供一种合理分摊创业者创业成本和创业风险的工具，营造创业者聚集效应，提高创业成功率。

（一）基础设施服务

产业园为园区创业企业优惠提供企业办公场所，共享园区基础设施，为创业企业迅速成长奠定空间基础。

（二）咨询辅导服务

产业园为园区创业企业提供各种信息咨询服务，提供各种相关政策扶持信息，并提供一般性商务代理服务和制定战略、管理制度、人力资源管理制度、市场分析、专业知识培训等服务项目，帮助企业在创业初期快速成长。

第七节　支撑保障体系

一、政策支持体系

（一）优化文化创新和文化产业发展环境

进一步加强文化创意产业的基础研究，开展、普及"三创"（创新、创意、创业）教育，营造良好的社会氛围和创业环境，培养城市鼓励创新、包容失败的宽容性文化，转变观念，提高社会各界对文化创新的整体认识水平。

（二）完善园区发展政策扶持体系

涉及武昌·长江文化创意设计产业园的重点建设项目，地方政府部门要开放政策、税收、资金、资源配置等方面的绿色通道，加大支持力度，释放文化体制改革政策红利，全面扶持园区文化创新与产业发展。

（三）落实促进自主创新扶持政策

抓住武汉市在中心城区大力发展文化产业的契机，结合武昌实际，进一步落实武昌·长江文化创意设计产业园的自主创新扶持政策。通过设立创业引导基金、文化创意辅导中心、文化产业孵化平台等措施，鼓励自主创新、创业，推进文化产业发展。

（四）加大投入和政策支持力度

从战略布局和集群发展角度，持续保持对各功能区和园区文化企业的政策支持力度，推动产业园区建设和企业入驻。对历史建筑进行保护性开发，为园区文化产业提供新的发展空间。完善园区基础设施、周边配套设施与环境建设，进一步合理规划园区格局。

二、运营支撑体系

（一）强化市场主体，完善公司化运营

按照现代企业制度培育文化市场主体，继续推进国有企业的改革和公司化运营，培育

全面参与市场竞争的企业主体。同时，以武昌文化旅游发展有限责任公司为主体，落实运营主体责任，提升运营服务水平。

（二）建立竞争机制，创新运营管理模式

产业园区的运营管理要尽量避免行政化色彩，充分发挥市场力量，引入竞争机制，搭建公共服务平台，提高产业聚集的整体效应从而形成全产业链系统，完善文化产业发展的专业孵化器建设。同时赋予产业园区行业组织、协会、产业联盟更大的自主权，推进产业园区自组织系统的逐步形成。

三、市场支撑体系

（一）完善文化市场体系

健全文化产品、服务和要素市场，重点培育资本、人才、信息、技术、知识产权等文化要素市场。发挥华中文化产权交易所在文化产权交易、文化产权投融资、文化产权登记等方面的功能，促进文化产业产权与社会资本的有效对接。

（二）拓展文化消费市场

培育文化消费市场，探索面向终端消费者的文化消费补贴机制，努力提高文化消费在城乡居民日常消费中的比重。改善文化消费环境，建设高水准文化服务设施和场所，培育网络文化消费新模式，促进文化消费结构优化升级，以创意体验消费带动文化生产活力。

（三）培育中介服务市场

有计划和分步骤地放开文化中介服务市场，规范文化中介企业的设立和运行，探索经纪人等中介服务业发展方式，发展文化经纪机构、代理机构、咨询服务机构等中介组织，制定和规范文化中介法规和规章，促进中介机构提高服务质量和水平，发挥其在资源供给、产品生产和市场之间的纽带作用。

四、人才支撑体系

（一）创新人才培育模式

更新人才观念，将文化创意人才培养纳入地方中长期人才发展规划。继续实施"文化名人"工程，大力培养文化领军人物和拔尖人才，打造富有吸引力、创造力和竞争力的文化人才环境。充分发挥武汉高校人才优势，鼓励并扶持高校毕业生和年轻人才在园区创业发展。支持相关院校加强文化创意、工程设计、数字艺术、电力设计、工程勘察设计、交通设计、建筑设计、城市规划设计、工业设计、工艺美术、新媒体、动漫网游等专业建设，与园区企业合作建立人才培养实习基地。加强文化创意人才的国际交流，以交流互换、合

作办学等形式，开展海外培训。

（二）创新人才引进策略

打破地域界限，积极引进文化创意产业领军人物，创新人才引进合作机制，鼓励企业吸引各类人才加入，造就高素质文化创意人才和经营管理人才队伍。发挥文化产业园区人才集聚功能，通过建立优秀文化人才引进"绿色通道"，提供优惠政策和生活便利等，形成富有吸引力的文化人才高地。

（三）创新人才管理模式

引进、吸收国内外先进文化产业园区的人才管理经验，构建先进的文化创意设计人才管理体系，完善地方政府和园区文化创意产业人才管理机制。

五、智库支撑体系

（一）智库保障

建立产业园的学术保障体系，依托武汉大学、湖北省社科院等学术机构和仲量联行、麦肯锡等专业咨询服务机构，对产业园的产业体系进行深入研究，建立文化创意、设计服务及相关产业的学科和理论支撑。

（二）科技保障

充分发挥武汉市众多科研院所的科技研发实力，建立科研成果与企业产品研发的对接平台，促使科研成果在园区内转化为文化和设计生产力，为文化创意、设计服务及相关产业的发展提供持续不断的创意和科技研发推动力。

 讨论

乡村与城市的文化产业集聚区策划与规划有何异同？实施策划、规划过程中需要注意哪些地方？

第九章

运营案例：横店影视城

本章学习要求和目标

要求：

了解横店影视城的运营模式，掌握文化产业集聚区（园区）的运营知识和技能。

目标：

理解文化产业集聚区运营模式的类型与特征，并初步确立对国内外文化产业集聚区运营模式的分析能力。

横店影视文化产业集聚区位于浙江省东阳市，规划范围共计 365 平方千米，除横店镇全域外，还包括周边湖溪镇、马宅镇全域和南马镇、南市街道、城东街道部分区域，其中核心区面积 136 平方千米。从 2004 年国家广电总局批准设立浙江横店影视产业实验区，到 2019 年浙江省委、省政府批准设立横店影视文化产业集聚区，横店影视产业的发展历程代表了中国文化产业行业的发展之路。其运营模式，也体现出中国文化产业集聚区独特的运营管理特征。

第一节　发　展　历　程

横店是浙江金华东阳市的辖镇之一，位于浙江省陆地中心区域，历史上是一个名不见经传的山区小镇。1996 年，以帮助中国著名导演谢晋建造《鸦片战争》电影取景基地为契机，横店开始发展影视产业。此后横店陆续建起了广州街·香港街、秦王宫、明清宫苑、清明上河图、梦外滩、圆明新园等汇聚南北地域特色、跨越五千年历史时空的影视实景拍摄基地，其规模居世界首位。

在拍摄基地建设的基础上，横店着力吸引影视产业要素集聚，为剧组提供一站式专业配套服务，逐步形成了集合影视基地、影视文旅、影视制作、电影院线、影视教育、影视版权交易、产业孵化、衍生产品开发等的完整产业链布局，建立起强大的影视产业生态圈，在中国影视行业居于龙头地位，有"中国影视梦工厂"之称。

横店影视城的发展历程如图 9-1 所示。

图 9-1　横店影视城发展历程

一、第一阶段（1996—2004 年）初步发展时期

横店影视产业的起步发展与横店集团密不可分。横店集团是以创办丝厂起步，后来又发展起磁性材料、电子电器、医药化工等产业的大型企业。1996 年，导演谢晋拟为香港回归拍摄影片《鸦片战争》，但却苦于找不到合适的取景地。横店集团在创始人徐文荣的带领下，仅用 3 个多月的时间便建成了 19 世纪广州街拍摄基地，自此拉开了横店影视产业开发的序幕。

随后，横店集团又相继建设了秦王宫、明清宫苑、清明上河图等不同历史时期背景的大型影视实景拍摄基地，并于 2000 年宣布对所有影视剧组免收场租费，极大降低了剧组的拍摄成本，因此到横店拍摄的剧组数量迅速增加。依靠毗邻中国小商品之都义乌的区位优势，影视器材、服装、道具等影视拍摄配套服务也在横店发展起来。

横店影视产业的发展同时带动了旅游业的起步。2000 年横店影视城入选国家首批 4A级景区，2001 年成立了专门的旅游公司并设立营销中心，游客接待量迅速上升。

二、第二阶段（2004—2012 年）规模化发展时期

以 2004 年国家广电总局批准设立浙江横店影视产业实验区为标志，横店影视产业的发展规模快速扩大。随着 20 余座影视拍摄基地相继建成，横店成为全球最大的影视实景拍摄基地，被美国《好莱坞报道》杂志称为"中国好莱坞"。

实验区的设立推动了影视产业发展要素在横店的集聚。地方政府专门出台了面向影视企业的税收优惠与奖励政策，吸引了一批影视企业和艺人工作室、影视后期制作公司入驻

实验区。同时，横店集团先后自主创办了浙江横店影视职业学院、横店影视股份有限公司，补上了职业技能型人才培养和电影院线发行两个环节。从人才培养到影视创作、实地拍摄，再到后期制作、影视发行，横店影视产业实验区在国内率先形成了完整的影视全产业链，并于 2012 年入选国家级文化和科技融合示范基地。

横店的影视旅游产业的规模在这一阶段也进一步扩大。以打造旅游演艺秀为核心战略，横店影视城先后推出了《暴雨山洪》《梦幻太极》等大型实景演艺秀和一批中小型演艺秀，并于 2010 年成功创建国家 5A 级景区，2011 年全年游客接待量突破 1000 万人次。

三、第三阶段（2012—2019 年）全域化发展时期

以 2012 年浙江省委、省政府批准设立横店影视文化产业实验区为标志，横店影视产业发展升格为省级战略，并开始全域化发展。横店影视拍摄基地规模进一步扩大，新建了春秋·唐园、梦外滩、圆明新园等大型拍摄基地，同时积极扩展与周边其他影视拍摄基地的合作。横店周边的村落纷纷建起外景拍摄点、摄影棚，办起餐馆、民宿。在政府的积极推动下，横店的公共服务设施和城镇风貌也得到快速提升。

在这一时期，横店的影视产业生态圈也开始形成。2012 年，横店开始举办一年一度的"横店影视节"，并从 2014 年起每年影视节期间颁发扶持影视新人新作的"文荣奖"。通过对资源的整合和优化，横店从科技、人才、金融等多维度发力，先后成立了横店影视产业协会、电影电视剧审查中心、网络影视剧审查中心、横店影视产权交易中心（横交所）、腾讯众创空间（横店）等机构，逐步形成了全国最完善的影视产业生态圈。

四、第四阶段（2019 年至今）高质量发展时期

2019 年浙江省委、省政府批准设立横店影视文化产业集聚区，推动横店影视产业由高速增长向高质量发展转型。横店集团新建了一批国际标准的高科技摄影棚，与中外一流影视高校合作办学，出资筹建横店电影学院，同时将导演村、作家编剧村（网络作家村）、制片人村等吸引高端影视人才集聚的项目也纳入了近期建设计划。

高质量发展同样体现在横店影视旅游领域。横店影视城在这一阶段逐步从观光型旅游景区向文旅消费目的地转型，影视文化与文化娱乐产业、会务会展产业、文创产业、体育产业、教育培训产业等业态融合发展，吸引了越来越多的游客到横店感受沉浸式的影视文化消费场景。

第二节 发展现状

经过 20 多年的发展，横店建立起从剧本创作到拍摄、从后期制作到完片发行交易的

完整产业链配套服务，降低生产制作和管理成本，形成了集聚优势，成为全国规模最大、功能最全、产业链最完善的影视产业基地，已成为"中国影视产业基地"的代名词。

在产业聚集方面，2004 年挂牌的横店影视城是全国第一个国家级影视产业实验区，也是全国首个集影视创作、拍摄、制作、发行、交易于一体的国家级影视产业实验区，实验区内拥有博纳影视、华谊兄弟、光线传媒、长城影视等一批国内著名影视企业。根据横店影视文化产业实验区管委会的统计数据显示，2019 年入驻企业数量达 1322 家，横店影视城累计接待剧组 2835 个，拍摄影视剧 6.4 万多部（集），生产出全国 1/4 的电影、1/3 的电视剧、2/3 的古装剧（见图 9-2）[①]。

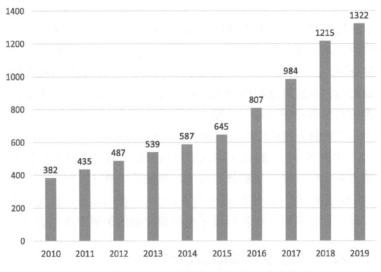

图 9-2 横店影视文化产业实验区入驻企业数量

在拍摄基地资源方面，自 1996 年以来，横店集团累计投入资金 30 亿元兴建广州街·香港街、明清宫苑、秦王宫（见图 9-3）、清明上河图、华夏文化园、明清民居博览城、梦幻谷、屏岩洞府、大智禅寺、红军长征博览城、春秋·唐园、圆明新园等 28 个影视拍摄基地和 28 个大型的现代化摄影棚，在时间上跨越千年历史时空、在空间上汇聚南北地域特色。

横店影视文化产业集聚区的发展还产生了外溢效应。在横店的带动下，浙江永康、磐安、新昌、象山、湖州等地纷纷谋划影视产业布局。截至 2019 年年底，浙江省全省有影视制作机构近 3000 家，国家级影视基地 2 个，其他各类影视基地 20 多个，影视文化上市公司 26 家。浙江把打造仅次于北京的全国影视产业副中心作为省级战略，支持横店影视文化产业集聚区发挥龙头带动作用，省内其他影视基地做优特色，并以影视产业的发展来带动旅游、休闲等产业发展，提高全省整体发展水平。

---

① 张颖. 2019 年影视产业园区调研报告：差异探索、竞争加剧[J]. 电视指南，2019（24）：31.

图 9-3　横店影视城秦王宫

在产业整体发展方面，横店影视城逐步形成了集影视、旅游、度假、休闲、观光为一体的大型综合性旅游区，并以其厚重的文化底蕴和独特的历史场景而被评为国家 5A 级旅游景区[①]。横店影视文化产业集聚区的发展推动了区域经济转型升级与快速发展，帮助了当地老百姓致富。横店影视城接待剧组和游客数量逐年攀升（见图 9-4）。截至 2019 年年底，横店影视文化产业集聚区累计接待中外游客达 1.7 亿人次，带动了旅游、商贸、餐饮、住宿、运输等第三产业的全面发展，创造了相关就业岗位约 5 万个。当地从事第三产业的劳动力占总劳动力就业总数的 53%，劳动力就业率达 100%。据相关统计数据显示，2017年横店城镇人均可支配收入达到 6.52 万元（全国平均水平为 3.64 万元），其已步入高收入阶段。除此之外，横店还吸引了来自全国各地的群众演员群体 8 万余人和影视美术工匠群体两千余人，为影视行业相关从业者创造了就业渠道。

图 9-4　横店影视城接待剧组和游客数量

---

① 胡涛. 基于资源基础理论的浙江影视文化产业群竞争力研究——以横店影视城为例[J]. 中国经贸导刊（中），2018，35（23）：109.

第三节　运　营　战　略

横店经过 20 余年从无到有的发展，被成功打造成为中国"规模最宏大、要素最集聚、成本最低廉"的影视文化产业集聚区。横店作为文化产业集聚区的经典案例，其运营模式值得深入研究。

一、横店影视城定位战略

（一）找准专业市场，明确产业定位

横店影视城从一开始就明确了影视拍摄基地的产业定位，以市场需求为出发点大规模地建设实景基地，随后在地理空间、特色文化和产业集聚的相互作用下持续发展，最终形成了自身独有的文化产业协同优势，为横店影视城后续的产业升级打下了良好的基础。

首先，创新思路高效利用土地空间资源，是发展横店影视城的基础优势。横店利用荒山、荒沟、荒丘、荒滩等"四荒"地理空间资源，变废为宝，打造了全国首个国家级影视产业试验区。横店镇地处山区，土地贫瘠，千沟万壑。如果兴建房屋，需要劈山填沟，难度很大。[1]但利用此地有山、有水的地理空间建设拍摄基地，使得横店地理劣势反而因土地成本低、空间回旋大而成为资源优势。

其次，利用特色木雕工艺，形成启动建设横店影视城的地域优势。东阳市被誉为木雕之乡，自唐代至今已有千余年的历史，是中华民族最优秀的民间工艺之一，被誉为"国之瑰宝"。在影视基地启动建设初期，当地的木雕产业不仅为横店影视城的兴建提供物力、节省财力，在建设融合之中还形成了标志性的本土文化要素，不断提升横店影视城的文化吸引力。

最后，产业要素的集聚程度与速度，对影视文化产业的发展具有持续性的决定作用。随着影视基地硬件建设的基本完成，中后期推动横店影视基地走向产业要素集聚和多产业链融合，进而成为行业领军企业的重要力量。横店集团通过促进制造业与服务业相互配套、工业化与信息化相互融合，使知识、科技、文化、艺术等元素更多地融入影视产业产品链中，显著增强了影视文化产业的发展活力[2]，充分发挥出文化产业对于相关产业的带动作用和对于区域经济社会和文化发展的溢出效应。

（二）锚定世界一流，内外全力助推产业升级

横店影视城经过了不断的更新升级，从单一的影视拍摄基地逐步升级为文化产业实验

---

[1] 潘瑾，吴梦君. 横店影视城案例分析[J]. 现代商业，2013，8（35）：106.

[2] 潘瑾，吴梦君. 横店影视城案例分析[J]. 现代商业，2013，8（35）：106.

区和文化产业集聚区（见图 9-5）。2018 年 4 月，浙江省委、省政府出台《关于加快推进横店影视文化产业发展的若干意见》，要求设立横店影视文化产业集聚区，推动集聚区成为浙江省影视文化产业发展的战略性平台，把横店打造成为全省文化产业的龙头基地、全球最强的影视产业基地和全国影视文化产业的集聚中心、孵化中心、交易中心、人才中心、体验中心。自此，横店朝着"全球最强的影视产业基地"的目标努力。2020 年 6 月，横店影视文化产业集聚区成立大会暨授牌仪式在东阳市行政中心举行。横店文化产业集聚区的成立，开辟了横店影视文化产业高质量发展的新空间。从首个国家级影视产业实验区，再到影视文化产业集聚区，横店成为引领全国影视改革发展的"风向标"。

图 9-5　横店影视城定位战略

在国际战略定位上，横店影视文化产业集聚区瞄准建成具有中国气派和浙江辨识度的重大标志性成果的目标，树立国际视野、对标国际标准，建成了拥有 40 余个高科技摄影棚的影视产业园项目，其中包含全球面积最大的摄影棚和两座国内技术最先进的综艺棚，为影视精品的创作生产提供了完善的基础设施保障。

在国内战略定位上，横店影视文化产业集聚区以成为影视业综合改革的试验田为目标，为全省乃至全国影视业改革发展提供可复制可推广的鲜活经验。横店影视城统筹省市县及横店集团的资源，不断探索与剧组共同投资建设实景拍摄基地、与周边地区合作建设外景基地等新模式，优化以"整合资源、理顺关系"为原则的管理体制机制，形成了推动影视行业综合改革的合力。

在区域战略定位上，横店影视文化产业集聚区以争做全省影视文化产业发展的全能冠军为目标，着力建设世界一流的影视文化产业集聚区。横店发挥影视与旅游相结合的优势，与时俱进，不断创新。从 2007 年开始，横店投资上亿元建成的梦幻谷，实现了从观光性旅游产品到参与性、体验性旅游产品的成功转型。其中的全景式音乐舞蹈魔幻剧《梦幻太极》（见图 9-6），运用多媒体、特技、舞蹈、杂技、魔术、特效等多种现代演出手段，极具观赏性和参与性，2011 年 9 月入选"中国最具国际影响力的十大旅游演出"[①]。2019年升级改版再次推出，新开放的梦外滩景区集合了实景拍摄基地、摄影棚、沉浸式影视主题乐园、影视主题度假酒店、文化博物馆群、文创空间等多功能于一体，开创了文化与旅游融合的新模式。

---

① 王彤. 探析横店影视基地的产业化发展之路[J]. 全国商情（理论研究），2012，27（10）：18.

图 9-6　全景式音乐舞蹈魔幻剧《梦幻太极》

二、横店影视城竞争战略

横店影视城将全产业链竞争作为文化产业集聚区发展的竞争战略，推进影视产业链和旅游产业链的融合与延伸以强化聚集效应，促进综合创新。

（一）构建全产业链，推动产业集聚化

横店集团创造性地将旅游业和影视产业结合起来发展全产业链（见图 9-7），以影视业来汇集人气，塑造知名度和美誉度；以旅游业来放大产业收益，两大产业的"双轮驱动"促成了横店影视城 15 年来的快速成长。

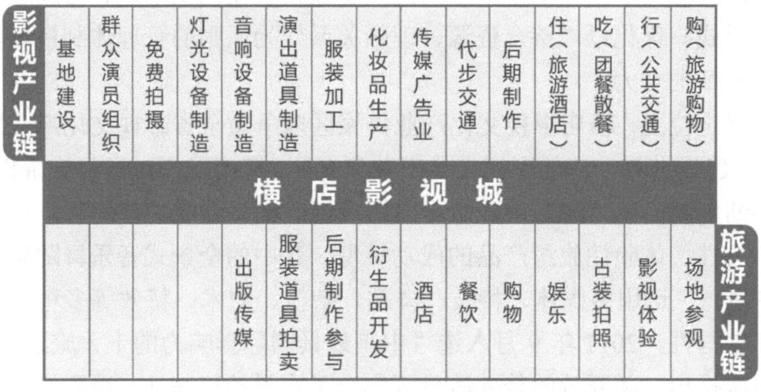

影视产业链	基地建设	群众演员组织	免费拍摄	灯光设备制造	音响设备制造	演出道具制造	服装加工	化妆品生产	传媒广告业	代步交通	后期制作	住（旅游酒店）	吃（团餐散餐）	行（公共交通）	购（旅游购物）
						横　店　影　视　城									
旅游产业链				出版传媒	服装道具拍卖	后期制作参与	衍生品开发		酒店	餐饮	购物	娱乐	古装拍照	影视体验	场地参观

图 9-7　横店影视城产业链

虽然横店发展影视产业的启动出于偶然，但横店抓住了机遇，展开了吸引影视产业集聚发展的持续行动。从 1996 年建设广州街拍摄基地至今，横店不断有新的拍摄基地投入使用，打造"建不完的横店影视城"，规模已成为世界首位。在拍摄基地建设之外，横店

集团创办了横店影视股份有限公司，从事院线发行、电影放映及相关衍生业务；原浙江省广电局先后在横店设立电影电视剧审查中心和网络影视剧审查中心，作为全国唯一的地方性影视剧审查中心；横店集团投资设立横店影视产权交易中心（横交所），为市场参与者提供影视版权、实物资产、影视项目等全方位的专业服务；联合多方力量打造了腾讯众创空间（横店），配备多个创作间、摄影棚、剪辑室、演播室等，为小微影视创作团队提供孵化服务；从影视项目立项、创意，到为剧组拍摄提供制景、器具租赁、服装、化妆等配套服务，再到影视后期制作，乃至影视发行、影视金融、影视孵化、影视教育等延伸业务，影视产业链上几乎所有环节都能在横店完成。通过集聚发展，横店牢牢掌握了影视产业的先发优势。

横店影视城的拍摄基地不仅是其影视产业发端的根基，也是当地最初的旅游景点。借助影视剧作和影视明星的吸引力吸引游客前来观光旅游。游客的到来促成了拍摄基地景区化，明星、剧组的人气带动了旅游人气，观光旅游产业链由此构成。在既有的基地景区化建设中，旅游产品实现了多样化，由静态的基地观光，到动态的影视文化演艺秀，再到互动体验性的拍摄体验和非影视类的主题景区，旅游产业链不断延伸、拓宽，横店影视城作为综合性景区的竞争力进一步凸显。

影视产业链和旅游产业链的融合使横店影视城的影响力和人气急剧增强，配套延展出了生活服务链，包括酒店、餐饮、住宿、交通、娱乐等产业，为影视制作和旅游消费提供配套的生活服务。生活服务产业链的深度融入，以及与影视产业链和旅游产业链的结合，带动了横店影视城周边区域发展，体现出多产业链融合的综合效益。

（二）专业化服务"精而细"，形成了独特的内涵竞争优势

除了大而全的影视和旅游产业链，横店影视产业的竞争力还来自于专业化的精准服务。以影视道具租赁业务为例，横店影视城拥有国内最大的道具公司，能同时接纳100个以上在拍剧组道具的使用需求；横店老爷车租赁中心拥有200余台各年代的道具车辆，并可根据剧组需求定制车辆，定制一辆车平均只需要三四个月的时间。横店影视城与多个影视烟火、枪械公司合作，拥有200多种道具枪支；横店警方还专门设立了枪械库，以方便剧组枪械师对枪支器材进行安全保管。

横店集团建立了标准化管理服务模式。横店为影视剧组和游客群体提供标准化服务，在实践中不断修改完善各类服务规范和标准，并参与起草了《影视拍摄基地服务规范》《主题公园演艺服务规范》等国家标准；为了保障群众演员群体和美术工匠群体的合法权益，并高效对接剧组的用工需求，横店影视城先后成立了公益性的演员公会和工匠公会，打造专业化的服务平台，推动构建现代影视服务标准化体系。

三、横店影视城营销战略

（一）公共营销助推影视产业发展

地方政府作为公共营销的组织者，在公共营销中处于核心地位，发挥着举足轻重的作用。自 2004 年浙江横店影视产业实验区成立以来，横店所在的东阳市委、市政府全力营造政策洼地，先后出台了影视文化产业发展专项基金、影视企业贡献奖等一系列扶持政策，带动影视企业在横店发展壮大。近年来，当地政府部门还将新兴文化业态发展、高端人才引进、群众演员管理等环节都纳入到了扶持范围，使横店对产业高端创新要素的吸引力进一步增强。同时，浙江省在全国率先推行"最多跑一次"行政审批效率改革，浙江省委宣传部对横店影视文化产业集聚区下放电影、电视剧、网络剧初审权，影视生产的效率得到极大提升，横店确立起独特的竞争优势，而当地政府也被众多影视行业从业者称赞为"最懂影视的政府"。

作为横店影视产业的市场主体，横店集团也始终致力于构建包容性的影视产业生态系统。尤其是面对影视行业阶段性波动的时候，横店集团能够保持战略定力，不局限于眼前短期的利益，着眼长远决策，主动帮助集聚区内其他影视企业渡过难关。2000 年，横店影视城率先宣布对国内外所有影视剧组免费提供拍摄场地。2019 年，国内影视行业进入"低谷期"，影视公司普遍面临经营困难，横店又宣布进一步对剧组让利，剧组可凭极低的价格租赁横店所有的摄影棚，而现代、当代、科幻题材剧组费用全免，并可享受在横店的住宿优惠和便利服务。2020 年新冠肺炎疫情期间，横店为驻留的群众演员发放生活补贴，为在拍剧组减免场地费用和住宿费用，当地政府也为剧组发放影视拍摄消费券，并加大金融扶持力度，尽力减少剧组损失（见图 9-8）。

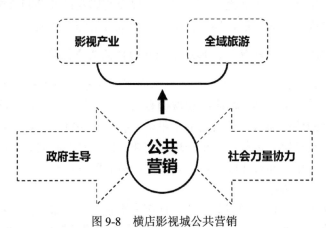

图 9-8　横店影视城公共营销

（二）公共营销推动全域旅游发展

第一，政策保障。东阳市委、市政府一直以来都十分重视全域旅游。2016 年 4 月，东阳市委市政府成立了东阳市文化旅游发展委员会，推动东阳由"景区旅游"向全域旅游发展。2018 年 3 月，东阳市政府批准《东阳市全域旅游发展总体规划（2017—2030 年）》（简称《总规》）。《总规》提出，把东阳市旅游业培育成为统筹全市国民经济和社会发展的战略性支柱产业，实现全市旅游产业升级和融合发展的引擎产业，推动东阳新型城镇化和城乡空间优化调整的纽带产业，引领东阳可持续发展的生态产业，促进东阳城乡居民增收和社会就业的富民产业，确立了"1133"全域旅游总体布局，即 1 个旅游门户、1 条旅游廊道、3 个产业中心、3 大产业板块。这些系列政策规划的相继出台，为全市的旅游发展提供了政策保障。

第二，对外推广。东阳市积极通过传统媒体宣传、网络媒体宣传、各类展会宣传、节庆活动、专题报道、代理商踩线、专题推介、客源市场"专卖"等宣传促销手段大力营销全域旅游，在《浙江日报》《钱江晚报》《中国旅游报》等刊发布东阳全域旅游创建专版，在国、省道和高速出口设立全域旅游宣传景观节点 22 处。同时采用城市形象宣传与旅游主题宣传相结合、景区产品宣传与客源市场推介相结合的方法，致力打响"木雕之都、影视名城"品牌。开设"东阳旅游"官方抖音号。与中国移动合作开展精准营销，向来到东阳的潜在客户群体发送最新东阳旅游资讯 87.5 万条。与 107 广播合作，在热门时段播放东阳旅游宣传信息，开发自驾游群体。与浙江卫视、上海广播电视台都市频道、浙江电视台教育频道等合作拍摄东阳微视频，同步上架腾讯、优酷等视频网站。

通过全方位创建和政府与市场共同努力，东阳市旅游产业已成为上下贯通、市镇村联动、融合协作的综合性产业，迎来了资源整合、文旅融合、规模集聚、全域发展的高质量发展阶段。2019 年东阳市共接待游客 2953 万人次，实现旅游收入 274 亿元。[①]

第四节　投融资管理

横店集团作为大型民营企业，影视产业和旅游产业主要以民营资本投资为主体。

一、投融资平台建设

（一）资本市场投融资平台

东阳市政府通过出台各种优惠措施，营造良好的企业上市环境，来增强企业上市的信心和成功率，从而加快产业转型，提升了市场竞争力。横店集团经过 40 余年的发展，形成了电气电子、医药健康、影视文旅、现代服务四大支柱产业，并在影视产业的上下游产业链中拥有深厚的根基，现拥有上市公司 6 家。2017 年，横店实验区内进入资本市场的企业已达 32 家，正在规划上市的企业有 17 家。

2018 年中国横店影视节·影视文化项目投融资对接会在横店召开，活动吸引了全国各地百余个影视文化项目和 30 多家投资企业参加。该对接会由横店影视产业协会主办，浙江横店影视产权交易中心、横店集团影视文化产业服务中心承办，旨在为影视文化项目投

---

① 李民中，包康轩，胡扬辉，胡鼎. 我市全域旅游发展快看点多 2019 年接待游客 2953 万人次，实现旅游收入 274 亿元[EB/OL].（2020-01-14）[2020-06-20]. http://dynews.zjol.com.cn/szxw/202001/t20200114_11573579.shtml.

融资双方洽谈合作提供平台，促进影视文化产业发展。[①]

2019 年中国横店影视节·影视文化项目投融资对接会共有 33 个影视投融资项目，以及 36 家影视投资机构和 21 家商业银行参与洽谈。此次对接会由浙江横店影视产业实验区管委会、市财政局、市人民政府金融工作办公室和横店影视产业协会主办，浙江横店影视产权交易中心和横店集团影视文化产业服务中心承办。搭建影视文化项目投融资对接会这一平台，是东阳市为顺应影视产业发展需求、破解企业融资难的问题而采取的一项重要措施。在解决影视企业融资难题上，将进一步发挥好文化产业发展引导基金以及政策性融资担保公司作用，进一步引导金融机构创新方式，加大对影视企业的信贷支持力度，为影视企业提供更好的金融服务、金融支持。[②]

（二）社会资本投融资平台

2020 年 4 月 28 日，东阳市人民政府金融工作办公室发布《关于建立我市影视文化产业融资担保体系的实施意见》，作为贯彻落实《中共浙江省委办公厅浙江省人民政府办公厅印发〈关于加快推进横店影视文化产业发展的若干意见〉的通知》精神的实施意见，针对东阳市影视文化行业存在融资难、资本缺的难题，提出要充分利用政府"财政+金融"的各项政策，创新金融产品，以金融资本吸引影视文化项目及相关产业链落地本市，推动影视文化产业高质量发展。

1. 搭建"影视项目+交易平台+银行融资+政府增信"的产业融资担保体系

以横店影视产权交易中心为平台，以影视企业影视剧项目为载体，由银行提供融资授信，政府提供政策性担保，解决影视企业融资难的问题。影视文化行业是轻资产行业，银行融资较为困难，因此要通过搭建影视文化行业融资担保体系，有效解决影视企业的"痛点"，让更多优质的影视文化企业和优秀的影视剧项目落地东阳。

2. 打造横店影视文化产业资本服务平台

第一，横店影视产权交易中心作为影视企业和金融机构间的"桥梁"，是双方之间建立信任关系的纽带，以横店影视产权交易中心为融资担保构建价值评估体系，探索一条有效解决影视企业资产定价难的政策路径。第二，横店影视产权交易中心可以通过融资担保的评估服务，吸引更多的影视剧项目在交易中心挂牌交易，推动业务发展，助其发展成为全国最大的影视产权交易平台；第三，加强各方的相互协作，通过发挥各自优势进行资源整合，利用政府增信搭建的融资担保体系，为横店影视产权交易中心在行业中树立起一定的专业性和权威性，打造成为全国一流的影视文化资本服务平台。[③]

① 陈勇. 横店影视节举行专场对接会 搭建影视文化项目投融资平台[EB/OL].（2018-10-22）[2020-06-20]. http://dynews. zjol.com.cn/dynews/system/2018/10/22/031214082.shtml.

② 陈勇. 助力影视文化产业发展 项目投融资对接会举行[EB/OL].（2019-10-28）[2020-06-20]. http://dynews.zjol.com.cn/szxw/ 201910/t20191028_11265916.shtml.

③ 东阳市人民政府.《关于建立我市影视文化产业融资担保体系的实施意见》政策解读[EB/OL].（2020-07-23）[2020-06-20]. http://www.dongyang.gov.cn/art/2020/7/23/art_1229200322_1074472.html.

二、投融资环境

（一）政策环境

政府政策对影视产业和旅游产业影响巨大，合理的规划和有序的管理能够正确引导产业方向，将政府"无形的手"与市场"有形的手"相结合，有利于推动经济效益的最大化。

横店地方政府对横店影视城的发展提供了多元的政策扶植，例如 2016 年在设立横店影视文化产业实验区的过程中，出台了众多优惠政策，包括设立专项发展基金、优先安排建设用地、税收优惠、优先安排拍摄场景与宾馆住宿等，从影视摄制剧组到后期制作等文化产业链的上下游企业都享受到了当地政府的政策优惠[①]。2017 年出台《关于进一步扶持横店影视文化产业发展的补充意见》，加大财税支持力度，每年安排 1000 万元专项资金鼓励入区企业在东阳取景拍摄、在东阳实质性落地以及支持企业上市。

（二）法律环境

随着横店影视产业的快速发展，对法律服务需求也日益增大。东阳市司法部门紧紧围绕大调研、大平台、大服务三个方面，努力打造影视文化产业最佳法律服务环境。

第一，开展影视文化产业法律保障调研。着眼于影视文化产业法律服务难点、痛点问题，立足司法行政实际，以打造影视文化产业最佳法律服务环境为目标，以影视文化产业知识产权保护为重点，向全市影视文化企业和从业人员及各律师事务所、公证处发放打造影视产业最佳法律服务环境问卷 2532 份。从 2018 年 1 月份开始，至 2019 年 6 月底，共走访影视文化企业 932 家，影艺人员个人工作室 35 个，基本实现全覆盖。联合市法院对涉及东阳市影视文化企业的诉讼案件进行系统分析，共收集到意见建议 236 条。

第二，搭建影视文化产业法律服务大平台。注重点、线、面结合，构建看得见、摸得着、用得上的影视文化产业法律服务平台。"点"即是在影视产业管委会、市公共法律服务中心以及全市所有律师事务所、公证处探索设立影视文化产业法律服务点。截至 2019 年 6 月底，已经设点 21 个。同时在 2 家律师事务所设立影视文化产业"一站式"法律服务平台，积极开展影视文化产业"全科法律服务"，让影视文化企业和"横漂"等从业人员在该平台能够解决所有法律问题。线即是打造影视文化产业法律服务链，为影视文化主管部门、行业协会、企业、媒体等专门研发该行业各条块的专项法律服务产品，形成行业法律服务闭合环，服务范围渗透至影视文化产业链条的各个环节。另外在影视文化产业管委会和市公共法律服务中心设立免费影视文化产业法律服务热线，及时解答法律问题。"面"即是在 2018 年 3 月组建东阳市影视文化产业法律服务联盟。主要任务是研究分析全市影视文化产业法律服务形势，以联盟为平台，以调研、座谈、参观学习、疑难法律问题会商等形式，开展法律服务人员大培训，提高法律服务行业服务影视文化产业的能力和

① 谢朋真. 横店影视城发展因素分析[J]. 旅游纵览，2018，8（5）：144.

水平，更好地为东阳市影视文化产业发展保驾护航。

第三，推动影视文化产业法律大服务。结合百名律师进千企专项行动，共为 536 家影视文化企业进行法律体检，进行有关法律风险评估，帮助影视文化企业排查梳理经营与管理方面存在的重大缺陷和潜在风险，指导企业依法运营，及时规避相关法律风险。截至 2019 年 6 月，共向影视文化企业发出法律意见书 125 份，为东阳市影视文化企业挽回经济损失 1000 多万元。积极引导法律服务行业减免影视文化企业的代理费用，共减免影视文化企业相关费用 20 余万元。对涉及东阳市影视文化企业的诉讼案件进行系统分析，发布影视文化产业法律风险预警 3 次 6 条。加强与影视行业相关协会的沟通交流，签订法律服务合作框架协议，为影视文化企业提供个性化、全域化服务。依托金华市律师协会东阳分会，组建影视文化产业维权委员会，建立影视文化产业法律服务应急联动机制。[①]

2020 年 4 月，横店影视政协委员会客厅、婺商司法服务政协委员会客厅联合举办"疫情期间影视企业法律云服务主题活动"。横店影视产业实验区入区企业代表、律师及相关部门负责人共 60 多人参加了政策解读、法律法规解答在线交流互动活动，从法律层面为影视企业解答复工复产及后续生产经营中的疑惑问题，为企业规范经营、规避风险、维护稳定发展提供了法律的保障。

（三）交易环境

2018 年 7 月 16 日，浙江横店影视产权交易中心开业暨交易系统上线新闻发布会在横店举行。浙江横店影视产权交易中心是按照国家和浙江省有关金融支持影视文化产业发展的政策精神，经浙江省人民政府批准设立的专注于影视产权交易及相关服务的地方资本市场平台。该中心以服务文化产业振兴发展为宗旨，通过整合影视产业链上下游资源，提供专业高效的综合配套服务，致力于推动影视文化产业要素资源的优化配置，改善影视文化产业的投融资环境，提高金融服务水平，促进对影视文化知识产权的保护。主要业务包括为各类影视文化企业和投资机构开展影视产品和服务交易以及投融资提供服务支持，为影视产品转让、影视版权交易及影视类金融产品交易提供场所、设施以及产品、合约的登记、托管、挂牌等第三方管理服务，提供市场监测、统计分析、研究培训服务等。[②]

浙江横店影视产权交易中心将依托浙江横店影视产业集聚区这一公共服务平台，以市场化方式引进和整合全国范围内的专业服务商，聚集市场资源，围绕影视文化产权交易打造信息发布、资产定价和风险管理三大核心平台，充分利用互联网、大数据、区块链等信息技术和各类金融工具进行产品开发和业务模式创新，打造线上线下相结合、文化与资本相融合的全产业链影视产权交易平台。

[①] 东阳市人民政府. 东阳全力打造影视文化产业最佳法律服务环境[EB/OL].（2019-08-08）[2020-06-20]. http://www.dongyang. gov.cn/art/2019/8/8/art_1229165555_50967482.html.

[②] 横店集团. 浙江横店影视产权交易中心开业 打造一流产权交易平台[EB/OL].（2018-07-18）[2020-06-20]. http://www. hengdian.com/newsdot_8872.html.

第五节　品　牌　运　营

一、横店影视城现有品牌形态

（一）区域品牌

横店作为影视文化名城，拥有丰富独特的影视拍摄基地、影视资源与影视特色。东阳市充分利用了"横店影视"品牌效应，整合文化资源，强化产业优势，探索成立影视文化研究院、品牌建设指导站、版权保护中心等机构，承担起影视文化产业研究、品牌管理、版权保护等工作，提升品牌运营能力。

东阳市连续 5 次开展主题为"东阳影视木雕·义乌购物美食游"的"东义双城游"旅游推介活动，组织横店影视城、东阳中国木雕城、卢宅、义乌中国小商品城集团等旅游企业走进湖南、贵州、西安、河南、四川、成都等地，以发挥区域旅游的效应，扩大两地的影响力与知名度。据统计，自 2018 年 10 月在西安、洛阳举行推介会以来，陕西、河南两省来东旅游人次出现显著增长，同比增长超过 20%，其中西安、洛阳两地来东人次同比增长超过 40%。

在乡村旅游方面，横店镇以"一村一影视，一村一特色"为主题，整合周边的影视、旅游资源，建设各具特色的影视村，推动乡村振兴。还配备资深剧组美工师作为影视旅游顾问，负责做好实地走访、现场对接、制定设计方案等工作，以此带动全市村民共同致富。

（二）企业品牌

横店影视城有限公司是横店集团的成员企业，专业从事影视旅游经营，坚持"影视为表，旅游为里，文化为魂"的经营理念，逐渐把影视城打造为集旅游、观光、度假和休闲为一体的大型综合性旅游区，并成为中国唯一的"国家级影视产业实验区"以及国家 5A 级旅游区。

据迈点研究院发布的"5A 级景区品牌 100 强榜单"显示，横店影视城景区 2019 年 6 月—2020 年 6 月以来一直位于榜单前 15 名。该榜单的 MBI 指数主要从用户影响力、媒体影响力和行业影响力三个维度分析品牌的影响力，这表明横店影视城在行业内具有较强的影响力和较高的认可度。

（三）产品品牌

在横店影视城品牌影响下，横店影视城的特色旅游进入品牌开发阶段，横店影视城现已经形成多个成熟的主题景区、主题乐园及相关的演艺节目（见表 9-1）。除此之外还有定制主题游等特色旅游产品，包括微电影体验游、毕业季穿越游、影视追剧游等。旅游项目也针对不同的游客群体设计出亲子游、探班游和研学游等，给游客带来更丰富的游览体验。

表 9-1　横店影视城主要主题景区、乐园及演艺节目①

主 题 景 区	景 区 简 介	演 艺 项 目
秦王宫	以秦朝王宫的主殿咸阳宫为原型，1997 年为配合陈凯歌导演拍摄《荆轲刺秦王》而建。《英雄》《汉武大帝》《寻秦记》《画皮》《无极》《庆余年》等影视大片都诞生于此	始皇登基 龙帝惊临 帝国江山 梦回秦汉
明清宫苑	参照明清时期宫廷建筑手法，又融入了民国年间的建筑风格，荟萃了京城宫殿、皇家园林、王府衙门、胡同民宅等建筑系列，真实地再现了多个历史时期燕京的官府民居、街市店铺和宫殿风貌。诞生了《满城尽带黄金甲》《金枝欲孽》《后宫甄嬛传》《延禧攻略》《宫》等热门影视作品	八旗马战 花车巡游 清宫秘戏 紫禁大典
清明上河图	以北宋著名画家张择端的巨作《清明上河图》为蓝本，取其神韵，结合北宋时期的社会背景、民俗、民风及宋时的古建特色而建。在此拍了《小李飞刀》《仙剑奇侠传》《花千骨》《知否知否应是绿肥红瘦》《陈情令》等影视大片	汴梁一梦 游龙戏凤 笑破天门阵
广州街·香港街	1996 年为配合谢晋导演拍摄历史巨片《鸦片战争》而建，是横店影视城开始的地方。再现了 1840 年前后的羊城旧貌和香江风韵，已成为谍战剧、抗战剧的热拍地，《潜伏》《伪装者》《老九门》《麻雀》等影视大片均诞生于此	大话飞鸿 怒海争风 魔幻风情
梦幻谷	大型夜间影视体验主题乐园。由梦文化村、水世界、儿童梦工厂、江南水乡、梦幻海豚湾等五大区域组成，拥有众多游乐设施。以火山爆发、暴雨山洪等各种自然现象及自然风貌展示为主要内容，也是夏日必打卡的水乐园	梦幻太极 暴雨山洪 小鸟加油儿童剧 小小马戏团 儿童梦工厂游乐项目 陆上游乐项目
梦泉谷	大型养生休闲度假地。环山抱水，集温泉养生、疗养度假、游乐戏水、生态观光为一体，适合家庭亲子休闲，疗休养度假，以及举办各类庆典、会务等活动	梦幻雨林
梦外滩	以 20 世纪 30 年代至 40 年代的老上海为主要原型，传神再现了老上海十里洋场的旧时风情，是集电影主题乐园、影视拍摄服务、旅游休闲度假酒店、综合服务为一体的横店品牌特色文化主题景区	百老舞汇 啼笑洋戏
圆明新园	万园之园，研学实践教育基地。横店圆明新园由新圆明园（春苑）、新长春园（夏苑）、新绮春苑（秋苑）、新畅春园（冬苑）等组成。按北京圆明园 1∶1 比例 84% 的原版复建，汲取圆明园盛时精华并进行创新，是集中西方优秀造园艺术、融合中华文化与世界多元文化于一体的辉煌壮丽的文化乐园	火烧圆明园（夏苑）

① 横店影视城官方网站[EB/OL]．[2020-06-20]．http://www.hengdianworld.com/．

二、横店影视城品牌运营策略

区域品牌是企业品牌和产品品牌集成化的结果，也是文化产业集群发展的高级形态。区域品牌、企业品牌和产品品牌作为不同的品牌形态，在文化产业发展过程中发挥着不同的作用，三者相互依靠，共同发展。

从横店来看，横店影视拍摄基地东阳作为区域品牌，不仅提升了城市的品牌价值和旅游形象，还促进了当地经济的发展。横店影视城的企业品牌是支撑区域品牌蓬勃发展的重要基础，二者之间是"根"与"枝叶"的关系，"根深"才能"叶茂"；反过来亦然，只有"叶茂"才能"根深"。横店影视城的各种旅游服务、文化服务产品是游客最直接感受品牌价值的渠道，好的产品能够提高游客对品牌的认可度，从而进一步肯定整个企业品牌和区域品牌。把握好三者相互促进的关系，发挥好各自的作用，对于提高整个文化产业集群竞争力具有重要意义。

讨论

结合一个国外的案例，比较分析中西方文化产业集聚区的运营模式的差异，并总结其特点。

参 考 文 献

[1] 弗朗索瓦·佩鲁. 新发展观[M]. 张宁，丰子义，译. 北京：华夏出版社，1987.

[2] 让·鲍德里亚. 消费社会[M]. 刘成富，全志钢，译. 南京：南京大学出版社，2000.

[3] 赛特斯·杜玛，海因·斯赖德. 组织经济学[M]. 原磊，王磊，译. 北京：华夏出版社，2006.

[4] 阿尔文·托夫勒. 第三次浪潮[M]. 黄明坚，译. 北京：中信出版社，2018.

[5] 贝蒂娜·康韦尔. 活动赞助：体育、艺术活动中的营销传播[M]. 蒋昕，译. 重庆：重庆大学出版社，2017.

[6] 菲利普·科特勒，凯文·莱恩·凯勒. 营销管理[M]. 梅清豪，译. 上海：上海人民出版社，2006.

[7] 迈克尔·波特. 国家竞争优势[M]. 李明轩，邱如美，译. 北京：华夏出版社，2002.

[8] 亚德里安·斯莱沃斯基. 发现利润区[M]. 凌晓东，等译. 北京：中信出版社，2003.

[9] 亚德里安·斯莱沃斯基. 赢利[M]. 张秀琴，音正权，译. 北京：中信出版社，2003.

[10] 约翰·费斯克. 理解大众文化[M]. 王晓珏，宋伟杰，译. 北京：中央编译出版社，2001.

[11] 宫本宪一. 环境经济学[M]. 朴玉，译. 北京：三联书店，2004.

[12] 查尔斯·兰德利. 创意城市：如何打造都市创意生活圈[M]. 杨幼兰，译. 北京：清华大学出版社，2009.

[13] 迈克·费瑟斯通. 消费文化与后现代主义[M]. 刘精明，译. 南京：译林出版社，2000.

[14] 斯科特拉什，西莉亚卢瑞. 全球文化工业：物的媒介化[M]. 要新乐，译. 北京：社会科学文献出版社，2010.

[15] 单霁翔. 博物馆的文化责任[M]. 天津：天津大学出版社，2017.

[16] 单霁翔. 从"馆舍天地"走向"大千世界"[M]. 天津：天津大学出版社，2019.

[17] 范周. 中国文化产业年鉴[M]. 北京：光明日报出版社，2018.

[18] 范周. 中国文化产业40年回顾与展望（1978—2018）[M]. 北京：商务印书馆，2019.

[19] 傅才武. 武昌区文化创意产业发展与创新[M]. 武汉：崇文书局，2018.

[20] 傅才武. 中国文化市场的演进与发展[M]. 北京：经济科学出版社，2019.

[21] 胡惠林. 文化产业学[M]. 北京：清华大学出版社，2015.

[22] 花建. 文化产业的集聚发展[M]. 上海：上海人民出版社，2011.

[23] 花建. 互联互通的文化创意产业新业态[M]. 上海：东方出版中心，2017.

[24] 李向民. 中国文化产业史[M]. 长沙：湖南文艺出版社，2006.

[25] 李佐军. 环丹江口区域发展战略研究[M]. 北京：中共中央党校出版社，2012.

[26] 王缉慈. 创新的空间——产业集群与区域发展[M]. 北京：科学出版社，2019.

[27] 熊元斌. 旅游业、政府主导与公共营销[M]. 武汉：武汉大学出版社，2008.

[28] 杨昌明，江荣华，查道林，李丹阳. 产业集群资源支持力评价[M]. 武汉：中国地质大学出版社，2008.

[29] 于平，傅才武. 中国文化创新报告（2011）[M]. 北京：社会科学文献出版社，2011.

[30] 周三多，邹统钎. 战略管理思想史[M]. 上海：复旦大学出版社，2003.

[31] 周新生. 产业分析与产业策划：方法及应用[M]. 北京：经济管理出版社，2005.

[32] 白津夫. 加快发展方式转变的重点与主要任务[J]. 理论参考，2010，9（9）：14-16.

[33] 陈少峰，侯杰耀. 互联网文化产业的挑战与对策[J]. 北京联合大学学报（人文社会科学版），2016，14（2）：8-12.

[34] 陈少峰，侯杰耀. 文化旅游产业的最新发展动向[J]. 艺术评论，2018，16（12）：7-13.

[35] 陈少峰. "互联网+文化产业"的价值链思考[J]. 北京联合大学学报（人文社会科学版），2015，13（4）：7-11.

[36] 陈少峰. 文化产业融合发展的趋势与模式[J]. 人文天下，2017，6（23）：2-6.

[37] 单霁翔，邢丽涛. 文旅融合的故宫实践[N]. 中国旅游报，2019-02-11（4）.

[38] 单霁翔. 世界文明格局演进与文化遗产保护战略[J]. 中国科学院院刊，2017，32（7）：681-689.

[39] 单霁翔. 通过对话彰显文化自信[N]. 人民日报，2016-12-16（24）.

[40] 单霁翔. 文化景观遗产保护的相关理论探索[J]. 南方文物，2010，49（1）：1-12.

[41] 丁煌，方堃. 基于整体性治理的综合行政执法体制改革研究[J]. 领导科学论坛，2016，29（1）：5-17.

[42] 丁煌，梁满艳. 地方政府公共政策执行力测评指标设计——基于地方政府合法性的视角[J]. 江苏行政学院学报，2014，4（4）：99-106.

[43] 丁煌，周丽婷. 地方政府公共政策执行力的提升——基于多中心治理视角的思考[J]. 江苏行政学院学报，2013，3（3）：112-118.

[44] 范玉刚. 健全体系是文化产业迈入新发展阶段的时代要求[J]. 深圳大学学报（人文社会科学版），2021，38（1）：46-53.

[45] 方李莉. 超越现代性的景德镇发展模式：从生产地到艺术区的变迁[J]. 民族艺术，2020，36（5）：130-147.

[46] 范周，关卓伦，孙巍. 回首与展望：新时代下文化产业发展新态势[J]. 出版广角，2018，24（4）：6-10.

[47] 范周，杨翙．改革开放四十年中国文化产业发展历程与成就[J]．山东大学学报（哲学社会科学版），2018，68（4）：30-43．

[48] 范周．文旅融合的理论与实践[J]．人民论坛•学术前沿，2019，8（11）：43-49．

[49] 范周．数字经济变革中的文化产业创新与发展[J]．深圳大学学报（人文社会科学版），2020，37（1）：50-56．

[50] 傅才武．科技赋能重建文化产业新生态[N]．光明日报，2020-12-15（7）．

[51] 傅才武．论文化和旅游融合的内在逻辑[J]．武汉大学学报（哲学社会科学版），2020，73（2）：89-100．

[52] 傅才武，曹余阳．探索文化领域供给侧与消费侧协同改革：政策与技术路径[J]．江汉论坛，2016，59（08）：120-128．

[53] 傅才武，申念衢．当代中国文化政策研究中的十大前沿问题[J]．华中师范大学学报（人文社会科学版），2019，58（1）：66-77．

[54] 傅才武．传统文化行业的边缘化困境与因应策略——基于技术阶梯理论的视角[J]．学习与实践，2015，32（5）：103-117．

[55] 傅才武．武当•太极湖文化产业聚集区：区域综合协调发展的新引擎[N]．湖北日报，2010-10-14（16）．

[56] 顾江，郭新茹．科技创新背景下我国文化产业升级路径选择[J]．东岳论丛，2010，31（7）：72-75．

[57] 郭建鸾，于素丽．创业企业与产业集群研究[J]．经济学动态，2005，46（5）：38-41．

[58] 韩民青．论工业文明的本质[J]．山东社会科学，2011，25（2）：62-74．

[59] 韩顺法，李向民．中国特色文化艺术智库的使命与任务[N]．中国社会科学报，2019-09-19（2）．

[60] 侯英．文化产业金融支持体系创新研究[J]．经济问题，2016，38（03）：80-85．

[61] 胡惠林．关于文化产业发展若干问题的思考[J]．华中师范大学学报（人文社会科学版），2016，55（6）：63-75．

[62] 胡惠林．国家文化治理：发展文化产业的新维度[J]．学术月刊，2012，44（5）：28-32．

[63] 胡惠林．论文化产业的本质——重建文化产业的认知维度[J]．山东大学学报（哲学社会科学版），2017，67（3）：1-15．

[64] 胡琨．德国鲁尔区结构转型及启示[J]．国际展望，2014，6（5）：61-75．

[65] 胡涛．基于资源基础理论的浙江影视文化产业群竞争力研究——以横店影视城为例[J]．中国经贸导刊（中），2018，35（23）：109-110．

[66] 胡向东，王晨，王鑫，刘现武．国家农业综合开发田园综合体试点项目分析[J]．农业经济问题，2018，39（2）：86-93．

[67] 花建．文化产业集聚发展对新型城市化的贡献[J]．上海财经大学学报，2012，14

（2）：3-10.

[68] 花建. 文化创意产业与相关产业融合发展的四大路径[J]. 上海财经大学学报，2014，16（4）：26-35.

[69] 花建. 中国文化产业的区域发展战略[J]. 同济大学学报（社会科学版），2014，25（3）：39-48.

[70] 金元浦，欧阳神州. 互联网金融模式下文化中小企业的融资[J]. 学习与探索，2014，36（6）：86-90.

[71] 李凤亮，潘道远. 我国文化产业创新的制度环境及优化路径[J]. 江海学刊，2017，60（3）：226-233.

[72] 李凤亮，宗祖盼. 中国文化产业发展：趋势与对策[J]. 同济大学学报（社会科学版），2015，26（1）：65-73.

[73] 李和平，肖瑶. 文化规划主导下的城市老工业区保护与更新[J]. 规划师，2014，30（7）：40-44.

[74] 李守波. 中小城市新兴产业园区发展问题研究[J]. 山东经济战略研究，2020，37（9）：59-61.

[75] 李向民，杨昆. 新中国文化产业 70 年史纲[J]. 福建论坛（人文社会科学版），2019，39（10）：59-72.

[76] 李向民. 文化产业供给侧结构性改革问题初探[J]. 福建论坛（人文社会科学版），2017，37（2）：22-28.

[77] 李晓刚，徐梦洁，欧名豪，牛星. 土地利用规划与旅游规划协调研究[J]. 资源开发与市场，2005，21（4）：330-332.

[78] 卢贵敏. 田园综合体试点：理念、模式与推进思路[J]. 地方财政研究，2017，14（7）：8-13.

[79] 陆岷峰，张惠. 文化产业大发展的金融支持系统研究[J]. 江西财经大学学报，2012，14（2）：26-34.

[80] 林坚，许超诣. 土地发展权、空间管制与规划协同[J]. 城市规划，2014，38（1）：26-34.

[81] 刘伯英. 中国工业遗产保护与活化利用面临的主要问题[J]. 中国文物科学研究，2017，12（2）：11-15.

[82] 刘玉珠. 发展文化产业需扩大文化消费[N]. 经济日报，2014-09-18（8）.

[83] 刘玉珠. 文化产业的跨界融合[N]. 上海证券报，2014-04-01（A01）.

[84] 刘玉珠. 当前中国文化产业热点难点问题的深度思考[J]. 人文天下，2015，4（7）：2-4.

[85] 刘玉珠. 金融支持文化产业发展的现状与展望[J]. 中国金融，2011，62（22）：15-17.

[86] 刘玉珠. 文化产业的资源禀赋与引领功能[N]. 中国文化报，2010-06-30（6）.

[87] 刘玉珠. 文物走出去：向世界阐释中国，助世界认知中国[J]. 中国政协，2019，20（10）：48-49.

[88] 刘志华，孙丽君. 中美文化产业行业分类标准及发展优势比较[J]. 经济社会体制比较，2010，26（1）：191-194.

[89] 罗薇. 百老汇本土音乐剧现状[J]. 人民音乐，2013，64（11）：74-77.

[90] 吕东升. 推动湖北科学发展的大战略——关于"两圈一带"战略的总体解读[J]. 湖北社会科学，2009，23（9）：56-62.

[91] 毛少莹. 深圳文化产业 40 年发展历程及主要成就[J]. 深圳社会科学，2020，3（5）：146-157.

[92] 毛少莹. 文化治理及其国际经验[J]. 中国文化产业评论，2014，20（02）：71-99.

[93] 毛少莹. 静观"文化创意产业园区热"[J]. 人民论坛，2006，15（14）：60.

[94] 祁述裕，孙博，曹伟，纪芬叶. 2000—2014 年我国文化产业政策体系研究[J]. 东岳论丛，2015，36（05）：57-64.

[95] 祁述裕，王斯敏. 把握文化产业集聚发展的特点与趋势[N]. 光明日报，2018-12-03（7）.

[96] 祁述裕. 文化产业集聚发展趋势[N]. 光明日报，2018-05-05（7）.

[97] 沈继松，胡惠林. 我国文化产业结构内生动力机制探究[J]. 学术论坛，2016，39（10）：139-144.

[98] 谈国新，郝挺雷. 科技创新视角下我国文化产业向全球价值链高端跃升的路径[J]. 华中师范大学学报（人文社会科学版），2015，54（02）：54-61.

[99] 斯图亚特·霍尔，肖爽. 电视话语中的编码与解码[J]. 上海文化，2018，32（2）：33-45.

[100] 唐子韬，曹原. 艺术区的改造：从北京 798 到西安纺织城[N]. 上海证券报，2012-10-19（T04）.

[101] 田侠. 旅游与文化如何真正实现融合发展[N]. 学习时报，2018-05-18（A03）.

[102] 王滨. 当代文化产业发展背景下的产业链、产业集群文化与招商引资[J]. 艺术百家，2011，27（5）：99-103.

[103] 王春晖，赵伟. 集聚外部性与地区产业升级：一个区域开放视角的理论模型[J]. 国际贸易问题，2014，40（4）：67-77.

[104] 王国华. 略论我国文化企业核心竞争力提升的方法与路径[J]. 北京联合大学学报（人文社会科学版），2014，12（02）：46-53.

[105] 王列生. 当代中国文化制度创新中的机构改革[J]. 艺术百家，2010，26（04）：5-18.

[106] 王列生. 文化产业条件下创意人才的行为能指空间与潜能激活渠道[J]. 艺术百家，2016，32（03）：21-43.

[107] 王敏. 警惕泡沫，促文化产业园区健康发展——第三次国家级文化产业示范园

区联席会议侧记[J]. 文化月刊，2010，29（8）：58-61.

[108] 王彤. 探析横店影视基地的产业化发展之路[J]. 全国商情（理论研究），2012，27（10）：18-19.

[109] 王一川. 当前文化产业中的艺术与生活互融——从两类文化产业之间的关系看（上）[J]. 扬子江评论，2015，10（04）：5-10.

[110] 王一川. 我国文化产业发展契机与发展趋势研究[J]. 生产力研究，2011，26（10）：167-168.

[111] 王智勇. 德国的思想库[J]. 国际经济评论，2005，13（2）：60-64.

[112] 吴金明，邵昶. 产业链形成的机制研究——"4+4+4"模型[J]. 中国工业经济，2006，24（4）：36-43.

[113] 向勇，刘颖. 国际文化产业的政策模式及对中国的启示研究[J]. 福建论坛（人文社会科学版），2016，36（04）：102-110.

[114] 向勇. "创意者经济"引领数字文化产业新时代[J]. 人民论坛，2020，29（19）：130-132.

[115] 西沐. 文化金融：文化产业新的发展架构与视野[J]. 北京联合大学学报（人文社会科学版），2014，12（01）：50-57.

[116] 谢涤湘，陈惠琪，邓雅雯. 工业遗产再利用背景下的文化创意产业园规划研究[J]. 工业建筑，2013，43（03）：36-39.

[117] 谢朋真. 横店影视城发展因素分析[J]. 旅游纵览（下半月），2018，8（10）：144.

[118] 徐旸. 德国鲁尔区产业转型中创意人才的培养[J]. 教育评论，2014，30（10）：162-164.

[119] 徐鹏程. 文化产业与金融供给侧改革[J]. 管理世界，2016，32（08）：16-22.

[120] 薛澜. 智库热的冷思考：破解中国特色智库发展之道[J]. 中国行政管理，2014，30（05）：6-10.

[121] 杨亮. 呼唤文化原创力[N]. 光明日报，2012-08-02（14）.

[122] 杨永忠，黄舒怡，林明华. 创意产业集聚区的形成路径与演化机理[J]. 中国工业经济，2011，29（08）：128-138.

[123] 张俊. IP在文化产业链中的价值流动规律研究[J]. 科技与出版，2017，36（01）：104-108.

[124] 张蔚. 从数字看美国百老汇戏剧[J]. 戏剧（中央戏剧学院学报），2013，58（05）：133-141.

[125] 张铮，于伯坤. 场景理论下我国文化产业园区的发展路径探析[J]. 出版发行研究，2019，35（08）：33-37.

[126] 张志强，苏娜. 国际智库发展趋势特点与我国新型智库建设[J]. 智库理论与实践，2016，1（01）：9-23.

[127] 赵釜汐．风险控制视域下的文化产业项目策划及管理研究[J]．现代经济信息，2015，30（01）：451-452．

[128] 朱其．艺术区和创意产业园如何模式升级[N]．中国文化报，2014-10-19（005）．

[129] 周春娥．主题公园盈利模式的研究[J]．知识经济，2012，16（10）：18-19．

[130] 周春山，谢文海，吴吉林．改革开放以来中国区域规划实践与理论回顾与展望[J]．地域研究与开发，2017，36（1）：1-6．

[131] 周静．全球产业链演进新模式研究[J]．上海行政学院学报，2016，17（3）：79-87．

[132] SILVER D A, CLARK T N. Scenescapes: How Qualities of Place Shape Social Life[M]. Chicago: University Of Chicago Press, 2016.

[133] MASSEY D, MEEGAN R. The Anatomy of Job Loss[M]. London/New York: Methuen, 1982.

[134] GRABHER G. The Weakness of Strong Ties: The Lock-in of Regional Development in the Ruhr Area[M]. London: Routledge, 1993.

[135] HENDERSON J V. Urban Development: Theory, Fact, and Illusion[M]. New York: Oxford University Press, 1988.

[136] HEIDEROSE K, GERALD W. Restructuring Policies: The Emscher Park International Building Exhibition[M]. //COOLE, PHILIP (ed). The Rise of the Rustbelt. London: UCL Press, 1995.

[137] NERFIN M. Another Development. Approaches and Strategies[M]. Uppsala: Dag Hammarskjöld Foundation, 1977.

[138] CLARK T N. The City as an Entertainment Machine[M]. Rowman & Littlefield Publishers, 2011.

[139] CLARK T N. The New Political Culture[M]. Westview Press, 1998.

[140] COSKUN S A. Achieving Congruence between Macro and Micro Generic Strategies: A Framework to Create International Competitive Advantage[J]. Journal of Macromarketing, 1995, 15(2): 23-32.

[141] LAUREN A, CAROLINE C. The Integration of Cultural and Creative Industries into Local and Regional Development Strategies in Birmingham and Marseille: Towards an Inclusive and Collaborative Governance?[J]. Regional STUDIES, 2013, 47(2): 161-182.

[142] BASSETT K, Griffiths R, Smith I. Cultural industries, cultural clusters and the city: the example of natural history film-making in Bristol[J]. Geoforum, 2002, 33(2): 165-177.

[143] FUNG ANTHONY Y H, Erni John Nguyet. Cultural clusters and cultural industries in China[J]. Inter-Asia Cultural Studies, 2013, 14(4): 644-656.

[144] GRODACH, CARL. Cultural Economy Planning in Creative Cities: Discourse and Practice[J]. International Journal of Urban and Regional Research, 2013, 37(5): 1747-1765.

[145] KELLER K L. The Brand Report Card[J].Harvard Business Review, 2000, 78(1):

147-157.

[146] LEAVER A. A different take: Hollywood's unresolved business model[J]. Review of International Political Economy, 2010, 17(3): 454-480.

[147] MARKUSEN A, GADWA A. Arts and Culture in Urban or Regional Planning: A Review and Research Agenda[J]. Journal of Planning Education and Research, 2010, 29(3): 379-391.

[148] PEDDLE M T. Planned Industrial and Commercial Development in the United States: A Review of History, Literature and Empirical Evidence Regarding Industrial Parks[J]. Economic Development Quarterly, 1993, 7(1): 107-124.

[149] RAINES, BROWNLEY A. Change through (industrial) culture: conservation and renewal in the Ruhrgebiet[J]. Planning Perspectives, 2011, 26(2): 183-207.

[150] RICHTER, RALPH. Industrial Heritage in Urban Imaginaries and City Images A Comparison between Dortmund and Glasgow[J]. Public Historian, 2017, 39(4): 65-84.

[151] SCOTT A J. Hollywood and the world: the geography of motion-picture distribution and marketing[J]. Review of International Political Economy, 2004, 11(1): 33-61.

附录　文化产业集聚区总体规划内容体系结构示例

第 1 章　总则
　　1.1　规划范围
　　1.2　规划期限
　　1.3　规划分期
　　1.4　规划依据
　　1.5　规划对接

第 2 章　发展战略
　　2.1　总体目标
　　2.2　发展原则
　　2.3　主导战略

第 3 章　发展条件
　　3.1　资源禀赋
　　3.2　文化产业基础
　　3.3　经济社会发展现状
　　3.4　综合评价

第 4 章　发展模式
　　4.1　文化价值规律
　　4.2　文化内容体系
　　4.3　商业逻辑
　　4.4　组织架构

第 5 章　空间规划
　　5.1　功能结构
　　5.2　空间布局
　　5.3　建设内容

第 6 章　产业规划
　　6.1　产业选择
　　6.2　产业链构建

6.3 重点企业

6.4 重点项目

6.5 建设时序

第7章 营销推广

7.1 品牌体系

7.2 主题形象

7.3 整体营销策略

第8章 支持保障

8.1 政策支持

8.2 组织保障

8.3 投融资体系

8.4 智库支持

8.5 人才保障

国家及地方文化
产业集聚区主要
政策

后　记

在人类社会由工业文明向信息文明演进的过程中，文化经济化与经济文化化的双向演进在世界范围内催生了当代文化产业的蓬勃发展，也造就了文化产业集聚区（园区）遍地开花的繁荣景象。作为我国最早的一批从事文化产业研究的团队，从 20 世纪 90 年代以来，武汉大学国家文化发展研究院长期跟踪研究各类文化产业集聚区（园区）的发展状况，参与一些文化产业集聚区的策划和规划过程中；2012 年，在傅才武教授的带领下，研究团队完成了《文化产业集聚区策划与运营》一书，旨在讨论我国文化产业集聚区发展模式、路径与成长机制，结合产业集群理论和文化产业的价值规律，从策划、规划、运营等层面探索了文化产业集聚区发展和演进的内在逻辑，力图总结国内外文化产业集聚区（园区）的发展经验，为全国欣欣向荣的文化产业集聚区（园区）建设提供可资借鉴的理论解释模型和管理流程。

2019 年 12 月 14 日至 15 日，在南京举办的第二届紫金文化产业论坛暨中国文化产业管理专业委员会 2019 年年会上，来自国内外文化产业领域的知名学者和全国 30 余所高校、研究机构、新闻出版机构的 130 多名与会人员，由全国高校文化产业研究机构共同发起，决定编写高等院校文化产业管理专业的系列教材，以总结 20 年来中国文化产业实践和理论研究的成果，并推动理论成果向教材转化。经共同商定，得到中国文化产业管理专业委员会表彰的长期坚持文化产业研究的"二十人"（名单见年会公报），应率先承担核心教材的编写工作。作为从 20 世纪 90 年代后期就开始进入文化产业管理实践领域和理论研究领域的坚守者，傅才武教授承担了《文化产业集聚区策划与运营：理论与实践》的教材编写任务。

本教材的编写工作启动于 2019 年，在 2012 年版著作的基础上，作者结合近年来国内文化产业集聚区的发展进程，特别是武汉大学国家文化发展研究院所承担的策划和规划案例，按照教材的要求进行了内容调整，补充增列了新案例，充分体现了文化产业作为应用性学科理论研究和案例研究相结合的特征。本教材由傅才武教授领衔，分工如下：傅才武教授负责本书的选题策划、框架设计、案例选择和全书统稿工作；武汉科技大学翁春萌副教授负责撰写绪论、第一章、第七章至第九章和附录，并承担全书的配图工作；湖北经济学院蒋昕副教授负责撰写第二章至第六章内容。

本教材在编写过程中，得到了多个方面和多位师生的协助。文中所列案例，如"陈云村台湾风情文化产业集聚区""武当·太极湖文化产业集聚区""武昌·长江文化创意设计产业园"得到了委托方湖北省台办、武汉市武昌区人民政府和武当山太极湖集团的大力支持。运营案例"横店影视城"要特别感谢武汉大学国家文化发展研究院硕士毕业生、横店影视城有限公司孙超、刘波所给予的热情帮助。武汉大学张薇教授、余来明教授、钟晟博士后、程玉梅博士生、明琰博士生，湖北经济学院曹流教授等师生参与了相关案例研究，武汉科技大学谭宇骁、吴雅歆和中央民族大学蒋文轩等同学参与了资料收集、整理和校对等工作，在此一并表示感谢。

2020 年年底，按照国家公布的立法计划，《中华人民共和国文化产业促进法》将正式颁行。在国家法律政策推动、数字信息技术高速发展和中国经济社会转型升级的三重作用下，中国的文化产业部门在未来的一个较长时期内仍将维持一个良好的发展局面。文化产业集聚区（园区）也仍将承担和发挥各地促进文化产业"发展引擎"的独特作用。但现在和未来中国文化产业集聚区（园区）的发展模式，与 10 年前相比已不可同日而语，其发展更有赖于文化资源、资本、技术、创意、人才和政策等要素的高度汇集融合，如果放到全球文化市场的同一竞技场上，更依赖于中国文化产业管理理论的创新和文化产业高素质人才的培养。这对于文化产业学界而言，跟踪总结业界的实践模式和经验，快速转化为教学资源，开发高质量、系统科学、适度适用的教材，以提高文化产业人才培养的质量，已经成为文化产业管理学界的使命与任务。